熬夜也要读完的中国史

王汉周 著

人民东方出版传媒

东方出版社

图书在版编目（CIP）数据

熬夜也要读完的中国史 / 王汉周著 . — 北京：东方出版社，2022.5
ISBN 978-7-5207-2413-5

Ⅰ . ①熬… Ⅱ . ①王… Ⅲ . ①中国历史—通俗读物
Ⅳ . ① K209

中国版本图书馆 CIP 数据核字（2021）第 204068 号

熬夜也要读完的中国史
AOYE YE YAO DUWAN DE ZHONGGUOSHI

作　　者：	王汉周
策　　划：	王莉莉
统　　筹：	吴玉萍
责任编辑：	赵　琳　贾　方
产品经理：	赵　琳
内文排版：	尚春苓
封面设计：	周伟伟
出　　版：	东方出版社
发　　行：	人民东方出版传媒有限公司
地　　址：	北京市西城区北三环中路 6 号
邮　　编：	100120
印　　刷：	鸿博昊天科技有限公司
版　　次：	2022 年 5 月第 1 版
印　　次：	2022 年 5 月第 1 次印刷
印　　数：	1—30000
开　　本：	710 毫米 × 1000 毫米　1/16
印　　张：	23.75
字　　数：	383 千字
书　　号：	ISBN 978-7-5207-2413-5
定　　价：	59.80 元
发行电话：	（010）85924663　85924644　85924641

目录

壹

相似的出身，不同的结局

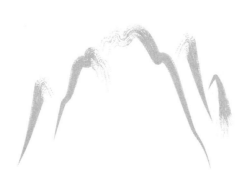

狠人晋献公：灭公族，坑儿子

晋献公，一个狠人！

晋献公姓姬，名诡诸，职业是春秋时期晋国的君主。

他在位26年，崇尚勇武，开疆拓土，史称"并国十七，服国三十八"，使晋国成为与齐、楚、秦相匹敌的大国，为儿子晋文公成就霸业奠定了基础。

但是，他对内屠杀宗族远亲，造成"晋无公族"的局面；晚年又宠幸骊姬，偏爱小儿子奚齐，逼死了优秀的大儿子——太子申生，撵得二儿子重耳和三儿子夷吾四处跑。这些成了他一生最大的污点，引来后世一系列的恶评。

— 01 —

先唠唠晋国的由来。

想当初，周武王姬发娶了姜太公的女儿邑姜，邑姜生了两个儿子——姬诵和姬虞。姬诵就是后来的周成王，姬虞也叫姬叔虞。两兄弟感情很好。

有一天，哥俩玩游戏，成王捡了片桐树叶，削成圭状，递给叔虞，说："我以此桐叶，封你为侯。"叔虞手一拱，说："谢谢大哥。"

游戏后面的情节还没发展，就被史官打断了。史官过来问："大王，你准备把哪里封给叔虞？"然后，史官拿出刀笔、竹简，准备记录。

一句玩笑话，却要封块地出去。倒不是成王舍不得给亲弟弟，关键是成王此时年纪尚小，这样的场合做出分封更是不够隆重。

但是，史官史官，唯实不唯上！史官是典型的一根筋、直肠子！他们的主要工作就是监督周天子，记录其言行，防止天子耍无赖。史官是家族世袭，除非犯法，否则天子也不能凭喜恶撤换或惩罚他们。本着"君无戏言"的原则，史官一定要弄清楚，到底把什么地方封给叔虞。成王没办法，就把唐这个地方封给了叔虞，赐侯爵。

叔虞上任的时候带去了一部分周朝的军队和官员，治下人民为"怀姓九宗"，是古唐国的遗民。叔虞以族群平等、和平开发的政策治理唐地，各氏族可以杂处通婚，和北方戎狄部落的交往也很频繁。所以，唐这个地方比较自由。

唐地有晋水，叔虞的儿子燮晋即位后，迁居到晋水附近，把国名改为了晋，晋国就是这么来的。

— 02 —

到晋昭侯的时候，晋国国内形成了两股势力：国君晋昭侯在都城翼城，而把自己的叔叔封在了曲沃，是为曲沃桓叔。曲沃的面积比翼城还要大，这埋下了动乱的根源！

此后，曲沃的小宗势力向翼城的大宗势力，不断发起挑战，前后争斗了67年，晋国才再次统一。不过，是小宗兼并了大宗，曲沃桓叔的孙子曲沃武公杀死了晋侯，并获得了周王室的任命，成为晋国新的国君——晋武公。

晋武公只做了一年晋国国君就去世了，传位于儿子姬诡诸，便是晋献公。

虽然坐上了君主的位置，但晋献公的感觉很不好！

原来，曲沃桓叔死后传位给曲沃庄伯，庄伯死后传位给武公，等到献公即位，桓叔和庄伯的后裔小宗已经人数众多，这就是"桓庄之族"。这一大帮公族，在当年打江山的时候是功臣，等到曲沃势力真正上位，就成了大宗的威胁！

晋献公经常要面对这种场景：一两个挑头闹事，一大帮帮腔拱火，结果往往是晋献公很受伤。关键是，"桓庄之族"都有自己的军队武装，各小宗的军事力量加起来，再现一次"曲沃代翼"，还真不是难事。

身为小宗而兼并大宗上位，自然不想被新的小宗兼并，决心斩草除根的晋献公，编剧并导演了一出春秋版的"无间道"：

第一步，分化。

"桓庄之族"不是铁板一块，上大夫士劳最先向晋献公献策分化公族势力，于是，晋献公命士劳作为卧底，打入公族内部，挑拨离间。不久，"桓庄之族"中势力最强的一支，在其他家族的挤对下，被迫离开了晋国。

第二步，内耗。

士劳继续煽风点火，唆使公族矛盾继续变大，终于让公族之间动起了手：众家族先是杀掉了游氏族长的两个儿子，不久，又杀尽了游氏家族。

第三步，团灭。

游氏家族全灭，晋献公又在聚这个地方筑了一座城，赐给公族们居住。等到公族们搬进去的时候，晋献公亮出了屠刀。

《左传·庄公二十五年》："冬，晋侯围聚，尽杀群公子。"

干掉了公族，晋献公的困扰终于没有了，也让晋国成了春秋时期唯一没有公族力量的国家。

—— 03 ——

晋献公在处理晋国内患时，手段很彻底，对外更是成绩卓著。

在晋献公在位期间，他消灭了北边的霍、杨两国，又在南边消灭了芮、魏①、郇、耿、冀、虢、虞等国、还灭了骊戎、赤狄等部落，打遍黄河中游一带无敌手。可以说，晋国的百年强国之路，是晋献公第一个蹚出来的。

从诛灭公族这件事上，就能看出晋献公这个人，极其聪明，极其无情。如果说杀掉远房亲戚时，晋献公也许还存着一丝恻隐，那么对付邻国，晋献公完全没有顾忌，权谋智计，各种套路，无所不用其极。要说起晋献公最经典、最为人知的套路，那无疑是"假途灭虢"了。

说起虢国，和晋献公可是私仇不浅。当年他爷爷曲沃庄伯和他爸爸武公，向晋侯大宗发起冲击的时候，虢国常来帮助晋侯，等到晋献公上位，收拾公族的时候，虢国又收留晋国的逃亡公子，晋献公对虢国早就恨得牙根痒痒，奈何中间隔了个虞

---

① 魏：西周成王分封的诸侯国。

国，鞭长莫及。于是，晋献公命大夫荀息，把本国屈地的宝马送给虞国国君，请求借路过境。虞国国君贪图礼物，果然放行，晋国讨伐虢国，大胜而归。

可晋献公还不满意，虢国一定亡在他手里他才能甘心，三年以后，晋国又借道虞国，这一次，彻底把虢国从地图上抹掉了。

大仇得报，晋献公满意了吗？还是没有。从虢国凯旋的晋军，穿过虞国的时候，顺手就把虞国给灭了。这一切，都是遵照晋军出师前晋献公的命令。

《史记》："荀息牵曩所遗虞屈产之乘马奉之献公，献公笑曰：'马则吾马，齿亦老矣！'"

这一笑，笑出了狠人本色！

— 04 —

要说晋献公的狠，可不光是对远房亲戚下手，对周围邻居下手，就连亲儿子，他也毫不手软。

晋献公即位的第五年，他去征讨骊戎，骊戎大败。为了求得和平，骊戎献给晋献公两个绝佳美人，就是骊姬和她妹妹。晋献公见到骊姬，惊为天人，一见倾心。不久，骊姬生了一个儿子，取名奚齐。

骊姬一心想让奚齐继位，而晋献公也正有此意。于是，有三个人，成了他们的眼中钉：太子申生、公子重耳、公子夷吾。

申生，是献公和父亲武公的姬妾齐姜私通所生；重耳和夷吾，是献公所娶北方戎狄部落的一对姐妹所生，姐姐生了重耳，妹妹生了夷吾。晋献公有八个儿子，其中最贤良、最得人心的，就是这三位。

要想奚齐继位，就要打倒直接竞争对手——太子申生；附带打倒潜在竞争对手——公子重耳、夷吾。于是，献公决定，把这三个儿子打发出京城：申生封到了曲沃，重耳封到了蒲地，夷吾封到了屈地。

可骊姬对三人这样的结局，还远不满意：只要太子还活着，奚齐上位终究名不正言不顺。于是计划再次陷害太子，她声称献公做梦梦到了申生的母亲齐姜，命申生在曲沃祭祀母亲。

祭祀用的祭肉，是神圣的东西，要在祭祀后呈给身份高的人，申生照例亲自把祭肉送到了都城，献给父亲献公。骊姬偷偷地在祭肉里下了毒，等到献公准备大快朵颐时，骊姬又拦下献公，让狗试吃，狗中毒而死。再命宦官试吃，宦官也中毒而死。晋献公果然大怒，要拿申生是问。申生得到消息后大惊，连忙逃回曲沃。

申生钻了牛角尖，明知是骊姬设计陷害，他也不愿意向父亲揭发骊姬的阴谋，而是自杀而亡，以宽慰君父。

申生死后，重耳、夷吾两位公子前来都城朝见，骊姬顺势陷害重耳和夷吾也参与了弑君之事，哥俩连忙逃跑回封地。献公一见二人不辞而别，更是信以为真，怒发冲冠，派兵分别讨伐，二人被迫逃亡外国。

公元前651年，晋献公逝世，传位奚齐，奚齐不久就被权臣里克杀死，晋国数十年陷入内乱，史称"骊姬之乱"。

— 05 —

晋献公的一生，干练老辣，注重实效，不为礼法所困，不计手段代价，在政治、军事上多有建树。

然而，他残忍好杀，心狠手辣，把自己的旁系血亲诛杀殆尽，必要时连亲生儿子都不留情，狠人本色，实至名归！

刘邦三板斧，六国后裔不敢反汉

秦始皇死后，山东六国①后裔立即跳出来反秦。

项羽入关，齐王田荣立即起兵反对，十八路诸侯攻破楚国都城彭城。

刘邦建立汉朝之后，为何六国后裔却无人反对？

— 01 —

秦始皇一统天下，将六国文字和度量衡统一，实现了"车同轨，书同文"。"收天下兵，聚之咸阳，销以为钟镰，金人十二。"六国后裔过着担惊受怕的日子，对灭国仇恨记忆犹新。

不仅如此，秦始皇还迁徙天下十二万富户到咸阳居住，将六国的公主和美女收入后宫，天下人敢怒不敢言。

秦朝修建宫殿、陵墓、长城等各种工程，导致赋税、徭役繁重，而秦朝法律又极为严苛。

等到秦始皇死了，陈胜、吴广起义，"诸郡县皆多杀其长吏以应陈涉"。六国后裔按捺不住，纷纷拥立故主揭竿而起，也就不难理解了。

— 02 —

前207年，刘邦进入咸阳，宣告秦朝灭亡。

---

① 山东六国：战国时期秦国与其他六国以崤山为界，秦国在崤山以西，其他六国在崤山以东，故称山东六国。今天的山东省指的是太行山以东。

随后项羽入关，自立为西楚霸王，宣告楚国正式成为天下霸主。

然而没过几个月，六国后裔纷纷起兵反对项羽，总结起来有以下四个方面的原因：

第一，项羽分封，众口难调。

项羽在咸阳自立为西楚霸王后，分封刘邦为汉王，章邯为雍王，司马欣为塞王，董翳为翟王，魏豹为西魏王，申阳为河南王，司马卬为殷王，赵歇为代王，张耳为常山王，英布为九江王，吴芮为衡山王，共敖为临江王，韩广为辽东王，臧荼为燕王，田市为胶东王，田都为齐王，田安为济北王等。

关于分封的总原则，《史记》中陈馀派人对夏说和田荣说的一句话反映得非常清楚："项羽为天下宰不平，尽王诸将善地，徙故王王恶地……"也就是说：跟项羽关系好的人的封地大而且地理位置好，原来六国的国王都被迁徙到了偏远的地方。被迁徙的国王不服，田荣和陈馀等人没有封王，心里不爽，后来韩王成因为没有军功又被项羽废掉了。

果不其然，田荣立即攻击了田市和田都，陈馀袭击了张耳，韩广驱逐了臧荼……后来，汉王刘邦干脆联合诸侯王们趁机攻入了楚国都城彭城。

第二，项羽烧杀抢掠，民心尽失。

项羽做了三件事，影响很不好，引起六国包括秦国关中军民的反感。

其一是巨鹿之战后秦朝将领章邯领兵投降项羽，由于楚军和秦朝降兵之间发生摩擦，项羽一怒之下命令英布、蒲将军连夜坑杀二十多万秦军。

《史记》记载："於是楚军夜击阬秦卒二十餘万人新安城南。"

其二是项羽与刘邦鸿门相聚之后，派兵进入咸阳屠城，杀掉了秦王子婴，焚烧了秦国皇宫，将珠宝美女一扫而空。

《史记》记载："居数日，项羽引兵西屠咸阳，杀秦降王子婴，烧秦宫室，火三月不灭；收其货宝妇女而东。"

其三是在齐地烧杀抢掠。田荣首先反对项羽，项羽北上城阳与田荣交战并获胜，坑杀田荣降卒和当地百姓，导致拥戴项羽的齐国人再次反叛。

《史记》记载："遂北烧夷齐城郭室屋，皆阬田荣降卒，系虏其老弱妇女。徇齐至北海，多所残灭。齐人相聚而叛之。"

第三，目光短浅，还都彭城给六国壮胆。

韩生曾经向项羽提建议，关中地势险峻、土地肥沃，可以定都关中。项羽此时却后悔烧毁了咸阳的宫殿，一心想着回故乡。"富贵不归故乡，如衣绣夜行，谁知之者！"这是项羽的座右铭。难怪韩生嘲笑项羽"楚人沐猴而冠耳"。

后来证明彭城的确无险可守，几次三番被刘邦等人攻破、骚扰或切断粮道，由于还都彭城，让众人看到项羽胸无大志，导致六国后人反叛。

第四，杀害义帝，落人口实。

项羽与楚怀王的隔阂很多：巨鹿之战项羽诛杀楚怀王的大将军宋义，楚怀王"如约"[1]封刘邦等。项羽自立为西楚霸王后，楚怀王存在的价值越来越低，项羽暗中令英布等人弑杀楚怀王，这让六国国王心惊胆战，毕竟很多国王都是傀儡，比如赵王歇等。

等到汉王刘邦以"为义帝发丧"为名振臂一呼，其他各国尤其是六国后裔立即响应，也就不难理解了。

《史记》记载："乃使使徙义帝长沙郴县。趣义帝行，其群臣稍稍背叛之，乃阴令衡山、临江王击杀之江中。"

—— 03 ——

对比起项羽的处处失算，刘邦的计策就聪明多了。

刘邦的对手不仅是项羽，所以他也在一步步设法削弱六国后裔。《史记·留侯世家》中有记载为证。

郦食其劝说汉王刘邦拥立六国后人，刘邦趁机问张良，张良极力反对，并陈述了"八不可"。"汉王辍食吐哺，大骂郦食其：'竖儒，几败而公事！'令趣销印。"从此，汉王刘邦开始坚定不移地削弱六国后裔。

第一，借楚汉之争等手段重创六国后裔。

---

[1] "如约"：秦末，楚怀王与诸将约定，先攻入关中者为王。后来刘邦先入关中，项羽虽然后到，却因为他打败秦军主力、权势大而使刘邦屈服。项羽派出使者向楚怀王请功，结果楚怀王不改初衷，回答"如约"。

刘邦和项羽在荥阳僵持时派韩信带领另一支军队开始削弱六国势力。西魏王魏豹、代王赵歇等，一个个均被消灭。

除去刘邦直接消灭的，辽东王韩广、胶东王田市、齐王田都、济北王田安等则在互相厮杀中被消灭。

一直听从张良的话跟随汉王刘邦的韩信，最后也不免逃往匈奴。

最终，六国后裔的诸侯王都一一被剪除。

第二，刘邦称帝戏码比较足。

前202年，刘邦一方面兑现诺言封韩信、彭越为王。另一方面，韩信和彭越等人带头拥戴刘邦称帝：大王出身贫寒，扫灭残暴的秦朝，功劳超过诸王，应该即位称帝。

《史记》记载"汉王三让，不得已……"

刘邦一番推辞后说："既然你们这么说，那就听你们的吧！"

相比项羽自我分封，刘邦的策略更加委婉，容易让人接受。

六国后裔一时间也无从反对，毕竟要反对刘邦，需要先反对他分封的一帮诸侯王。

第三，赢得民心，定都关中。

相比项羽的残暴和定都彭城，刘邦入关之初便"约法三章"，抵制住了财富（宫殿）和美女的诱惑。

后来刘邦暗度陈仓占据关中，"缮治河上塞。诸故秦苑囿园池，皆令人得田之"，所以关中人民普遍支持刘邦。

在选都长安还是洛阳的时候，汉朝内部最初打算定都洛阳，因为刘邦的很多故旧部下是关东人。

刘敬一番话，加上张良的大力支持，（"此所谓金城千里，天府之国也，刘敬说是也。"）最终刘邦一锤定音定都长安。

事实证明，各诸侯王谋反始终无法攻入长安。

第四，六国后裔被迁徙至关中。

对六国后裔最具有毁灭性打击的，应该是刘敬提出的"强干弱枝"建议。

汉高祖刘邦听从刘敬的建议与匈奴和亲，但是刘敬也发现匈奴距离长安只有七百里，实在是危险。

刘敬趁机提出：将关东六国的十几万强宗大族和豪强人家、名门望族全部迁到关中居住。

这样一来，一方面可以防备匈奴，另一方面可以防止关东六国迁来的人惹是生非。

《史记》记载："刘敬从匈奴来，因言'……及豪桀名家居关中。无事，可以备胡；诸侯有变，亦足率以东伐。此彊本弱末之术也'。上曰：'善。'乃使刘敬徙所言关中十馀万口。"

所以，六国不是不想反汉，而是在刘邦的高压与谋略之下，确实无法造反了。

二十岁的曹操有多牛

汉灵帝熹平三年（174），刚刚"举孝廉"进入仕途的一个年轻人，由尚书右丞司马防推荐，出任洛阳北都尉。

他是太尉曹嵩的儿子、中常侍大长秋费亭侯曹腾的孙子，真正的官家子弟——曹操。

—— 01 ——

曹操年轻的时候名声并不好。

他和袁绍、张邈等贵族儿郎日日飞鹰走狗，任侠放荡，是吊儿郎当的一个贵公子，洛阳城出了名的玩主。

《世说新语》上说曹操、袁绍去抢一个新娘，被人发现后追着打。两人狼狈逃跑，袁绍却掉进荆棘丛中出不来，眼见着追兵逼近，曹操大声喊道："淫贼在此！"

袁绍一激灵，跳了出来，脱险。

这曹操的应变能力是真强。

大伙儿基本觉得，曹操这个人就是个纨绔子弟，终归是绣花枕头一包草。但他们都没注意到这个家伙有着不凡的手段和机警的头脑。

叔叔见他玩得过火，时不时到曹嵩面前说："你家阿瞒，该管一管啦！"曹操非常烦叔叔，想出了个阴招来。

一天叔叔在路上碰到他，曹操一张脸耷拉着，嘴歪在一边。叔叔大吃一惊，问道："你怎么了？"

曹操磕磕巴巴道："好像是突然有点中风。"

叔叔急忙告诉曹嵩。

老曹吓了一跳，回家拉过曹操查看，咦，这嘴脸没问题啊！

"你叔叔不是说你中风，嘴巴都歪了吗？"

曹操慢条斯理地说："哪有的事！叔叔不喜欢我，经常编派我吧？"

曹嵩也疑惑了。

以后，叔叔再去告状，就不大灵了。曹操也就更加放肆撒欢。

他的作为还是引起了几个大人物的注意。

退休太尉桥玄就非常看好他，说："我见过的名士多了去了，没有超过你的。年轻人要珍重自己！我老了，以后我的子孙就请你多多照顾！"并让他去见天下著名的品鉴人物专家许劭许子将。

据说子将不喜欢曹操的轻浮样子，不理他。但小曹有的是手段，他硬是逼住了许子将。不得已，子将给出评语："治世之能臣，乱世之奸雄。"

司马防也多次表扬曹操：这个人会做事！坚持举荐曹操出任洛阳北都尉，相当于今天的洛阳城北公安分局局长。

曹操到底是个虚浮的贵族草包，还是有前途的潜力股，就看这一遭。

是骡子是马，拉出来遛遛。

—— 02 ——

东汉王朝的一大特点：皇帝继位，年纪都小。

太后依靠父兄，外戚权大。皇帝长大后，要抢回权力，便依靠宦官、太监坐大。士人（读书人、知识分子）轮流与两股势力斗争，两头受欺。

汉灵帝熹平年间，东汉帝国风雨飘摇、危机四伏。

朝廷横征暴敛，百姓民不聊生。百姓造反，此起彼伏。有歌为证："发如韭，剪复生，头如鸡，割复鸣。"脑袋掉了碗大个疤，我们什么都不怕了！

皇帝、大臣的生活无比奢侈。灵帝后宫彩女就多达数千人，每天的费用几百金。京城贵族的棺材要用江南的梓木等好材料，破费巨万在所不惜。

汉灵帝贵为天子，却像个地主老财一样贪得无厌。他公开在西园卖官：二千石的官二千万，四百石的官四百万。明码标价、童叟无欺。

大臣崔烈托关系用五百万买下了司徒，拜官之时，灵帝对左右幸臣说："真该再稳一稳，赚他个一千万。"这哪里还像个皇帝。（曹嵩本人的太尉就是花了一亿钱买来的。）

世风日下，要大小官员忠于职守，爱国忠君，无异于天方夜谭。

大家的首要任务就是捞钱。

洛阳是帝国的都城，四方辐辏，商贾云集。洛阳既是政治文化中心，也是商业物资的渊薮。

这里有无数的权贵人物、大儒巨商，当然最有影响力的，还是各级官员和皇亲贵戚。

就像现代人所说："不到北京不知道自己官小。"

灵帝时非常有实力的是宦官集团。他们能量巨大。这些人从来没有把王法放在眼里，只有他们想不到的，没有他们做不到的。

太监王甫的养子性格残忍，在沛国任相五年，杀了一万多人。沛国的士人、百姓人人自危。

灵帝却依旧对太监无比信任，当时"十常侍"中的张让、赵忠都被封侯。

灵帝宣称："张常侍是我父，赵常侍是我母。"

作为皇帝的父母，天下还有怕的事吗？

曹嵩是曹腾的养子，曹腾也是个权倾朝野的大太监。所以，曹操是太监派的。很多士人因此看不上曹操，后来陈琳替袁绍写讨伐檄文，就骂曹操：赘阉遗丑。

当时的洛阳就是这样乱七八糟的，黑道白道每条道都有他们的活法，有他们的后台，曹操的北都尉这个差事，并不好当。

—— 03 ——

曹操上任了。

这只初生牛犊，气壮如虹。他明明白白地说："自以本非岩穴知名之士，恐为海内人之所见凡愚。欲为一郡守，好作政教，以建立名誉，使世士明知之。"

他就是要做出一番事业，让大家刮目相看。他先把北都尉衙门整修一新，威严不可犯。

造五色大棒，在衙门左右各悬挂十来根，申明法纪，比如颁布宵禁令：晚上不准夜行，违者乱棒打死。

曹操在洛阳城本来是典型的酒醉夜行人物，从中闯荡出来，完全知道其中的底细。

敢晚上在街上横着走的，没有一个善茬。

曹操明白，打蛇要打在七寸上，找个不知高低的开刀立威，才有效果。

果然没多久就有个憨货撞上门来。太监蹇硕的叔父，带着家人，大摇大摆地在夜色下的洛阳城晃荡。曹操的巡逻队把他们扣下来。曹都尉眼里的寒光没吓醒老蹇的酒意，他想当然地以为和以前一样，过不了多久，这些人就会乖乖地把他送回府去。

曹操放下脸说："打！乱棒齐下，当场打死。"

曹操打死了蹇硕的叔叔，蹇硕自然不肯善罢甘休。但他拿曹操没办法。

蹇硕是谁？汉灵帝非常信任的一个太监。

蹇硕长得很强壮，又通晓军事，汉灵帝非常喜欢他。

后来汉灵帝设置西园八校尉，曹操是典军校尉，袁绍是中军校尉。八校尉的头儿就是上军校尉蹇硕。

天下英雄，听令于一个宦官，当然让人心寒，但反过来也能看出这人能量不小。

汉灵帝死前，把少子刘协托付给蹇硕，但蹇硕斗不过大将军外戚何进，最终被杀。

这样的人绝对不是个"好相与的"（好相处的）。

然而曹操维护的是帝国的法治，是国家法律的尊严。

整个洛阳的官场被镇住了，这个小小的北门都尉，敢得罪皇帝最喜欢的宦官。咱们可不要再去撞他的枪口喽！

都城的夜晚，从此无比平静。

曹操让所有人，看到了他果敢杀伐的一面。

没多久，曹操被外调。又没过多久，曹操和所有感知到这个政权已危机重重的智者一样，辞职回到了家乡——避祸。

— 04 —

曹操在北都尉短短的任职期间的所作所为，已传遍天下。

所有关心这个帝国未来的人物，都注意到了这个人，此子不凡！

冀州刺史王芬等人想废掉灵帝，改立灵帝的弟弟合肥侯。他们想到了隐居家乡的曹操，派人和他联络。

曹操回答说："废立皇帝这样的事，是天下最不吉祥的。当年伊尹、霍光敢行此事，有多大的实力，多少人的支持？你们只看到成功的一面，没看出困难重重。"

这样贸然行事，太危险了。

他拒绝参与这一行动。果然，王芬失败，自杀了。

袁绍对曹操说："如果天下有变，我南守黄河，北靠幽燕，天下无敌！"

曹操笑道："我任用天下的英雄，无往而不利。"

两人的志向气场，当年就已经高下有别。

官渡之战后，曹操路过太尉桥玄的墓，以太牢——牛、猪、羊祭祀老桥。

曹操写道：当年受老前辈的赏识，无比感激。

我们有约：我经过您的墓，一定要备酒和鸡祭祀您。不然的话，车过三步，肚子痛不要怪您！请您好好享用！

相当的潇洒，无比的大气。

很多年以后，曹操被封为魏王，专门宴请了自己当年的推荐人司马防，说："我做北都尉还不错吧？"

司马防道："当年我推举大王的时候，您就合适做个北都尉。"

大家大笑。

多年以后，袁术在淮南，兵多将广，一直想称帝，手下也劝他公告天下。但他还是答道："曹操还在，不行。"

看来曹操在洛阳的手段，在袁家兄弟心上都留下了深深的阴影。

一个冉冉升起的政坛新星，在熹平三年（174）的洛阳城，让天下人都记住了他。

这一年，曹操只有二十岁。

三国时期最被低估的皇帝

司马光曾吐槽：魏文帝（曹丕）这个人，有时候真不配当个皇帝（斯为不君矣）。

我们还是来看看几个小故事，自己做判断吧。

— 01 —

第一个故事，记录在《资治通鉴》里，发生在221年，曹丕已称帝。

于禁正在赶往洛阳拜见曹丕的路上。

孙权向魏文帝曹丕称臣后，让降将也就是之前的魏国名将于禁返回魏国。

于禁一路走走停停，内心非常忐忑，毕竟他是个叛徒，从被关羽水淹七军战败投降后，已经叛国很多年了。

于禁当时投降关羽，就没打算再回魏国去，关羽死后，他又辗转投奔吴国。

因为曹操曾经撂下过狠话："枉于禁跟我三十年，怎么关键时刻连庞德都不如。"（吾知禁三十年，何意临危处难，反不如庞德邪！）

如果曹操还活着，于禁打死也不会回国，因为回国就要被打死。但好在如今曹操已经死了。

听说曹丕比曹操要温柔，于禁打算回来碰碰运气，结果于禁的运气还真不错。

皇帝曹丕不仅在百忙之中专门抽出时间热情地接待了于禁，还亲切地表示当初的樊城之败，是因为暴雨和水灾等不可抗力影响，不是于禁的过错。

然后，曹丕当场宣布于禁官复原职，还鼓励他在以后的工作中，要像历史上的荀林父和孟明一样，虽然投降过，但后来都为国家做出了更大的贡献。

于禁感动得老泪纵横，他觉得，曹操这辈子最大的亮点不在于纵横天下，而在于生了个宽宏大量的好儿子。

最后，曹丕派他出使东吴，并特别准许，路上经过邺城的时候，可去祭拜一下曹操。

于禁欣然答应，他明白曹丕的好意，祭拜完曹操，自己多年的心理负担，也就可以卸下来了。

但于禁没有想到，自己马上就会在曹操的墓地里，被活活地吓死。

几日之后，于禁进入邺城，第一时间去了曹操的陵园。

于禁看见陵园内有很多壁画，画的水淹七军。当然，壁画里少不了画上英勇就义的庞德，以及下跪投降的于禁。

于禁虽然觉得耻辱，但自己毕竟背叛过曹操，曹操死前嘱咐人画这种画，也可以理解。

但看着看着，于禁的耳朵开始嗡嗡作响，因为他突然发现了一个无比诡异的事情——这些画非常潮湿，就像是刚刚画上去的。

他一打听，果然是刚画的，原来曹丕前脚说完让自己来祭拜曹操，后脚就下令让画师快马加鞭，赶在自己来之前将陵园的墙上画满画。

得知实情的于禁突然就崩溃了，因为他明白这些画意味着什么，原来表面仁厚大度的曹丕，内心却对自己这个叛徒极其鄙视、恨之入骨。

从曹操的陵园回来没几天，还没到吴国，又惊又恐的于禁，便患病而死。史载："帝使豫于陵屋画关羽战克、庞德愤怒、禁降伏之状，禁见，惭恚发病薨。"

后来司马光写史时忍不住吐槽曹丕：这简直不是人君干的事。要杀就杀，何必捉弄他。

第一个故事，按照司马光的感叹，说的是曹丕的"阴险"。

— 02 —

第二个故事，记录在《三国志》里。

那时候，曹丕还很年轻，被曹操任命为五官中郎将。

那年的秋季，曹操要出征了，文武百官举行了浩大的送行仪式，曹植和曹丕也夹在人群里。

在出征之前，曹操让两个儿子上前告别。曹植带着自信的微笑大步向前，在场的人都知道，此情此景，这位才子又要吟诗一首了。

果然，一篇颂扬老爹英明神武的佳作脱口而出，抑扬顿挫，吟得曹操满面红光，周围爆发出潮水般的喝彩声。

喝彩的人群中，有个沉默的人，此时他满脸万般无奈的表情。他就是曹丕，虽然他也会作诗，但在弟弟面前，他那些诗着实拿不出手。

弟弟表演完，就轮到自己了，曹丕冷汗直冒，拖着沉重的步伐向前走去，但就在此时，他听到身边的济阴人吴质悄悄建议：啥也不用说，哭就行了！（流涕可也。）

当着文武百官，前一秒还神态正常的曹丕，突然眼眶一红，扑通一声跪在曹操马前，撕心裂肺地痛哭起来。

虽然这个场面着实有点不雅，了解的知道是送行，不了解的还以为是送葬呢。但是曹丕这一哭，周围的人顿时都觉得伤感起来，伤感之余，觉得曹丕这孩子真是又实在又孝顺，憨厚得可爱。

相比之下，刚才曹植神采飞扬的那番吟诗，倒显得十分卖弄了。

此事过后，赞扬曹丕的人便越来越多，并最终帮助他夺取了太子之位。（官人左右并为之称说，故遂定为太子。）

说哭就哭的曹丕，若生在现代，绝对是演艺界的一匹黑马。

正史对此事的评价是"御之以术，矫情自饰"。通俗地说，就是虚伪。

—— 03 ——

第三个故事，发生在曹丕被立为世子的那年。

和曹植旷日持久的暗战终于结束了，击败了这个不世出的天才弟弟，曹丕终于长舒一口气。

一天，他碰到了最信任的心腹辛毗，曹丕掩饰不住内心的喜悦，上去就搂住了辛毗的脖子，满面红光地贴着辛毗的耳朵说："好兄弟，你知道哥们儿心情有多爽吗？"

被"非礼"的辛毗回到家里，越想越不对劲，就告诉了女儿辛宪英。他的这个女儿可是个狠人，准确地预言过钟会的叛乱，此时，她发挥专业特长，预言了一下魏国的国运。

她说："魏国注定短命。"（何以能久！魏其不昌乎！）

她给出的理由也很简单，曹丕刚刚走上如此重要的工作岗位（世子），不忧虑责任重大，竟只顾沾沾自喜，这是人君该有的样子吗？

很久之后，曹丕带着一群官员去打猎，当然，为了确保安全，打的猎物不是让人肾上腺素激增的猛兽，而是野鸡。

但就是打野鸡，也令曹丕如痴如醉，他兴犹未尽地对随行的人说："打野鸡，实在令我高兴！"

辛毗浑身一激灵，女儿的那句预言，突然又在脑海里浮现出来。他迈步向前，毫不客气地说："这对您来说，的确是高兴的事，但对我们这些臣子来说，可是件苦差事。"（于陛下甚乐，于群下甚苦。）

被辛毗当头浇了冷水，曹丕兴致全无，收起弓箭，怏怏地回家了。

在辛宪英的眼中，曹操、刘备、孙权等当世豪杰，大概没有一个人会搂住别人的脖子沾沾自喜，也没有一个会打野鸡打得如痴如醉。所以她会说出近乎诅咒的预言。

她对曹丕大概是两个字的评价——幼稚，作为一个走向政治中心的人来说，他实在是太不成熟。

—— 04 ——

第四个故事，记录在《世说新语》里，这个故事非常简单，甚至有点黑色幽默。

那一年，曹丕的好朋友王粲死了。

曹丕带着大臣们参加王粲的葬礼，在肃穆的气氛中，曹丕突然对大家说："王粲生前喜欢听驴叫，我们一起学驴叫来送他吧。"说完，他带头开始叫起来。

注重礼仪的大臣们一脸不可置信的表情，仿佛出现了幻听，但魏王世子，未来的九五至尊，确确实实在人群前认真地驴叫起来。

其他人虽然觉得很魔幻，但也不得不努力扯着嗓子，一起学驴叫。

此起彼伏的驴叫声传遍空旷的墓地，听起来一定很搞笑，但估计没人笑。因为这是魏国最有权势的一批人，在用奇特的方式，真心实意地送别曹丕的朋友。

王粲生前经常和曹丕一起切磋文学，像这种朋友，曹丕有很多，他对每个人都很珍惜。

王粲死后，曹丕在给吴质的信里表达了自己的悲痛，他说："以前一起游南皮的那帮哥们，徐、陈、应、刘都一个个离开了，我的痛苦，无法言说。"《魏略》中说：一时俱逝，痛何可言邪！

如果你有个这样的朋友，大概会给他个重情重义的评价吧。

— 05 —

最后一个故事，其实只是讲一封信——《与吴质书》，故事发生在215年，曹丕还在和曹植竞争上岗的时候。

这天夜里，他忙完一天的公务，坐在车中，被一群侍卫护送着回家。

车窗吹来阵阵凉风，远处有若隐若现的乐声。

侍卫们都小心翼翼，不敢发出大的声响，听着车轮兀自转动的声音，曹丕想起了两年前去世的另一个朋友，建安七子之一的阮瑀。

他突然就怀念起少年时无忧无虑的旧时光，那时他还没有卷入职场斗争，天天和朋友舞文弄墨，吟诗作对，一起去南皮城游玩。

想到此，他突然感伤不已，便开始提笔给朋友吴质写信。

他写道："你还记得我们把甜瓜放在泉水里，把红李子也浸得凉透，白天喝酒欢歌，晚上一起乘车去后园游览的日子吗？如今我还是坐在车里，但那些朋友，有的永远都见不到了，就连你，因我们各有职务，也无法见面。人生无常，我突然觉得伤感至极，朋友，你要多多保重。"

— 06 —

曹丕确实有虚伪阴险的一面，但同时也是个至情至性的性情中人。

他曾希望天天和朋友相伴，一起吟诗作对，享受人生。

他在乐府诗中写道："人生如寄，多忧何为。今我不乐，岁月如驰。"

人生如旅途，乐也一天，愁也一天，为何不乐呢？毕竟时光总是一去不复返。

但是他又明白，身为曹操的儿子，在三国乱世，"载主而征，救民涂炭"，才是正确的奋斗之路。

曹昂战死，曹冲早夭，他一下子成了最年长的儿子，但下面还有个天才弟弟虎视眈眈，为了保住原本属于自己的机会，他去找贾诩求助，贾诩告诉他："朝夕孜孜，不违子道。"

收起你的感伤脆弱，忘掉你的快乐日子，努力工作，努力克制，努力变成你爹期望的那种人。

听了贾诩的话，他在给吴质的信中为自己打气："少壮真当努力，年一过往，何可攀援？"

因为篡汉，他被后人口诛笔伐，大肆挞伐。

但是当皇帝的七年间，曹丕虽然打仗不行，却守住了魏国的江山，还将魏国治理得国富民强；文才比不上弟弟曹植，但写的《燕歌行》，被王夫之赞为长句长篇的"开山第一祖"，还隔代培养了一个大诗人——李白（鲍照、李白领此宗风）；智商不行，但不用和老爹一样疑神疑鬼杀能臣，当然也能将诸如司马懿等老油条驾驭得服服帖帖。

曹丕自己评价自己：我文不如四弟，武不如大哥，智不如五弟，谋不如老爸。

这才是宇文化及的真面目，我们都被电视剧骗了

在隋唐题材的影视作品中，宇文化及大都是以大奸臣的形象出现，心机深重，手段高超，妥妥的枭雄级人物，一个很有魅力的反派。

其实历史上的宇文化及，根本不是这样的。

— 01 —

618年六月，河北黎阳城外的旷野上，一支大军摆开阵势，要攻打黎阳。这支大军是自江都归来的隋军，宇文化及的部队。

他们的对手是瓦岗军李密，守黎阳的是大将徐茂公。李密率军两万，守住阵地，在侧面筑下坚固的营寨，与黎阳互为掎角，以此牵制宇文化及，扼住宇文化及东进洛阳的路线。

隔着一条河，李密对宇文化及喊话："你家本来是匈奴奴隶破野头氏，被宇文家提携。父子兄弟受大隋朝的大恩，天下没有第二家比得上。如今却弑杀了皇帝，还想篡夺天下！你就算不能学诸葛亮儿子的忠贞，也不该学霍光儿子的叛逆！"

宇文化及被骂得狗血淋头，应不出话，半天才面红耳赤地大声叫道："我来找你厮杀，你讲什么大道理？"

宇文化及手下的骁果军是隋军的精锐，但十万大军被阻挡在当地，前进不得，粮食消耗很快。

他急急地命令后方大将王轨送粮。

本来这些人就不大服宇文化及，逼急了，王轨干脆派人向李密送降书。

李密点评："宇文化及就是秦时赵高那样的人，我一定消灭他！"

宇文化及的手下看出没前途，很多精兵都投降了。

宇文化及越来越狼狈，再也不能与李密抗衡，只好率剩下的两万多人马，转而向北，继续流窜。

宇文化及当时四面楚歌，各地称王称霸的势力都攻击抵制他。

老鼠过街，人人喊打的局面，是宇文化及杀了皇帝隋炀帝的后果。

杀皇帝这种蠢事，古来多少奸雄想干都不敢干。

当年曹操说："等于把自己放在火上烤。"

宇文化及却干了，正是无知者无畏的典型代表。

— 02 —

三个月前，自己作死的隋炀帝杨广在江都，眼见天下烽火四起，乱成一锅粥，却不想回北方，而是计划到江东去。

跟随杨广的骁果军都是北方人，家人财产都在北方，消息传出来，大家慌了，每一天都有军人逃跑，人心大乱，越来越多的人，在大庭广众之下，讨论逃跑，讨论造反。

将军司马德戡、宇文智及等也聚在一起商量。

宇文智及说："皇帝虽然无道，但威令还有，咱们逃跑，死路一条。现在是天亡大隋，大家都想造反，不如一起起事，创立帝王之业！"

反正没活路，一不做二不休，动手！谁当头？智及的哥哥宇文化及官最大，就他吧！

宇文化及吃喝嫖赌样样精，早早跟着杨广混，坏事做了不少，是长安城有名的"轻薄公子"，欺男霸女，贪婪骄横，古戏里的坏衙内，就是他的模样。

真的要干掉脑袋的大事了，宇文化及吓得面无人色，满头是汗。他发了半天的抖，强制镇定下来，看来只有这条路了，就答应当这个造反头头。

司马德戡散布谣言说皇帝要毒死将士们，只留下南方人。

军官都急了，说："我们全听您的话！"

三月十日夜，司马德戡率叛军冲进玄武门，基本没人反抗，搜寻捉到杨广，囚禁了他。

天亮后，叛军迎来宇文化及。

宇文化及战战兢兢。过了一会儿，见叛军声势浩大，他胆子大了，看到士兵押着杨广过来，大声说："要这个东西什么用？赶快下手！"

杨广说："我是对不起老百姓，可你们这些人高官厚禄，怎么能这么做？今天的事是谁为首？"

司马德戡说："普天同恨，何止一个人！"

杨广知道自己要死了，说："天子死也有死的方式，不要用刀！拿毒酒来。"

叛军们不理他，杨广只好解下白色的头巾，武士勒死了他。

宇文化及自称大宰相，衣食起居，完全参照杨广的模式，摆谱倒是摆得格外有派头。

他杀了一批不投降的随行大官，假用杨广萧皇后的命令，立杨广侄儿杨浩为帝作傀儡，率军回师洛阳。不料被瓦岗军拦住去路，只好转向河北。

— 03 —

这伙乌合之众，率领的是隋军中最有战斗力的骁果军，领袖却如此无能。

司马德戡后悔死了，抱怨说："宇文化及这么懦弱，咱们肯定完蛋！怎么办？"

好几个人又要造反，被宇文化及抢先一步动手，反被杀害。

这批人马更加离心离德。

等到了魏县，前方是夏王窦建德的地盘，宇文化及怨天尤人，对宇文智及说："我开头不知道，都是你要立我为首，如今天下这么大，却无处藏身！咱们背负杀君王的罪名，眼看着要灭族，都是你干的好事！"

宇文智及恼火地说："事情好的时候，你那么得意；情况不妙了，就怪别人。你不如杀了我投降窦建德！"

他们内部吵成一团，天天借酒浇愁。

宇文化及来个破罐子破摔，说："人生难免一死，怎么样也要当一天皇帝！"

他干脆把傀儡杨浩杀了，宣布自己即皇帝位，国号"许"，改元天寿，派置百官。

他率军攻打魏州，想拿下魏州作为根据地，反被魏州守军打得大败，只能磕磕绊绊地继续一路逃。

隋炀帝的很多金银珍宝，都在宇文化及手上。到了聊城，他收买当地的反王叛军王薄。

王薄假装投靠他，贪的却是宇文化及的财宝。

两人各自心怀鬼胎，都在找机会干掉对方。

— 04 —

这时是519年的二月了。

李渊已经称帝，当时有一支唐军攻进河北，将领李神通则率军猛攻聊城，想拿下宇文化及，如果成功，既有大功于天下，又能得到大批财宝。

宇文化及顶不住，请降，李神通不许。宇文化及死战，但是李神通太精明，这需要将士们拼命，将士们都不肯出死力。

眼看窦建德的军队就要来了，李神通怕腹背受敌，只好撤退。

被李神通揍得晕头转向的宇文化及，又要面对更加强大的夏王窦建德，现在只有死路一条。

几次交战，宇文化及连战连败，退到了聊城。

不料王薄却开了城门，窦建德大军开进，宇文化及、宇文智及以及其党羽全部成了俘虏。

窦建德参见萧皇后，自称"臣"，并为杨广发丧，此人看来比较有政治眼光。

宇文化及那帮人全部被斩首。宇文化及被斩首的时候，嘴里叫着："不负夏王。"

不知他是怎么想的。

隋文帝杨坚曾经把宗女义成公主嫁给突厥启民可汗，启民可汗死后，按突厥风俗，义成公主又嫁给继位的始毕可汗。

中原一乱，突厥就是强大的外援，窦建德这些人都得臣服于突厥。

　　义成公主派人来到中原，点名要走萧皇后，并把宇文化及的脑袋也带上了，挂在突厥的王庭当中，示众。

— 05 —

　　宇文化及另一个弟弟宇文士及，娶的是杨广的长女南阳公主。宇文化及、宇文智及叛乱，宇文士及毫不知情。

　　他们造反后，宇文士及舍弃了妻儿，被裹挟着四处逃跑，他要找个机会逃离这支队伍，投奔大唐。

　　窦建德最后被李世民灭了，而南阳公主已经出家为尼。

　　宇文士及此时已是李世民手下的大人物，便跑来求公主复合。

　　公主明确地说："你家和我家仇深似海，我没有杀你，是因为事变时你不知情！你一定要找死，我可以见你！"

　　宇文士及只好罢休。

　　宇文士及本事不小，后来当过大唐的宰相。

　　但他和几个兄弟的性格很像，都特别会奉承人。

　　一次李世民在宫中看到一棵郁郁葱葱的大树，赞道："多漂亮的树木！"

　　宇文士及正在身边，连连点头咂嘴，感叹道："好树、好树。"

　　搞得李世民放下脸，说道："魏征常劝我远离小人，我一直不知道指的是谁，今天算是知道了！"

　　宇文士及红着脸说："魏征每每直言犯上，让陛下不舒服。我有幸在您身边，总是要将就您一点。不然您贵为天子，多没意思？"

　　这是拍马屁的理论依据！

　　为了惩戒犯上作乱的人，针对江都叛乱，唐太宗李世民下了一道诏书：宇文化及、宇文智及兄弟及司马德戡等杀了隋炀帝杨广的人，罪大恶极，不可饶恕。他们的子孙，永远不能为官。

—06—

李密也曾对宇文化及很不屑，说："化及庸懦如此，忽欲图为帝王，斯乃赵高、圣公之流，吾当折杖驱之耳。"大意是说，化及这么蠢，还想当皇帝？他这种货色，我折个树枝子都能打败他。

《隋书》评价宇文化及："庸芃下才。"

唐德宗为什么要疯狂敛财

—01—

唐朝一共二十一位皇帝，在位时间最长的是玄宗，四十四年；排在第二位的是高宗，三十四年；排在第三位的是德宗，二十五年；排在第四位的是太宗，二十三年。

与其他三位皇帝相比，德宗最不为人所熟悉。

维基百科只用不到八百字，就写完了德宗的生平简介。

为什么会出现这种情况呢？无非是因为德宗干了一件极其失败的事情——削藩。

781年一月，成德节度使李宝臣去世，德宗不同意李惟岳继承其父亲的职位，坚决要收回成德镇长官的任免权。

于是，李惟岳联合魏博节度使田悦、淄青节度使李纳反抗朝廷。

782年二月，李惟岳被干掉，田悦被困魏州，李纳被困濮州，朝廷形势一片大好。

结果王武俊不满德宗分割成德镇再次造反，更重要的是，本来归顺朝廷的幽州节度使朱滔也反了水，于是战争继续进行。

782年十二月，淮西节度使李希烈也造了反，战势扩大。

783年九月，唐德宗后院起火。去支援襄城战场的泾原兵在京师造了反，拥立朱泚为帝，德宗逃到奉天。

784年一月，唐德宗下《罪己诏》，承认自己削藩是个错误的决定，赦免了李希烈、田悦、王武俊、李纳和朱滔。

784年二月，救驾的李怀光联合朱泚造反。

784年六月，李晟收复长安，朱泚被杀。

785年八月，李怀光被杀。

786年四月，淮西节度使陈仙奇杀李希烈，臣服于朝廷。

这场历时六年的战争终于暂告结束了。

— 02 —

很多人评价中唐、晚唐的弊端时，都是张口藩镇、闭口藩镇。总之藩镇太嚣张跋扈，朝廷却像个懦夫，只会放纵。

这种背景下，德宗站了出来，高呼"名器不可以假人"，发兵和藩镇打了个底朝天，最后筋疲力尽失败了。

后人评价德宗，又是极尽嘲讽，看这傻子，输成这个熊样儿，真是丢尽了大唐的脸。

面对强大的敌人，是应该委曲求全，还是应该奋起反抗呢？作为"事后诸葛亮"，这个问题实在太简单了。

当事人委曲求全了，我们就喷他是懦夫、尿货；当事人反抗失败了，我们就喷他是莽夫、傻子。只有当事人反抗成功了，才会得到我们的夸奖。在键盘上指点江山，谁都是一副英明神武的样子。但让你置身其中，不预先知道结果，你还牛得起来吗？

《孙子兵法》说，打仗之前要先庙算（即预计），算过之后觉得我方能赢就打，否则就尿。

现在的问题是：这种"庙算"容易吗？显然是非常难的！否则，只要是读过《孙子兵法》的人，一旦进攻就必然胜利了。

可我们知道，曹操熟读《孙子兵法》，依然"五攻昌霸不下，四越巢湖不成"，赤壁一战更是灰头土脸。

— 03 —

唐德宗的削藩，可以说是功亏一篑，最主要的原因，我认为是幽州朱滔、淮西李希烈背叛了他。

幽州、淮西都是独立型藩镇。用独立型藩镇去讨伐其他的藩镇，按以往的惯例，打下来的地盘不归中央，而直接归藩镇大佬。

唐代宗时期，汴宋李灵曜造反，代宗派淄青李正己、淮西李忠臣俩独立大佬去平定，结果"前门驱虎，后门进狼"。

李正己借机占据曹、濮、徐、兖、郓五个州，让淄青镇成为坐拥十五州的最大藩镇。

淄青节度使李正己之前已有淄、青、齐、海、登、莱、沂、密、德、棣十州之地，等到李灵曜之乱，诸道合兵攻之，所得之地，各为己有，正己又得到曹、濮、徐、兖、郓五州，自青州徙治郓州，让他的儿子李纳前往淄州任刺史守青州。

李忠臣也把汴州纳入自己的领地，直到他被李希烈驱逐，汴州才回归中央。

显然，这么个搞法，"削藩"就是一句笑话，只会越削越麻烦。

唐德宗既然有恢复大唐中央威严的雄心壮志，自然不会让这种事情继续发生。

李希烈打败了梁崇义，想占据襄阳，被德宗拒绝，于是李希烈翻脸了。

> 希烈既得襄阳，遂据之为己有，上乃思（李）承言。
>
> 时承为河中尹，甲子，以承为山南东道节度使。
>
> 上欲以禁兵送上，承请单骑赴镇。
>
> 至襄阳，希烈置之外馆，迫胁万方，承誓死不屈，希烈乃大掠阖境所有而去。

朱滔拿下了深州，想收入囊中，德宗不愿意，把朱滔气坏了。

田悦一挑拨，朱滔就反了水，成为叛军的扛把子。

> 滔固请深州，不许，由是怨望，留屯深州。……滔乃自称冀王，田悦称魏王，王武俊称赵王，仍请李纳称齐王。是日，滔等筑坛于军中，告天而受之。滔为盟主，称孤；武俊、悦、纳称寡人。

后来朱滔被德宗打得要崩了，赶紧让李希烈当靶子。

　　时朱滔等与官军相拒累月，官军有度支馈粮，诸道益兵，而滔与王武俊孤军深入，专仰给于田悦，客主日益困弊。闻李希烈军势甚盛，颇怨望，乃相与谋遣使诣许州，劝希烈称帝，希烈由是自称天下都元帅。

— 04 —

这种背景下，德宗就需要做出决定了，是坚持下去，还是就此打住。

好比我们买了一只股票，它突然暴跌了，我们是应该割肉，还是补仓呢？

陆贽作为鸽派代表，提出了"割肉"方案：

　　"……今关辅之间，征发已甚，宫苑之内，备卫不全。万一将帅之中，又如朱滔、希烈，或负固边垒，诱致豺狼，或窃发郊畿，惊犯城阙，此亦愚臣所窃为忧者也，夫审陛下复何以备之！陛下傥过听愚计，所遣神策六军李晟等及节将子弟，悉可追还。明敕泾、陇、邠，宁，但令严备封守，仍云更不征发，使知各保安居。又降德音，罢京城及畿县间架等杂税，则冀已输者弭怨，见处者获宁，人心不摇，邦本自固。"上不能用。

他说，我们现在已经到极限了，都城的禁军、京畿周围的朔方河东军都派出去了，万一又冒出一个朱滔、李希烈那样的叛贼，陛下拿什么抵挡呢？

毫无疑问，陆贽说的太有道理了，而且是神预测。后来泾原兵一造反，差点把德宗送上了西天。

然而，玩过股票的人都知道，"割肉"是能止损，但就没弊端吗？

因为史书的记录都是"事后诸葛亮"性质的，所以我们只能看见陆贽谈"补仓"的风险、"割肉"的美好，看不见相反的意见。

好在之后德宗又面临了类似处境，讨伐李怀光的战争也打得焦头烂额。但最后德宗胜利了，所以史书没有详细记载"割肉"的言论，反而记录了李晟的"补仓说"。

　　时连年旱、蝗，度支资粮匮竭，言事者多请赦李怀光。李晟上言："赦怀光有五不可：河中距长安才三百里，同州当其冲，多兵则未为示信，少兵则不足提防，忽惊东偏，何以制之！一也。今赦怀光，必以晋、绛、慈、隰还之，浑瑊既无所诣，康日知又应迁移，土宇不安，何以奖励？二也。陛下连兵一年，讨除小丑，兵力未穷，遽赦其反逆之罪；今西有吐蕃，北有回纥，南有淮西，皆观我强弱，不谓陛下施德泽，爱黎元，乃谓兵屈于人而自罢耳，必竞起窥觎之心。三也。怀光既赦，则朔方将士皆应叙勋行赏，今府库方虚，赏不满望，是愈激之使叛，四也。既解河中，罢诸道兵，赏典不举，怨言必起，五也。今河中斗米五百，刍藁且尽，墙壁之间，饿殍甚众。且其军中大将杀戮略尽，陛下敕诸道围守旬时，彼必有内溃之变，何必养腹心之疾，为他日之悔哉！"

李晟表示，我们应该坚决"补仓"，因为"割肉"有五大弊端：

第一，虽然赦免了李怀光，但是我们还得防着他！防御他的兵派多了不行，那他就不会相信您的赦免状；派少了就更不行了，您不怕他哪天反杀过来吗？

第二，赦免李怀光后，晋、绛、慈、隰四个州得还给他吧？这样一来，浑瑊、康日知怎么办呢？

因为浑瑊刚当上河中、绛州节度使，康日知刚接手晋、慈、隰节度使。

这两人为了您的削藩大业浴血奋战，结果刚得到点奖赏就被剥夺。为了安抚李怀光这样的叛将，却寒了浑瑊、康日知这俩忠臣的心，您觉得划算吗？

第三，西边的吐蕃、北边的回纥、南边的淮西，都在睁大眼睛看着陛下呢！如果陛下尿了，他们肯定会更嚣张，更不把我大唐放在眼里了。

第四，我们钱不多，要赦免李怀光，就得赏赐跟着他一起造反的将士，那么讨伐军就没赏钱了，这不是鼓励人造反吗？

第五，我们虽然苦，李怀光也苦啊！

再坚持十来天，他必然比我们先完蛋，请陛下相信我！

很明显，李晟说的这几点，稍微改一下放到德宗讨伐朱滔、田悦、王武俊、李纳、李希烈的时候也非常适用。

陆贽的"割肉说"字字珠玑，李晟的"补仓说"也铿锵有力。

没有金手指，谁都是很难抉择的。

德宗作为鹰派皇帝，两次都选择了"补仓"，结果一次惨败，一次胜利。

— 05 —

综上，唐德宗是个对藩镇强硬的鹰派皇帝。可惜削藩战争失败了，于是他饱受非议。

战争结束后，很多人又说德宗对藩镇太姑息，这就非常无聊了。

六年战争把国家折腾得满目疮痍，你让德宗拿什么再打呢？相反，重新稳住阵脚的德宗并没有就此消沉，而是暗中积蓄力量以图再战。

唐宪宗的"元和中兴"就是建立在德宗的基础上的。同时，德宗的失败给了宪宗前车之鉴。

宪宗削藩时，敌人比德宗少多了。

然而大臣们纷纷表示，我们千万不能操之过急，应该安抚王承宗，只打吴元济一个，否则就会重蹈德宗的覆辙！

> 王承宗纵兵四掠，幽、沧、定三镇皆苦之，争上表请讨承宗。上欲许之。中书侍郎、同平章事张弘靖以为"两役并兴，恐国力所不支，请并力平淮西，乃征恒冀"。上不为之止，弘靖乃求罢。
>
> ……癸未，制削王承宗官爵，命河东、幽州、义武、横海、魏博、昭义六道进讨。韦贯之屡请先取吴元济、后讨承宗，曰："陛下不见建中之事乎？始于讨魏及齐，而蔡、燕、赵皆应之，卒致朱泚之乱，由德宗不能忍数年之愤邑，欲太平之功速成效也。"上不听。

宪宗一开始不听，但遇到麻烦后，纠结了很久，终于退了一步，赦免了王承宗。

　　李逢吉及朝士多言"宜并力先取淮西。俟淮西平，乘其胜势，回取恒冀，如拾芥耳！"上犹豫，久乃从之。丙子，罢河北行营，各使还镇。

　　可见，德宗的失败经历，帮助宪宗君臣更准确地进行"庙算"，做出了更合理的选择。

—— 06 ——

　　战争结束后，德宗还当了快二十年皇帝，后来他重用宦官掌管神策军，拼命捞钱，搞出"宫市""五坊小儿"这些臭名昭著的东西，更让他的历史评价低到了极点。

　　但这都是为了：钱！钱！钱！

　　"钱是万恶之源。"自古以来，正直之士对钱都有正确的态度，只有内心龌龊的小人才一天到晚往钱眼儿里钻。

　　孟子有句名言："君子喻于义，小人喻于利。"

　　因此，想当一个名声好的皇帝，就千万不能爱钱。

　　别说像德宗这样赤裸裸地热爱了，就是稍微流露出一丝对钱的关心，也会被正义的大臣说得哑口无言。

　　河东道租庸、盐铁使裴谞入奏事，上问："榷酤之利，岁入几何？"谞久之不对。上复问之，对曰："臣自河东来，所过见菽粟未种，农夫愁怨，臣以为陛下见臣，必先问人之疾苦，乃责臣以营利，臣是以未敢对也。"上谢之，拜左司郎中。

　　德宗的爸爸代宗接见河东的财务官员裴谞，一不小心问了一句："专卖酒每年收入是多少？"裴谞马上开始装蒜，不予理会。代宗还不醒悟，继续追问，裴谞义正词严地回答："要当明君，就得关心老百姓的疾苦，而不是自己的荷包。您问的问题太没档次了，我不屑回答！"当年曹操平定袁氏，占据冀州，第一件事就是查户口，结果被崔琰当众打脸。所以，千万别和这些清高正直的人谈钱，太俗了，您就不能谈点高大上的？

既然贵族君子们都清高得一塌糊涂，钱的事代宗只能找太监解决了。

> 代宗优宠宦官，奉使四方者，不禁其求取。尝遣中使赐妃族，还，问所得颇少，代宗不悦，以为轻我命。妃惧，遽以私物偿之。由是中使公求赂遗，无所忌惮。宰相尝贮钱于阁中，每赐一物，宣一旨，无徒还者；出使所历州县，移文取货，与赋税同，皆重载而归。

宦官们四处出击，到处受贿。从上述来看，太监们收了多少贿赂，代宗是要过问的，可见这些钱肯定要上交给代宗一部分。

妃子家的人赏赐太监少了，代宗一怒，个个都吓得拼命补钱。

崇祯皇帝看见这段，肯定满心的羡慕嫉妒恨吧。他想让老丈人周奎出点银子助饷，费尽了力气都没榨出几个钱来，这就是皇帝之间的差距啊。

—— 07 ——

德宗刚登基，立马废除了老爸的种种捞钱"弊政"，赢得朝堂上一片喝彩。但没过多久，德宗就表现得比他老爸还无可救药。

削藩战争打得旷日持久，担任度支使（职掌财政收支）的杜佑告诉德宗，现在每个月花费一百多万贯钱，国库快撑不住了，请迅速筹集五百万贯钱！

德宗找宰相卢杞帮忙，卢杞派出小弟赵赞"抢大户""税间架""算除陌"，各种"烂招"齐上，折腾得鸡飞狗跳。

> 杞乃以户部侍郎赵赞判度支，赞亦无计可施，乃与其党太常博士韦都宾等谋行括率，以为泉货所聚，在于富商，钱出万贯者，留万贯为业，有余，官借

以给军，冀得五百万贯。上许之，约以罢兵后以公钱还。

……明年六月，赵赞又请税间架、算除陌。凡屋两架为一间，分为三等：上等每间二千，中等一千，下等五百。所由吏秉笔执筹，入人第舍而计之。凡没一间，杖六十，告者赏钱五十贯文。除陌法，天下公私给与贸易，率一贯旧算二十，益加算为五十，给与物或两换者，约钱为率算之。

泾原兵变时，乱兵冲进长安，摆出了"刘邦"式的姿态："我们不抢大户，也不搞间架、除陌！"

及十月，泾师犯阙，乱兵呼于市曰："不夺汝商户僦质矣！不税汝间架除陌矣！"

事后，大家一致认为卢杞就是泾原兵变的罪魁祸首，但德宗非说是老天爷坑他，不怪大臣，气得陆贽直跺脚。

最后在李怀光的逼迫下，德宗才把卢杞贬为新州司马。

李怀光完蛋后，德宗又要提拔卢杞当饶州刺史。

幸亏一帮正义的大臣拼死力争，才没让德宗得逞。

— 08 —

卢杞之后，正义的大臣李泌开始管钱。

他恢复被裁的官员，增加官员俸禄，还阻止德宗接受藩镇的贡献。

德宗没办法，只能亲自拉下脸皮，到处要钱。

上谓李泌曰："每岁诸道贡献，共直钱五十万缗，今岁仅得三十万缗。言此诚知失体，然宫中用度殊不足。"

……二月，元友直运淮南钱帛二十万至长安，李泌悉输之大盈库。然上犹数有宣索，乃敕诸道勿令宰相知。泌闻之，惆怅而不敢言。

司马光编《资治通鉴》到这里时，实在忍不住了，把德宗臭骂了一顿：你是皇帝，天下的钱全是你的，你却像个匹夫一样到处捞私房钱，你的智商呢？

> 臣光曰："王者以天下为家，天下之财皆其有也。阜天下之财以养天下之民，己必豫焉。或乃更为私藏，此匹夫之鄙志也。"

"天下的钱都是皇帝的"，我小时候也是这么认为的，直到我读了崇祯皇帝的故事。

他勤俭节约、不近女色。

然而，自然灾害、后金入侵、农民起义，到处都要花钱，让他一筹莫展。

他手下的官员、藩王们却一个个富得流油，拥巨资、嫖名妓、住豪宅。他们的钱真的是皇帝的吗？

—09—

李泌死后，德宗终于又找到了一个愿意替他出马捞钱的人——裴延龄。他帮德宗建立私人小金库，又主张裁官省俸禄，被满朝文武联合攻击。

> 尝因奏对请积年钱帛以实帑藏，上曰："若为可得钱物？"延龄奏曰："开元、天宝中，天下户仅千万，百司公务殷繁，官员尚或有阙；自兵兴已来，户口减耗大半，今一官可兼领数司。伏请自今已后，内外百司官阙，未须补置，收其阙官禄俸，以实帑藏。"
> ……国家府库，出纳有常，延龄险猾售奸，诡谲求媚，遂于左藏之内，分建六库之名，意在别贮赢余，以奉人主私欲。

官员们越是攻击裴延龄，德宗就越是宠信他。裴延龄死时，官员们纷纷欢欣鼓舞，唯有德宗黯然神伤。

贞元十二年卒，时年六十九。延龄死，中外相贺，唯德宗悼惜不已，册赠太子少保。

— 10 —

德宗为什么如此爱钱呢？简单地解释，就是他既财迷又脑残。就像以前人们讨论明朝万历皇帝贪财一样，要么说他心理变态，要么说他受小商之家出身的妈妈影响，总之就是不正常，随便换个正常人上去都比他强！

然而，随着信息大爆炸时代的到来，为万历翻案的文章越来越多，他捞钱的正当理由也变得越来越多。

"钱不是万能的，但没钱是万万不能的！"打过一场大仗的德宗，自然是深知金钱的重要性。他之后的宪宗也一样，只要想打仗，谁都会拼命捞钱的。

只不过宪宗有一定的话语权，可以在史书上留下他冠冕堂皇的理由：如今藩镇割据、河湟沦陷，我一心要恢复大唐荣耀，可惜财力不足，所以才不得不捞钱啊！

> 绛尝从容谏上聚财，上曰："今两河数十州，皆国家政令所不及，河、湟数千里，沦于左衽，朕日夜思雪祖宗之耻，而财力不赡，故不得不蓄聚耳。不然，朕宫中用度极俭薄，多藏何用邪！"

而德宗呢？

削藩被打脸，只能当缩头乌龟，哪敢像孙子这样野心侧漏呢？

从他生活简朴又拼命扩编神策军来看，他捞钱的原因和宪宗差不多。

> 况陛下御膳宫厨皆极简俭，所用外分赐百官充俸料、飧钱等，犹未能尽。
>
> 八月，初置左、右神策统军。时禁军戍边者，禀赐优厚，诸将多请遥隶神策军，称行营，皆统于中尉，其军遂至十五万人。

南唐开国皇帝，你不了解的狠毒养子

—01—

五代十国，乱局板荡。

后唐天成四年（929）十二月的一天，又一场"鸿门宴"缓缓启幕。

角力的一方是南吴时任奉化军节度使的徐知诰。

徐知诰，本名李昇，字正伦，小字彭奴，徐州彭城（今江苏徐州）人，是南唐开国皇帝，身世比较乱，爹也比较"复杂"。

他出身微贱，自幼便跟随亲爹李荣四处流浪。在流浪的途中，老爹突然不知所踪，生死未卜。

后来，吴太祖杨行密攻打濠州，看中李昇，便收作养子。但杨行密的亲儿子们瞧不上他，对他冷嘲热讽，横加挤对。

没辙，杨行密只好将他送给大丞相徐温抚养。由此，李昇正式改名为徐知诰。

徐知诰天资聪颖，弓马娴熟，且会来事，故深得徐温青睐。而由养父罩着，徐知诰自是官途亨通，一路扶摇直上。

及至徐温去世，徐知诰已大权在握，妥妥地掌控了南吴朝政。

角力的另一方则是徐温的亲生次子徐知询。

徐知询时任金陵节度使，诸道副都统。此前他试图取代养兄徐知诰的摄政地位，但没成功。等老爹徐温去世后，徐知询继承军权，又动了取代养兄的念头。

就这样，在权势利益的促使下，各怀鬼胎的一双非亲兄弟，哥长弟短，寒暄客套着坐到了酒桌前。

—— 02 ——

这次酒宴，由徐知诰做东。

满桌美酒佳肴自不必说，徐知诰还专门从宫廷教坊召来了优人助兴。

优人，亦称优子，是古代以乐舞、戏谑为业的艺人。简单说，约等于现在的嘻哈rapper或说相声的等。

彼时，恰逢腊月，寒风凛冽。

在接到请柬前来赴宴的途中，徐知询虽貂裘加身，可仍觉得冷意森森。

而徐知询前脚一跨进徐知诰的府宅，尽管炉火正旺，他却觉得更冷了，直冷到了骨子里。

"询弟，路上冷吧？"徐知诰热情相迎，"坐，请坐，请上座。"

"兄长客气了，不敢越礼。"徐知询推辞道。

"都是自家兄弟，同一个爹，用不着见外。"徐知诰笑呵呵地取来一只金杯，斟满酒递来，"询弟，干了这杯酒驱驱寒。我祝你，能活一千年。"

能活一千年的是啥？千年王八万年龟，这哪是祝福，分明在骂我是王八。

但此刻，徐知询压根顾不上王八这茬，胸腔里的那颗心"嗖"的一下子来个撑竿跳，蹦到了嗓子眼儿里。

十有八九，那是一杯毒酒！

—— 03 ——

事到如今，身在人家的一亩三分地里，别说只是猜测，即便完全断定酒里下了夺命鹤顶红，兑了七步断肠散，你能咋的？

胆敢摔杯、翻脸，人家直接动刀，比喝毒酒来得更快，完蛋得也更利索。

不得不说，徐知询也不是吃素的，一伸手，也拿起一只杯子，将酒一分为二，紧接着膝头一沉落了地，举杯过顶开了腔："兄长在上，弟岂敢独饮？弟诚意与哥哥各活五百岁。"

一杯酒，一千岁；兄弟均分，一人五百年。

如果死，那就结伴儿下黄泉，一块儿完蛋。

徐知询玩的这一手，顿时把徐知诰给弄愣了，脸红一阵又白一阵，一双手接也不是，不接也不是。

不接是吧，那我就一直跪着，跪到天荒地老！

一时间，僵局了。

众人屏息，空气凝固，静得衣针落地都能听出山崩地裂的声响。

而就在这令人窒息的僵持之中，突然，一个人屁颠屁颠地跑上前，一把抢走了那两杯酒。

这个人，名叫申渐高，是徐知诰请来说笑助兴的教坊优伶。

不等两兄弟醒过神，申渐高一扬脖，咕咚咚，全给灌进了喉咙。

喝罢，还咂咂嘴唇笑道："这可是千年寿命啊。你们不要，我要。嘻嘻，这杯子挺沉的，纯金的吧，我也一并要了。"

说着，申渐高将酒杯往怀里一塞，溜溜达达，摇摇晃晃地出门而去。

— 04 —

结果不消多言，优人申渐高死了。

史载，徐知诰私下派人带上解药，匆匆去寻申渐高。

很不幸，等找到时，申渐高早已七窍流血，"脑溃而卒"。

关于这桩南吴公案，后世多称优人申渐高不同于一般戏谑耍宝的优伶，他懂大义，识大体，视死如归，替饮毒酒，意在用一己之命向徐知诰进谏，切莫兄弟相残，遗臭万年，令后人齿冷。

对此优伶高义之说，作者不敢苟同。因为此前，在徐知诰和申渐高之间，还曾有过一次交集。自古官升脾气长，徐知诰也不例外，亦没少做横征暴敛、搜刮民财之事，招惹得百姓怨声载道。

朝中同僚深知他刚愎自用，又非常敏感，大多噤声不语。

且说这年，南吴京师金陵大旱，数月滴雨未落。

徐知诰接连办了几场求雨法事，老天丝毫没给面子，连个喷嚏都没打。

要再旱下去，庄稼枯死，百姓饿死，南吴可就完了。

徐知诰急得焦头烂额，问众臣："全国各处都下雨了，为何单单京师不下？到底为啥呢？"

这，的确是个难题。

说天气吧，当时没人懂这些；说天谴吧，徐知诰权倾朝野，一言不慎，脑袋先掉了。

谁敢吱声？有。

静默之中，人堆里传出了一声嘀咕："雨不进城，是怕被收税啊。"

徐知诰闻言，脸色顷刻泛绿，抬眼寻看，很快瞧见了给皇帝解闷的教坊优伶申渐高。

而众臣见状，不由得心肝抖颤。

当众犯颜直谏，这摆明了是癞蛤蟆跳油锅，分分钟找死的节奏！

— 05 —

然而，徐知诰没杀申渐高，留了他一条命。

也许有人会说，在历史上，揽权称帝、建立南唐的徐知诰对外弭兵休战，对内兴利除弊，且以文艺青年自居，名声还不赖。

然而，每个人皆具两面性，自然也包括徐知诰。比如，在夺权的过程中，徐知诰忘恩负义，架空养父。权势一大，立马改回李姓。

再如，强逼"禅让"，坐稳龙椅后，徐知诰不仅谋害兄弟，还派人弑杀了被他尊为"高尚思玄弘古让皇帝"的南吴末代皇帝杨溥。

又如，徐知诰于海陵修筑永宁宫，名义上是厚待南吴杨氏皇亲宗室，实则将他们群体软禁长达十八年之久。

"严兵守之，绝不通人。久而男女自为匹偶，吴人多哀怜之。"

——《新五代史·吴世家》

不准与宫外通婚，仅许宫内杨氏子孙乱伦婚配。若生女孩，任其生长；若生男孩，年五岁，即封以官爵，授以冠服，然后赐死，葬于宫外荒地，邑人称之为小儿冢……

— 06 —

由上可见，盛誉之下，徐知诰人性的另一面是何其复杂，又何其卑污丑陋。

也由此可断，徐知诰当众没杀申渐高，并非宽宥仁厚，只是让他的脑袋暂时寄存于肩膀上罢了。

一个高高在上的权臣，若跟一个卑微低下的优人一般见识，岂不叫人笑话？

同样可以想见，在鸩杀兄弟的大戏开场前，徐知诰料及徐知询定会作妖，也一定事先向申渐高做了交代：

老申啊，如出现意外，你插科打诨，能说会道有一套，务必圆场保我颜面。别忘了，你还欠我一颗脑袋呢。

要搞砸了，哼，我连利息一起收。想想你的老爹老妈，老婆孩子。

就这样，申渐高只能抢杯饮鸩，送掉了卿卿性命，也在后唐历史上留下了可怜的一笔。

> 十二月，吴加徐知诰兼中书令，领宁国节度使。知诰召徐知询饮，以金钟酌酒赐之，曰："愿弟寿千岁。"知询疑有毒，引他器均之，跪献知诰曰："愿与兄各享五百岁。"知诰变色，左右顾，不肯受，知询捧酒不退。左右莫知所为，伶人申渐高径前为诙谐语，掠二酒合饮之，怀金钟趋出，知诰密遣人以良药解之，已脑溃而卒。
>
> ——《资治通鉴·后唐纪五》

赵匡胤死时儿子已二十五岁，为何还非要传位给弟弟？

— 01 —

北宋开国皇帝赵匡胤为什么传位给弟弟，而不是给自己的儿子呢？

这个问题其实很简单：因为儿子赵德昭控制不住局面，而弟弟赵光义能控制住局面。所以宋朝不想跟着五代（五代十国中的五代）去当"六代"，那传位给弟弟就更安全。

弟弟或许不比儿子亲，但终究比之前那几朝全家被灭强得多吧。

问题之所以被复杂化，是因为很多人习惯以大一统时期尤其是宋朝以后的政治特点来套用宋初。

宋朝开国时期和宋代稳定之后不是一个概念。

宋朝继承的是五代，当时的政治、军事、社会思维都是五代模式的。

五代什么特点？天子宁有种耶，兵强马壮者为之耳。

中央政府的威望和政治约束力跌入谷底，社会道统完全被打碎。既没有社会道德普遍认可皇帝的权威，也没有政治军事制度保障皇帝的地位。

朝廷能够基本稳定，那是因为皇帝个人能力超强，别人掂量打不过，所以只能顺从。一旦这个皇帝没有这种能力，那离败亡就不远了。

— 02 —

所以说，这时候说的"国有长君"和后世说的"国有长君"不是一个概念。

对于稳定的大一统朝代尤其是宋代以后，皇帝继位时只要年长可以自行做事，就差不多了。因为有一套稳定的制度和社会意识形态保证其权威。

一些人认为赵德昭在太祖死时已经二十五岁了，符合长君这个条件。

如果是后世，确实问题不大，但是放在宋初，完全不行。

向上追溯，后梁朱友珪继位时二十八岁，朱友贞继位时二十五岁；后唐李从厚继位时十九岁，李从珂继位时三十九岁；后晋石重贵继位时二十九岁；后汉刘承祐继位时十九岁。

这些人其实登基时的年纪都不小，但全都是一开始就控制不住局面，然后步步艰难，最终在内外交困中败亡。

所以说，五代时期的特点，决定了登基的皇帝必须已经羽翼全丰。

虽然有先皇扶持，但新皇必须在政界和军界长期锻炼，靠自己获得大量的功勋和政绩。自己有一套足够强劲的班子。这样的新皇帝，才可能坐稳位置，如果没有靠自己争取这些资本，仅仅凭先皇的一纸遗书，那不过手纸一般。

— 03 —

赵光义在太祖称帝之前就已经有了一定的军功和地位，"陈桥兵变"他就是主谋之一，属于开国元勋级别。

宋朝建立后，他又是军政两界的"头号明星"。

他被封为节度使讨伐李重进，又被封为大内都部署，加同平章事、行开封府尹，加中书令。后来他又做东都留守，被封为晋王……

经过二十多年的努力，虽然有哥哥的提携，但赵光义确实一步步实打实地建立了很多功绩，获得了能让群臣心服或至少没有反抗能力的地位。

赵光义一人之下万人之上的地位，不仅仅是凭"赵匡胤弟弟"这个身份得来的，也是靠自己长期建功立业和培养势力获得的。

反观赵德昭，在太祖时代并未来得及建立功业。太祖驾崩时不过刚有节度使、同中书门下平章事职位，没有被封王。也就是说，赵德昭的资本仅仅是"赵匡胤的儿子"。除此之外，别无任何可以威慑群臣的武器。

— 04 —

放在宋朝以后，或许赵德昭这样也无所谓。但是，放在宋初，赵德昭这种资历功绩连朱友贞、李从珂、石重贵都不如的人，凭什么保证宋朝不会步五代后尘？

诚然，赵匡胤改革了五代制度，但一项制度没有两三代人的巩固，是根本无法保证实施效果的。

无功绩、无威望、无自己班子的赵德昭即便能勉强继位，就算本人有能力，也得大概率跟着五代步伐，断送宋朝江山。

能不能让赵光义做个忠心皇叔保侄子呢？几乎不可能的。

且不论以赵光义的地位，能否在兄长死后继续对侄子保持忠诚。即便他真的忠心耿耿，也很难保证君臣长期信任以及下属不全力撺掇。

当时是个造反成风的时代，为了荣华富贵，什么风险人们都不在乎。所以一旦出现君弱臣强的局面，就算强臣自己没那么大野心，他的下属也会纷纷野心爆棚。

李嗣源、郭威甚至包括赵匡胤本人的上位，虽然有一定个人因素，但也有下属为了富贵强逼的成分。

反过来说，这种风气也会导致弱势君主必然对强臣猜忌，刘承祐大开杀戒就是因为恐惧属下的反噬。

所以，想要赵光义忠心当皇叔，不仅需要赵光义几十年如一日保持忠诚，还需要其他群臣尤其是赵光义本来班子里的人不蠢蠢欲动，赵德昭又不会恐惧猜忌——这在宋初，可以说是绝对不可能完成的任务。

— 05 —

所以说，赵匡胤前期对赵光义的培养，实际上就是早早做了这种传位弟弟的打算。

赵光义经过二十年的锻炼，虽说比哥哥差不少，但是各方面均超出其他群臣一大截。他登基后保证大宋稳定过渡应该可以做到。

经过两代巩固，大宋政治真正区别于五代了，就可以长久传位于后人了。虽说这个后人不是自己的直系子孙，但好歹还是赵家江山。比起之前五代动辄两代就被灭门，宋初还是强得太多。

"靖康之耻"到底有多惨？

"靖康之耻"是中国古代史上著名的奇耻大辱，"靖康之耻"里诸如"皇帝被俘""汴京沦陷""赵构有疑似后爹"之类的惨事，早已在历史迷中耳熟能详。

但相比之下，"靖康之耻"前后，另一些不太出名的"惨事"，却同样值得人们深深思索。

比如下面这几件事。

—— 01 ——

金军大举攻宋，是从宣和七年（1125）十月开始的。但由于各级官员连瞒带混，歌舞升平的大宋朝廷，直到十二月九日才得到准信。

吓坏了的宋徽宗，连忙派大臣李邺去找金人求和。

李邺提条件说："求和好办，可是得先给人家塞点钱。"

这时宋徽宗君臣才惊觉：大宋竟连这点钱都掏不出来，各大府库早已空空如也。

最后还是宋徽宗把自己私藏的两个金瓮熔了，铸成金牌交给李邺带上了。

堂堂"富宋"，怎么连去"卖乖"的钱都掏不出来呢？因为大宋的钱，主要都叫宋徽宗拿去干了一件大事：修"艮岳"。

"艮岳"，是宋徽宗年间汴京城一个超级烧钱的工程。

这个"大工程"坐落在汴京城东北角，方圆十多里。

整个"大工程"现场，奇异假山之间，尽是香花异草、亭台楼阁，还有各种珍禽异兽活蹦乱跳。

这座历时六年修成的"豪华园林"，园中每一块花石都是从江浙湖广"征用"而来，费用甚至达到"一石费数万缗"，一草一木都是无数民脂民膏。

但宋徽宗哪在乎这个，他还亲笔写成名篇《御制艮岳记》，极力描绘其奢华风光。

后来金军大举南下，汴京城陷入重围，艮岳的豪华风光，也终于激发了众怒。价值连城的奇花异石，全被愤怒的军民砸了个粉碎。

至于满园林欢跑的珍禽异兽，也全被宰了充军粮。

偌大一座"天价名园"，还没等汴京沦陷，就被夷为平地——类似的园林浩劫，常叫人痛惜，但相信大宋的艮岳，绝对是个例外。

所谓的奢华，不过是北宋积贫积弱的毒瘤，唯一的遗憾，就是毁得太晚。

—— 02 ——

靖康元年（1126）十月二十四日，金军西路军粘罕部，兵临平阳府（山西临汾）咽喉回牛岭。

在看到这个易守难攻的天险后，身经百战的粘罕也吓得不轻，生怕宋军依托回牛岭高地投石放箭，因此一度按兵不动。

可他们"按兵不动"了几天，对面的宋军也没动静，就试着攻打宋军，结果被惊得不轻：不但驻守回牛岭的宋军跑了，就连平阳城的宋军都跑得精光。

如此战略重地，竟就这么白送给人家。

宋军防守为何如此稀松？

自从宋金战争开打，河东地区的宋军精锐们却是"放松"依旧。将领们除了一如既往地宴饮作乐，就连朝廷拨发的军费，竟都厚着脸皮克扣。这就苦了为国血战的士兵们，打着保家卫国的苦战，领到的军饷竟都被掺杂了铁钱，该拿的钱都被一级级军官们扣光。尤其这回牛岭上，镇守此地的宋军"精锐"部队，在这严寒季节里，竟还打着赤膊。每天吃的"军粮"，竟都是一些发霉的豌豆。如此境遇，大敌当前，这些士兵也只是悲愤哀叹："军食如此，而使我战乎。"

腐败成风的大宋，就这样让士兵们寒透了心，在生死存亡的关口走了个精光。

—03—

靖康元年闰十一月丙辰日（1127年1月9日），金军向汴京发起强攻，骗子郭京带来的大宋"神兵"分分钟灰飞烟灭。固若金汤的汴京外城落入金军囊中。但这时的北宋，并没有到绝路上：占据外城的金军师老兵疲，不但没继续进攻，反而抓紧修筑工事，防止汴京军民反扑。

汴京军民也群情激奋，誓要与金人血战到底。

在当时的情况下，如果宋钦宗君臣能够冷静下来，或集中力量突围，或坚守相持，战事必然有转机。可此时宋钦宗的第一反应却是要"甩锅"。

于是，大宋历史上又一滑稽场面上演了：听说外城沦陷了，惊慌的宋钦宗恰好碰上自家叔叔越王（宋徽宗的弟弟），叔侄见面后，宋钦宗就慌忙宽衣解带，把龙袍脱下来硬塞到越王手里，嘴里连呼"叔叔自做取"，也就是要把皇位"甩"给越王。

这事儿越王哪肯接？哭着连呼"死罪"——皇上，这锅别甩给我。

其实，哪怕在这样的危局下，也依然有硬汉慨然担当：卫士蒋宣就召集了数百壮士，誓言要拼死护送宋钦宗突围。

可吓破了胆的宋钦宗不但不答应，前脚好言好语劝走蒋宣后，转脸就把蒋宣等人绑起来杀害了，理由是怕这些人"作乱"。可怜这群热血为国的汉子，就这么不明不白地屈死了。

然后，宋钦宗就做出了他自己的"抉择"：低三下四地跑到金军大营，摆上香案宣读降表，朝着金国上京方向行跪拜礼：一百六十多年国祚的北宋王朝，就这么稀里糊涂灭亡了。

缺兵少粮，有得救，可骨子里尿，那是真没救了。

—04—

汴京沦陷，"靖康之耻"上演，大宋王朝的统治阶层，比如皇族权贵百官们，都是各有各的"惨"法。但一群"不太惨"的人——太学生们，却将这两宋王朝的脸打得啪啪响。

两宋王朝好些事都"虚"，但对待太学生，却是实实在在的好。

在恩养文官文人的宋朝，太学生就是未来"国家的栋梁"，再穷也不能穷了他们。

宋神宗年间的太学生数量，就有两千四百人之多，每人每月享受上千文钱的补助，甚至还享受免费的住宿伙食，可谓"深受国恩"。

随着北宋末年吏治的腐败，这个专收英才的太学生群体，也变得鱼目混珠。

虽然汴京保卫战中，太学生也上演过各种热血时刻，但随着汴京沦陷，这其中的许多人，也是分分钟现原形：上百名昔日享尽大宋"优待"的太学生，主动卖身投敌，不但给金军南侵献言献策，还照着金人要求，把自己家乡（主要是南方）的山川地貌原原本本地画出来，直接给人家当向导。

这么一群热情的"青年才俊"，后来连金兵都觉得恶心，以至于"觉其无能苟贱"。其中六十多人直接被金军清退，卖身投靠都不要——大宋优中选优的"太学生"，竟都是一些这类货色，可见这北宋王朝，何止烂了上层，更烂了"未来"。

此情此景，也和一个半世纪后，南宋亡国前的一幕相似：南宋末年，面对元军大兵压境，各级文官也是跑的跑躲的躲，南宋临安朝堂上，竟不剩几个人。气得南宋末代太后谢道清一顿哭骂："我国家三百年，待士大夫不薄。吾与嗣君遭家多难，尔小大臣不能出一策以救时艰，内则畔官离次，外则委印弃城，避难偷生，尚何人为？亦何以见先帝于地下乎？"意思就是养了一群白眼狼。

富庶的大宋，为何会掉入积贫积弱的悲惨大坑？原因当然很多，没争议的却是这条：白眼狼，从北宋到南宋，养得太多。

史上最特立独行的皇帝

— 01 —

明正德十二年（1517）夏日的一天，居庸关守城官兵接到一条奇怪的命令：立刻将城门上锁，并把钥匙藏好，严禁任何人出塞。就算皇帝来了也不能开门。

发布命令的是驻守居庸关的御史张钦，下属都知道这个领导是一个说一不二的人，立马照办，但免不了议论："这口气太大了吧，如果皇帝真来了，御史大人敢不给他开门？"

结果议论的声音很快就消失了，因为第三天，出生五个月便被立为太子、十四岁登基、明朝血统最正（嫡长子）的正德皇帝，便真的来了。

— 02 —

其实御史张钦并非喜欢说大话的人，之所以在命令中提到皇帝，是因为这次关门上锁针对的正是这位天子。

不久之前，张钦收到朝中的消息，皇帝不顾大臣反对，执意要出塞巡视。他立马上疏反对，近日蒙古兵屡次进犯，贸然出塞太过危险。

《明史》记载："万一有不虞，其如陛下何。"

但连上三封奏疏都石沉大海，张钦便预感事情不好，因为京城的同事说过皇帝的为人行事。

这位皇帝相当任性，登基没两年，便不顾群臣反对，搬出紫禁城住在自建房里。平时的命令只要有群臣反对，管你是一品大员还是无名小辈，轻则直接开除，重则廷杖打死。

张钦预感，以皇帝的性格，肯定是要出塞的，但前线探报，近日蒙古兵可能有抢劫的大动作。他权衡再三，决定以死相抗，如果皇帝要过居庸关，就必须在自己的尸体上踏过去。

他已经安排好了后事，和家人进行了告别。

张钦是个明白人，让皇帝出关，万一有不测，自己难逃一死，还得承担失职的罪名，不让皇帝出关，自己也是一死，但至少是以死报国。

所以，当正德皇帝到了居庸关附近，兴高采烈地派人去传旨开关的时候，结果门没叫开，却踢到了铁板。

皇上派来宣旨的太监看见一个满脸杀气的人手持利剑坐在关门之下，从官服上看，正是御史大人张钦，宣完圣旨后，张钦只表达了一个意思：圣旨是假的，朝廷并没有事先通报，谁敢私自开关，必死于他的剑下。

狐假虎威惯了的太监哪见过这种拼命的架势，立马撒丫子跑了。

张钦知道，这些太监都是"键盘侠"，虽然当面不行，但回到皇帝那里肯定能把自己喷死。

等皇帝一怒之下亲自来问罪的时候，自己也就完蛋了。

据正在接待皇帝的地方官火速来报，太监回去后哭着说张钦不仅不奉旨，还差点杀了自己。皇帝龙颜大怒，大喊要派随行侍卫去杀了张钦（为我捕杀御史）。

张钦早有心理准备，不为所动地继续坐在城门下闭目养神，平静地等待死亡。

但奇怪的事情发生了，张钦整整等了两日，也没等来那个取自己首级的侍卫，反而等来了一条消息：皇帝已经返回昌平，在御马房玩了一整天后，又朝京城去了。

张钦不由长舒一口气，看来皇帝也不是传说中那么残暴，自己算是捡了一条命。

—03—

但劫后余生的他不会预料到，自己高兴得太早了。

半个月后，张钦离开居庸关去白羊口视察，在途中他接到了一条消息，惊得他立马取消工作，掉头返程。原来正德皇帝已突然微服驾临，在居庸关住了一晚上了。

等张钦快马加鞭赶回居庸关的时候，手下告诉他，皇帝已经溜出关口，奔向了塞外茫茫的草原。

张钦立马带人去追，但皇帝已经留人守着关门，不许任何人出去。被套路的张钦哭笑不得，自己只知道这皇帝残暴，没承想这皇帝还如此狡猾。

皇帝出关的消息一经传出，举国哗然，张钦更是承受着巨大的心理压力。他祈祷着这位二十岁出头的小皇帝能躲过凶狠的蒙古兵，赶快玩一圈就返回京城。

但张钦没预料到，这种担心的日子还要延长几个月。因为在草原驰骋的皇帝听到一个消息，蒙古即将发动近年来最大的一次侵略——檀阙小王子要率五万骑兵进攻大明。

—04—

从未上过战场的小皇帝不仅不愿回京，反而像打了鸡血般兴奋。

他自封大将军，坐镇阳和，一面指挥大同总兵分兵把守，严阵以待，安排副总兵率军尾随蒙军，随时报告动态，并下令宣府、辽东等地守军火速集结，供自己指挥，皇帝已经摆出打一场硬仗的姿态。

得知消息的张钦如遭雷劈，他隐隐感觉土木堡之围将再度重演。战场上传来的消息让张钦彻夜难眠，最让他提心吊胆的是涧子村一战。

据前线消息，蒙古精锐全员出动，将明军拦腰切断，分割包围，眼看明军就要全军覆没。千钧一发之际，皇帝亲率阳和部队紧急增援，十多万人在北方荒野里形成了三个包围圈，往来厮杀、喊声震天。

皇帝亲临沙场，稍有不慎，随时有被俘或被杀的危险。

如此危险的战况，就连张钦也没经历过。他等待前线战报时像热锅上的蚂蚁坐立难安，也难怪，皇上一旦遇有不测，他就是千古罪臣。

为了寻求心理安慰，他不断地向京城同事打听这位小皇帝的兵法学得如何。但京城的同事大都摇头叹息，说皇帝哪会认真读书，整天不务正业。

平时没事儿就击球走马、放鹰逐兔，如果非要说与打仗有关的，那就是在自建房里组织太监排兵布阵互相打着玩，但那种过家家也能算吗？

和同事谈完后，张钦彻底绝望，又一次和家人告别，重新做好了等死的准备。

— 05 —

但几个月后，张钦又没死成，晒成古铜色的正德皇帝骑着一匹枣红马，身穿铠甲，头戴银盔，腰佩宝剑，神采飞扬地率领浩浩荡荡的军队回来了。又惊又喜的张钦开关迎接，他获知，皇帝大获全胜，蒙古兵已逃窜到草原深处。

实际上，经过这一战，正德一朝蒙古人连边境都不敢再深入。（是后岁犯边，然不敢大入。）

跪在皇帝面前的张钦内心依然忐忑，毕竟他曾抗旨闭关拒过皇帝，很显然，正德皇帝也并没有忘记这件事，他翻身下马，看着汗如雨下的张钦，突然放声大笑道："你之前拦我，可我今天已经归来了，赦你无罪。"（前御史阻我，我今已归矣，然亦不之罪也。）

张钦没想到皇帝如此大度，一颗心终于落到肚子里。望着皇帝远去的背影，张钦陷入沉思。这短短几个月里，他历经大悲大喜，凭空捡回了三次命，这个不按常理出牌的皇帝，到底是个什么祖宗啊。

— 06 —

驻守边疆的张钦确实看不懂这位特立独行的皇帝，但和这位军营中的人相比，地方官对皇帝的印象却简单得多——小神经。

正德十四年（1519），南京的官员们紧张筹备了几天，精心准备了一桌子本地特色菜，备上压箱底儿的好酒，准备迎接皇帝。

没过多久，皇帝被前呼后拥着进来了，看到满桌子大鱼大肉，却突然发飙："这太浪费了，不吃了。"

地方官们面面相觑，诚惶诚恐，不知哪里触怒了这位天子。

皇帝又说："饭就不吃了，你们算算这桌菜多少钱，给我折现吧。"

地方官们猝不及防，差点昏厥。

没过几天，地方官们又陪同皇帝去河边垂钓，皇帝钓鱼技巧特别娴熟，不一会儿便钓上来半桶鱼。他心情大好，捞出最大的一条鱼指着一个官员说："这条鱼给你了。"

地方官大喜，连忙跪地叩头谢恩，双手恭恭敬敬地将鱼捧过来。

结果皇帝一直定定地看着他，直看得地方官有点摸不着头脑，正德皇帝一伸手，说道："白拿吗？给钱啊。"

这位官员一时蒙圈，确信自己没听错后，连忙嘱咐手下回家取钱。

正德皇帝去南京，是因宁王叛乱，他决定御驾亲征。结果他快到战场时，叛乱已被地方官平息了。

正德觉得不过瘾，他要亲手逮捕宁王。于是宁王被放了出来，在众目睽睽之下被松绑，高兴了不到一秒，皇帝一声令下，宁王又被当场摁倒，押回监狱。

地方官们目睹了历史上最神经质的一次抓捕。

其实别说南京的地方官了，可能就连被抓的宁王，都会觉得自己这个侄子是个小神经吧。

—— 07 ——

这位地方官眼中的小神经到了一个女人眼里，却又是另一番模样。

正德十四年，宁王朱宸濠叛乱。正德皇帝御驾亲征，连绵不绝的队伍日夜兼程，到达山东临清。

而远在京城的一名头戴金簪的女子，正在抚琴奏曲，琴声忧伤，因为皇帝失约了。

这个女人叫刘良女，她本已嫁人，被皇帝的手下掳掠到京城当乐工。一次她为皇帝奏曲时，突然被皇帝深情表白，皇帝表示十分喜欢她，并赠金簪为信物，告诉她在京城等候。南征时自己会派人拿着金簪来接她，在见到拿金簪的人之前，千万不要离开。

这一等，就是几日过去了，连个人影都没有，刘良女有些绝望。民间盛传当朝皇帝甚为荒淫，经常纵容手下强抢民女，享乐后便抛弃。对自己这个出身低微的人，当日的约定，皇帝大概已经忘了吧。

刘良女为自己未来的命运想了一百种悲惨的结局，但是唯一没想到的那种，却发生了。

很快，刘良女就等到了前来接她的人，这个人并没有带金簪，但刘良女却毫不犹豫地跟着他走了，因为来人正是正德皇帝。

欣喜若狂的刘良女，无论如何也想不到皇帝会突然出现。其实除了刘良女，文武百官也想不到，此时行至半途的中央军乱作一团，因为他们发现皇帝失踪了，连皇帝的贴身侍卫都不知道正德的下落。

原来正德一直都没忘记约定，出征时就想派人接刘良女，但他在途中骑马颠簸丢掉了簪子，找了几天都没找到，一直到了山东临清，思念若狂，又害怕不见簪子刘良女不敢来，竟然不通知内外侍从，找了艘小船日夜兼程，花了整整一周亲自去接刘良女。

刘良女跟着皇上，宛若梦中，亦步亦趋地一同南下。《明实录》记载："上乃独乘舸晨夜疾归至张家湾与刘俱载而南。"

当朝天子放下江山社稷，千里来迎，对女人来说，确实足够浪漫。

后世历代吃瓜群众也觉得浪漫，正史里记载的这寥寥数笔，后来被改编为京剧的经典曲目《游龙戏凤》。

其实还有一件事也同样浪漫。

南下之后，因为平叛异常顺利，正德心情大好，带着刘良女同游南京。

每到一个寺庙，刘良女便感觉心跳加速，原来皇帝下令将南京城里所有寺庙都挂上幔帐和经帘做的横幅，横幅上面用金字写着：威武大将军镇国公朱寿与夫人刘氏施用。

人民群众当然都知道所谓的大将军镇国公朱寿就是当今皇上，夫人就是乐籍女子刘良女，皇帝像是热恋中的青年，迫不及待地要将幸福宣告天下。

《世宗实录》记载："武庙南巡亲讨逆濠，称总督军务威武大将军总兵官后军都督府太师镇国公，用诸一切文移。间至寺观，旛幢列斯号，复系以名，而夫人刘氏亦得并书。"

刘良女和正德的爱情故事结局有很多版本，但每一个版本，正德皇帝都对刘良女不离不弃，一直深爱着这位出身低微的女子。

当然，皇帝的这段爱情，在朝廷里，始终是违反祖制的丑闻。

— 08 —

正德皇帝朱厚照的一生，有人说他不学无术，有人说他宠幸小人，有人说他荒淫无耻。不可否认的是，皇帝这份工作，朱厚照做得确实不算称职。

而少年心性，有超人的精力、充分的好奇心、丰富的想象力的正德，大概也不喜欢这份囚禁于紫禁城，万事都要遵循规矩的皇帝工作。

他常年住在皇宫之外，他做将军、当驯兽师、客串沿街叫卖的小贩，甚至谈了一场轰轰烈烈的自由恋爱，他寻找着每一个机会抗争着皇权的安排。

王小波一生最喜欢的动物是一只特立独行的猪，他表示无论人或动物，他还没见过谁敢于如此无视对生活的设置，但这只猪做到了，它穷尽一生努力摆脱命运的安排，虽然付出了代价，但也成功地活成了野猪的模样。

何炅曾演过正德，在那部电视剧里，正德的老爸去世前曾和勾魂判官有过一段谈话，很有意思。

勾魂判官：朱祐樘，你只活了三十六年，不觉得太短了点吗？你的儿子朱厚照，能不能治理好大明朝……

　　朱祐樘：这不重要。跨过这生死线，我明白了，江山是主，人是客。我的儿子朱厚照过得快不快活，才是最重要的。

　　勾魂判官：那我来告诉你，你的儿子会活得比历朝历代的君王都快活。

电视剧有戏说成分，但关于朱厚照的那些话，蛮贴切的。

别惹四爷，否则会生不如死

说起清世宗，可能很多人一脸茫然，要说爱新觉罗·胤禛，大家可能耳熟得多了，再说四阿哥雍正，恐怕能瞬间令女粉丝们眼前一亮。

上有驭国六十一年的千古一帝康熙，下有绯闻缠身的十全老人乾隆，作为康乾盛世里承上启下的皇帝，在位只有十三年的雍正存在感很低，如今之所以能广为人知，还得仰仗一波波清宫剧的功劳。从讨好女生的高手四阿哥到深情款款的四郎，影视剧里的雍正尽显暖男本色。然而，下面这几个故事告诉你：四爷，绝对是你惹不起的狠人。

— 01 —

康熙晚年的九龙夺嫡，是一桩残酷的皇权争夺战。细节不多说，最终结局是以四阿哥胤禛登基改年号为雍正而告终。为了避免后人们再度手足相残，雍正还别出心裁地设立了秘密建储制度：提前写好传位诏书，放置在乾清宫"正大光明"的匾额后，直到皇帝驾崩后，后人才能打开诏书宣读继承人。

只是对于当年那些皇权争夺中的竞争对手，雍正可没这么体贴入微。尤其是对他威胁最大的八爷党，如何从精神和肉体上消灭他们，雍正可是费了心思的。

八阿哥廉亲王爱新觉罗·胤禩，自幼聪慧，人缘极佳，不仅和朝臣们打成一片，和九阿哥、十阿哥、十四阿哥等兄弟也交情深厚。树大招风的他，自然成了雍正开刀的对象。

雍正元年（1723）九月初四，因为新建的更衣室油漆味太重，大动肝火的雍正将主管工部的胤禩一通训斥，随后命他在太庙前跪了一夜。第二年五月，雍正先传口谕斥责胤禩及其党羽妄乱滋事，十一月又斥责他欺下媚上，办事偷工减料，实乃奸恶之徒。如此这般找了一堆理由，到了第三年，雍正终于开始采取实际行动了，他将胤禩革除王爵，在其府外派重兵防守，由四名侍卫跟随左右，名为随行实为监视。即使已经到了这步田地，雍正还没打算放过他。第四年，雍正下旨将八阿哥胤禩、九阿哥胤禟从宗人府名册里除名，并将其囚禁在高墙内，日常起居由两名太监照料。雍正再给两位弟弟赐了侮辱性的名字——胤禩改名阿其那、胤禟改名塞思黑，这两个名字在满语里是狗和猪的意思。他还下旨痛斥："此二人自绝于天，自绝于祖宗，自绝于朕，宗姓内岂容此不忠不孝、大奸大恶之人？"将同胞兄弟称为猪狗，他是否考虑过九泉之下的父皇会不会气得诈尸？两位皇子都被称为猪狗了，其待遇可想而知，或许是伙食太差，胤禩被关押后不久呕吐不止，没几天就病死了，时年四十六岁；胤禟被囚禁一个月后中暑，没几天也死了，时年四十三岁。

肉体上消灭对手还难解心头之恨，对于那些还没来得及报复的敌人们，雍正也挖空心思恶心他们。

雍正二年（1724），他曾为胤禩的支持者阿灵阿和揆叙书写碑文，皇帝的命令，哪个敢不刻？阿灵阿的墓碑上刻的是"不臣不弟暴悍贪庸阿灵阿之墓"，揆叙的墓碑上刻的是"不忠不孝阴险柔佞揆叙之墓"。

对于阿灵阿和揆叙的后人们，雍正都没有追究，只是在他们祭祀的时候派人监视，只为窥探他们见到墓碑感觉被侮辱的惨状。

八爷党里勉强算得善终的，只剩十阿哥和十四阿哥。十阿哥胤䄉是名臣遏必隆的外孙，母家势力雄厚，雍正处理他时不得不有所顾忌，再加上胤䄉能力有限，此前作为胤禩的跟班，没翻过多少浪花。胤䄉被关押两年后得以释放，一直活到乾隆六年（1741），死后以贝子的身份下葬。十四阿哥胤禵是雍正的同母兄弟，却是八爷党的核心成员。毕竟血浓于水，雍正四年（1726），胤禵被剥夺爵位，囚禁于景山寿皇殿内。乾隆继位后才将这位皇叔释放，还任命他为正黄旗汉军都统，授予辅国公这样的虚衔。乾隆二十年（1755），胤禵寿终正寝，乾隆为此还拨发了一万两治丧费，将他的葬礼办得极尽风光。

— 02 —

招抚大将军年羹尧，既是雍正的大舅哥，也是雍正取得皇位路上的好帮手，雍正上位后对其恩宠到了无以复加的地步。年羹尧平定青海后，雍正难以抑制心头对他的欣赏，甚至颁发了这样有失体统的圣旨："不但朕心倚眷嘉奖，朕及世世孙孙及天下臣民当共倾心感悦，若稍有负心，便非朕之子孙也；稍有异心，便非我朝臣民也。"这意思是，谁要是忘记了年大将军的丰功伟绩，就不配做爱新觉罗的子孙，不配做大清的子民。

在这样的圣恩眷顾下，年羹尧被迷得晕头转向，行为越发狂悖，最终刺伤了雍正的自尊心，引得雍正痛下杀机。斩首凌迟之类，在雍正看来，太没技术含量了，得让被杀的人意识到罪孽，自己动手才更能体现皇权的宽大：这可不是皇帝要杀你，是你自己作恶太多，再不自裁更待何时？

雍正二年（1724）九月，年羹尧被朝臣们纷纷弹劾，雍正借坡下驴将他收押，再经过一番运作，当年十二月，廷议就给年羹尧定下了九十二项重罪，其中：大逆罪五条，欺罔罪九条，僭越罪十六条，狂悖罪十三条，专擅罪六条，忌刻罪六条，残忍罪四条，贪婪罪十八条，侵蚀罪十五条。尽管洋洋洒洒的罪状足够年羹尧万世不得超生，雍正这时却展现出了皇恩浩荡的一面：九十二项罪状里判斩立决的就有三十多条，考虑到年大将军功勋卓绝，若将你于集市中斩首示众，我怕是难免背上心狠手辣、杀戮功臣的恶名，到底如何裁决，年大将军你自己看着办吧！

这么一来，年羹尧不自尽都显得不厚道了，只得在狱中自尽。如愿以偿的雍正，对这位懂事的罪臣倒是没有赶尽杀绝：年羹尧的哥哥年希尧及其父亲年遐龄罢官免职，长子年富斩首，十五岁以上的儿子被发配边关。

一年后，年羹尧那些幸存的儿子被赦免，交由年遐龄管束。

— 03 —

年羹尧权势熏天的时候，身边不乏阿谀之徒，其中就有个与他同年乡试的，名叫钱名世。受影视剧的误导，可能很多人误以为年羹尧是粗通文墨的赳赳武夫，其实人家走的可是科举路线。康熙三十九年（1700），年羹尧进士及第，还在翰林院任职过一段时间，并主持过四川、广东的乡试。年羹尧，字亮工，钱名世的字也是亮工，巧合的是，两人还是同年乡试中举。钱名世于康熙四十二年（1703）钦赐探花，其人才华横溢，素有"江左才子"的美誉。

雍正二年（1724），年羹尧奉诏入京，其实等待他的是已经闪亮的屠刀，只不过正值风光的他还浑然不觉。恰巧这时，钱名世不失时机地送来两首诗，其中第一首有这样两句："分陕旌旗周召伯，从天鼓角汉将军。"将平定青海叛乱的年羹尧比作周代的昭伯和汉代的卫青。第二首诗有这样的两句："鼎钟名勒山河誓，番藏宜刊第二碑。"这句有些掉书袋，钱名世怕人看不懂，还特意做了备注："康熙五十九年，皇十四子胤禵率军入藏，康熙为他立下'平藏碑'，如今年大将军平定青海，朝廷也应该为他再立一碑。"且不说作为臣子的年羹尧不能和胤禵相提并论，即便是立功德碑，也是皇上的意思。你钱名世一个小小翰林怎么这般大放厥词？

果不其然，年羹尧下狱后，钱名世作为朋党很快被问罪。不过以什么罪名来处置他，刑部倒是犯了难：老钱写几句拍马屁的诗是不假，但充其量只能算道德问题，贸然定罪怕是难以服众啊！一番搜肠刮肚，刑部最终给钱名世定下来这样的罪状："钱名世以平藏之功归之于年羹尧，谓当立一碑于圣祖平藏碑之后，悖逆已极。"如果这个罪状被核准，钱名世将面临满门抄斩的下场。不过前面说过，斩首凌迟在雍正看来都是上不得台面的刑罚，朕是明君，不杀人，只诛心！于是雍正下旨称："先帝早就看出钱名世这厮不是好人，故而从不重用他，如今他丑行败露正好证明先帝圣明。既然他以文词犯罪，大家都是文明人，就用文词来惩罚他！"

接下来的这波操作，脑洞清奇得令人匪夷所思，可谓将整人的功夫玩得炉火纯青。第一步：先将钱名世革职回原籍，雍正再亲笔题写"名教罪人"的牌匾，派人挂在他家门口，让他整天面对着牌匾思过。第二步：为防止钱名世不堪其辱自尽或者摘取牌匾，雍正命常州知府和武进知县，每月初一、十五到钱名世家查看，如果他家不挂牌匾，就上奏朝廷治他欺君罪。第三步：钱名世虽是读书人，却不知廉耻阿谀奉承，凡是正义之士应对这种行为深恶痛绝，号召凡是举人以上的京官，都可以写诗痛骂钱名世。

此诏一出，众官员纷纷绞尽脑汁作诗，再交由雍正查阅评分。最后统计下来，共有三百八十五人贡献作品，其中最好的一篇作者是正詹事陈万策，其中有两句尤为精妙："名世已同名世罪，亮工不异亮工奸。"意指钱名世和康熙时因著《南山集》而处斩的戴名世一样，都犯了谋逆之罪，如今圣上网开一面没有杀他已是法外开恩了，但这依然改变不了他和表字相同的年羹尧一样都是奸恶之徒的事实。

构思精巧的陈万策得到封赏，而那些被雍正视作敷衍之作的作者就倒了霉：翰林院侍读吴孝登被发配宁古塔与披甲人为奴，处罚得比正犯钱名世还狠；另有侍读学士陈邦彦、陈邦直兄弟二人，估计是两人学历挺高，对钱名世的批判却不够深刻，也被雍正革职。更恶心的是，这些批判钱名世的诗被汇编成册命名为《名教罪人诗》，接着用上好的宣纸刻印后分发到全国大小的书院衙门，印刷费用全部由钱名世自掏腰包。在这样的精神摧残下，钱名世四年后抑郁而终。

钱名世怎么也没想到，拍错马屁的后果竟是这么严重。

贰

名利场的千层饼，各人有各人的啃法

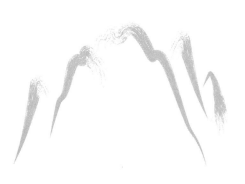

十二岁小孩成秦始皇上卿

俗话说："甘罗十二岁做宰相，周瑜七岁调令兵。"

俗话还说："少不少，甘罗十二做宰相；老不老，姜尚八十事文王。"

那么，甘罗，这个于大秦帝国史中秒现又秒杀一切的天才少年，究竟是怎样的存在？

—01—

关于甘罗的职场简历，大概是这样的。

甘罗

生卒年：不详。

所处时代：秦国。

民族：华夏族。

出生地：下蔡。

职业：政治家。

官职：上卿。

主要成就：出使赵国，十二岁拜相。

这简历是够牛的，笔者十二岁的时候，小学还没毕业，还天天上树掏鸟窝呢。

华夏族，即汉族前身，也称"夏""诸夏"，又称"华""诸华"。

古代居住于中原地区的汉民族先人，为区别于四夷（东夷、南蛮、西戎、北狄），又称中华。

下蔡，古为州来国故邑。春秋时期鲁哀公二年（前493），蔡昭侯自新蔡迁此立国，更名下蔡。考其故址，大体为今安徽省颍上县一带。

以此看，这位天才少年的民族、籍贯、职称等，都比较清晰，唯有生卒年不详，是个大大的"？"。

—— 02 ——

据司马迁《史记·樗里子甘茂列传》中载："甘罗者，甘茂孙也。茂既死后，甘罗年十二，事秦相文信侯吕不韦。"

甘罗出身豪门，祖父乃秦国名将、左丞相甘茂。只可惜，甘茂因遭受政客挤对，流亡并客死魏国时，甘罗年仅十二岁。

十二岁咋了？人家早在相国吕不韦手下做了家臣，任职少庶子，且马上就要横空出世，一鸣惊人。

当笔者写到这儿时，同样十二岁的小儿因疫情封禁没上学，正泡在家里一遍遍地看《喜羊羊与灰太狼》呢。

果然是人比人得死，货比货得扔。

话说嬴政尚未成气候，朝政大权还握在干爹（也有八卦说是亲爹）吕不韦手里时，吕不韦意欲胖揍赵国一顿，然后扩张河间地盘。可是，人手不太够。要真打起来，不保赢。那就找帮手，吕不韦打算拉燕国入伙一起干。

—— 03 ——

于是，吕不韦就派了善辩多智、牙尖嘴利的纲成君蔡泽前往燕国，一有机会就游说燕王喜。

这一游说就是三年。最后，蔡泽还真把燕王喜给说服了。

当时，诸侯结盟还不流行撮土为炉、插草为香，三拜九叩喝血酒，喜欢押人做人质，即质子。

燕太子丹，就是后来派杀手荆轲差点杀掉秦始皇的那位，就倒霉地被燕王喜送到秦国，做了质子。

来而不往非礼也，人家把儿子都豁出去了，咱也得意思意思啊。

吕不韦搭眼往人堆里一扫，瞄上了曾带兵攻魏攻赵、杀人如麻的武将张唐。就你了，去燕国当官，帮忙扶贫去。

张唐一听，顿时肝胆皆颤，脑袋摇成了拨浪鼓。

去燕国，必经赵国。赵国人恨我恨得牙痒，还不把我给吃了啊？老大，你就饶过我，让我多活几天吧。

就这样，甘罗的机会来了。

张唐死活不去，老大吕不韦很生气。

甘罗问清缘由，乐了。不就让老张去燕国吗？小菜一碟的事。

吕不韦斜眼一瞥，说道："小屁孩，吹牛也不怕闪了舌头？去，哪儿凉快哪儿待着去！"

— 04 —

长话短说。

可令吕不韦刮目相看的是，十二岁的小屁孩甘罗还真就劝服张唐，让张唐去了燕国。

至于个中操作，司马迁没少费笔墨，他如是说：

> 於是甘罗见张卿曰："卿之功孰与武安君？"
>
> 卿曰："武安君南挫强楚，北威燕、赵，战胜攻取，破城堕邑，不知其数，臣之功不如也。"
>
> 甘罗曰："应侯之用於秦也，孰与文信侯专？"
>
> 张卿曰："应侯不如文信侯专。"
>
> 甘罗曰："卿明知其不如文信侯专欤？"
>
> 曰："知之。"
>
> 甘罗曰："应侯欲攻赵，武安君难之，去咸阳七里而立死於杜邮。今文信侯自请卿相燕而不肯行，臣不知卿所死处矣。"
>
> 张唐曰："请因孺子行。"

一通曰，三下五除二，成了。细品其辞令技巧，说实话，除了扯虎皮拉大旗，连蒙带吓加忽悠，似乎真没有出奇之处。

大意如下：

甘：你和白起比，谁牛？

张：白起是超级杀神，我不敢比。

甘：范雎和吕不韦比，谁权势大？

张：吕啊。

甘：别忘了，白起可是范雎给弄死的。既然吕比范还霸道，你又不如白起，吕要想弄死你，是不是就是个玩儿？

张：吓死我了，我去我去。

前文曾言，张唐绝非善茬。秦昭王时，便屡屡带兵抢地盘，杀戮无数，啥江湖没闯过，啥世面没见过？就甘罗那区区几句小类比，就搞定了他，你信吗？反正，笔者存疑。

—— 05 ——

而更牛的神迹，即将发生。张唐行期既定，甘罗又让吕不韦奏请少主嬴政，准他提前赶往赵国，替张唐打通关节。

对此，司马迁如是说。

> 赵襄王郊迎甘罗。
>
> 甘罗说赵王曰："王闻燕太子丹入质秦欤？"
>
> 曰："闻之。"
>
> 曰："闻张唐相燕欤？"
>
> 曰："闻之。"
>
> "燕太子丹入秦者，燕不欺秦也。张唐相燕者，秦不欺燕也。燕、秦不相欺者，伐赵，危矣。燕、秦不相欺无异故，欲攻赵而广河间。王不如赍臣五城

以广河间，请归燕太子，与强赵攻弱燕。"

赵王立自割五城以广河间。

大意如下。

甘：燕太子丹去了秦国做人质，你知道吧？

赵：知道。

甘：张唐要去燕国，你知道吧？

赵：知道。

甘：秦、燕结盟，是想合伙揍你，你知道吧？

赵：好怕。

甘：怕就好。你给秦五座城，秦就会把太子丹还给燕国。然后咱两家合伙，痛殴燕王喜，到时候少不了你的好处。

赵襄王一听，先大悟，接着大喜，还给甘罗点了一个大赞。

本王听你的，就这么办。

如果这事儿在历史上真实发生过，一个十二岁的小娃娃，妥妥的胜似百万雄师。

只可叹赵襄王偃，好歹也是一国之君，居然就这智商，这水平？

况且彼时，败匈奴、灭襜褴、破东胡，与白起、王翦、廉颇并称"战国四大名将"的李牧还活着呢。

区区几句恫吓，就被忽悠走城池五座，你让牛气的李牧情何以堪？

我宁愿相信，甘罗使赵，只是一个美好传说罢了。

所以，风光回国，受封上卿（相当于丞相）后，甘罗这个少年奇才，也犹似昙花一现，从司马迁的《史记》中彻底消失，渺然无迹。

— 06 —

那么，甘罗到底去了哪儿？是生还是死？

司马迁没说，就连其他史籍，亦再无记载。倒是林林总总的民间野史，读来格外有趣。

一说，才高不寿。甘罗使赵归秦没几日，便突染重疾，殁了。

二说，飞升归天。见《东周列国志》第一百四回："忽一夕，甘罗梦紫衣吏持天符来，言：'奉上帝命，召归天上。'遂无疾而卒。"

三说，纯属无稽之谈。甘罗与赵高争辩，说吃盐无害。为自证，一次性吃盐太多，结果齁死了。

四说，"咸猪手"。一日，秦始皇跟媳妇下棋，甘罗从旁作陪。下着下着，一颗棋子掉落在地。甘罗弯腰去捡，因平时瞧不惯始皇媳妇的做派，就捏了一把她的脚。说来点背，这动作恰让秦始皇给瞧见了。正所谓"女人脚，光看不能摸"。而此时，嫪毐事件余波未了，秦始皇满心怨气正没处撒呢，当即拔剑就刺。一代旷世奇才，一颗政治新星，就此陨落。

呜呼，若司马迁泉下有灵，获知被自己极力捧红的天才少年，竟落得如此结局，一准儿会气活，吼一声都闭嘴，重新执笔，给他编排个美好未来。

没错，只能是编排。

苏武牧羊十九年，娶匈奴女，养"混血儿"

— 01 —

人人爱八卦，君王也不例外。

据东汉史学家、文学家班固所著《汉书·李广苏建传》载："（苏）武年老，子前坐事死，上闵之，问左右：'武在匈奴久，岂有子乎？'"

苏武此前曾有一子，名唤苏元，因参与党争站错了队，与被后世奉为"麒麟阁十一功臣"的老大、权倾朝野的博陆侯霍光作对，结果遭连坐，被杀了。

见其晚景凄凉，妥妥的"孤家寡人"一个，宣帝很同情他，就问身边人："苏武在匈奴待了那么长时间，整整十九年。他真就苦熬干修，啥都没干？儿子也没有？"

别看这只是宣帝顺嘴一问，但对大汉王朝树立起来的忠节活典型、爱国楷模苏武而言，却是个非同小可的大问题。

— 02 —

在历史上，西汉和匈奴，就是一对翻脸比翻书还快的冤家对头。今天还搂脖子抱腰，哥俩好呢，明天一言不合就瞪了眼，骂了娘。

去，把他们的使者给扣了，下狱！

你扣我也扣，谁惯着谁啊？

打打和和，反反复复，于是乎，双方的使节便倒了大霉。

也许会有人问，既然出使有风险，不去不就得了？

怎能不去?

明为使节,暗为细作,还担负着刺探对方虚实的重任呢。知己知彼,打起仗来才有把握。

且说前100年,匈奴又换王了,且鞮侯单于即位。因政局不稳,且鞮侯单于担心汉室趁乱来袭,就释放了之前扣押的多批使者,并告示天下,"汉天子我丈人行也",以此示好。

这番表白,不能直译成汉室天子是我老丈人,我且鞮侯是他姑爷,而是"汉皇帝,是我的长辈"之意。

这就对了,和为贵。

汉武帝面上很高兴,心里却打起了小九九:我得派几个人过去,摸摸这家伙的老底。究竟是真心臣服,还是忽悠我。

也便是在这种局势下,杜陵(今陕西西安)人苏武,意气风发地登上了政治舞台。

苏武的老爹苏建,曾跟随大将军卫青征战匈奴,屡立战功,封平陵侯。身为根正苗红的"官二代",苏武的思想觉悟不是一般的高,自然入了武帝的法眼,命其组团出使匈奴。

临行前夕,苏武与爱妻执手相看泪眼,于依依不舍中赋诗一首,曰《留别妻》。

结发为夫妻,恩爱两不疑。

欢娱在今夕,嬿婉及良时。

征夫怀远路,起视夜何其?

参辰皆已没,去去从此辞。

行役在战场,相见未有期。

握手一长叹,泪为生别滋。

努力爱春华,莫忘欢乐时。

生当复来归,死当长相思。

—03—

毋庸置疑，此诗传诵两千余年来，不知感动了多少有情人。特别是首尾两句："结发为夫妻，恩爱两不疑。""生当复来归，死当长相思。"

首尾两句的意思是：我们结发做了夫妻，相亲相爱永不猜疑。若有幸能活着，我定会回到你身边，若不幸死了，我也会永远地想着你。

信誓旦旦，掷地有声。真可谓山崩地裂，此情不悔。

再回到本文开篇宣帝的问话："武在匈奴久，岂有子乎？"

你说，挚爱发妻，山高海深，且有这首情真真意切切的《留别妻》为证，苏武该做何回答？

是有，还是没有？考验人品的时候到了。

暂且搁下儿女情长，再看家国情怀，看苏武在这次出使匈奴中的具体表现。

开场环节，人皆熟稔，简单说来就是：苏武率团，离京出行，抵达匈奴后，遭遇窝里斗。而令苏武始料不及的是，手下竟也癞蛤蟆插鸡毛，愣充大尾巴狼，跟着瞎掺和，想收拾且鞮侯单于。结果走漏风声，全被抓住了。

单于很生气，后果很严重，咬牙切齿撂了狠话："拉出去，都给老子剁成肉馅！"

—04—

当然，这肉馅没剁成。

不然，也不会传下"苏武牧羊"这一段可歌可泣、可敬可佩的千古佳话。

眼瞅就要血流成河，大伙费尽口舌一通劝，单于总算改了主意：但凡跟大单于我混的，免罪；装偪不降的，杀！

对手下瞎作之举，苏武压根不知情，且忠心不贰，当仁不让跟单于较起了劲：我苏子卿生是大汉人，死是大汉鬼，忠臣不事二君。有本事，你就杀了我。

有种。单于也被苏武的小暴脾气给感动了，便派出一拨拨说客，非要收了他不可。

第一拨，是卫律。

卫律出生于汉朝，祖上本为胡人。早年机缘巧合，与汉武帝男宠李延年结识并交好。后来，李延年、李季兄弟犯下淫乱罪，遭灭族。卫律担心连坐，奔逃匈奴，因多次对抗汉朝军队而深得且鞮侯单于喜爱，获封丁灵国王。

可卫律前脚刚到，武谓惠等：

> "屈节辱命，虽生何面目以归汉？"引佩刀自刺。卫律惊，自抱持武。驰召医，凿地为坎，置煴火，覆武其上，蹈其背，以出血。武气绝，半日复息。

大意是："泯丧气节，玷污使命，即便活着，还有脸面回到汉廷去吗？"一声悲呼，苏武便拔剑刺腹。卫律顿时吓蒙，急召大夫，这大夫绝对是个高人，救人之法亦堪称奇绝。大夫先在地上挖个坑，在坑里点把火，让苏武脸冲下，往坑上一横，然后猛踩他的后背。腹中淤血尽出，本已断气的苏武又活了过来！只可惜，这位岐黄圣手，没能在史上留下名姓。

— 05 —

及至伤愈，卫律又来了。

老苏啊，别装倔了。再装倔，小命就没了。

你瞧瞧我，归顺匈奴后，单于赏我奴隶数万，牛羊满山坡，天天吃香的喝辣的。

这厢说得正欢，苏武破口痛骂："汝为人臣子，不顾恩义，畔主背亲，为降虏于蛮夷，何以汝为见？"

意思是：你身为大汉臣子，寡廉鲜耻，背信弃义，悖逆皇上，抛弃亲人，献媚蛮夷，你还有脸在这儿劝我？

卫律被骂得面红耳赤，灰溜溜地撤了。

单于听罢回禀，心说，好你个苏武，真能装。本王还不杀你了呢。于是，将其放逐到北海，去放羊。也别说我不仁义，等羊产崽，我就放你回老家。

北海乃苦寒之地。北海一说在今俄罗斯的贝加尔湖一带，比宁古塔还要荒僻还要冷。

好在羊半年就能下崽，时间倒也不长。

过了不久，苏武瞧出了名堂，且鞮侯单于真狠，给的竟全是公羊！

一转眼，数年过去了。估摸着苏武吃苦吃得差不多了，该服气了，又一拨说客到了。这次来的说客，名头不小，是李陵。

李陵（ ?—前74），字少卿，陇西成纪（今甘肃秦安县）人，飞将军李广的长孙。李陵善骑射，任职骑都尉。

天汉二年（前99），李陵随贰师将军李广利出征匈奴，率五千步兵与八万匈奴兵鏖战浚稽山，终因寡不敌众，兵败被俘。得知此事后，汉武帝龙颜大怒，夷其三族。李陵遂心灰意冷，投降且鞮侯单于，并迎娶公主为妻，被封为右校王。

李陵与苏武，也算老相识。

听罢劝降之辞，苏武仍一口回绝："武父子亡功德，皆为陛下所成就，位列将，爵通侯，兄弟亲近，常愿肝脑涂地。今得杀身自效，虽蒙斧钺汤镬①，诚甘乐之。臣事君，犹子事父也。子为父死，亡所恨，愿无复再言。"

苏武这几句话的大意是：我们苏家，没什么功德，却蒙受圣上恩宠，加官晋爵。这份恩情，山高海深。就算遭受斧钺汤镬极刑，我也心甘情愿。你就别劝了，回吧。

听苏武这么说，李陵自愧弗如：苏武真是个富贵不能淫、威武不能屈，视死如归的爱国者，真英雄啊。

—— 06 ——

俗话说，人有逆天之时，天无绝人之路。俗话还说，世上没有永远的朋友，也没有永远的敌人。

---

① 斧钺，古代酷刑，用斧头劈开头颅；汤镬（huò），大锅煮水，滚开翻花，把罪人放进去蒸煮。与下油锅有一拼。

转瞬十九年后，西汉和匈奴又恢复外交关系。历经千难万险，加上妇孺皆知的鸿雁传书的神奇助场，苏武终于回到故乡。

综上所述：

第一，苏武深爱妻子，《留别妻》足见其情深。

第二，苏武忠于汉室，宁死不变节。

第三，北海牧羊，天寒地冻，境况奇苦，"掘野鼠去草实而食之"。也就是说，没吃没喝，没钱没房，更要命的是，苦刑遥遥无尽头。

你说，似苏武这种状况，能有媳妇，有孩子？

可不管你信不信，事实终归是事实。让我们再度回到开篇汉宣帝与侍臣的那次八卦闲谈——

> 武年老，子前坐事死，上闵之，问左右："武在匈奴久，岂有子乎？"武因平恩侯自白："前发匈奴时，胡妇适产一子通国，有声问来，愿因使者致金帛赎之。"上许焉。后通国随使者至，上以为郎。

翻来覆去，思来想去，苏武终于通过平恩侯向宣帝自白：在匈奴时，我与一胡女相识，并生有一子，名叫苏通国！皇上明鉴，苏通国不是里通外国，而是心通祖国啊。前些日子，匈奴那面传来消息，想通过汉使者送些金银丝绸，让我把孩子给赎回来。

—07—

至此，被大汉颂为忠君楷模、爱国硬汉的活典型苏武，终于做回常人。

英雄也是人，有血有肉，有七情六欲。

正值壮年，苦囚十九载，又时有传言，爱妻已改嫁，苏武与胡女生情，有私，本无可厚非。

但是，对于这桩发生于苦寒之地、本该颇具传奇色彩的爱情故事，班固却在《汉书》中一笔带过。其他史料，更难寻记述。

笔者私下揣测，应该是历代君王，均想保住苏武的忠君名节，宣扬子为父死、臣为君亡的纲常之道吧。

不得不说，汉宣帝倒还挺有人情味的，把苏武的混血儿子苏通国从匈奴赎回，并将其纳入公务员编制，做了郎官。

只可惜，胡女在苏武归汉不久便染病身故，从此湮没在了浩浩渺渺的历史烟云中。

"武年八十余，神爵二年病卒。"

— 08 —

苏武到死也只封了一个典属国（典属国负责外交事务），没有封侯。他毕竟只是道德模范，没有真正的功劳。

而且在那个年代，双方相互投降也很常见。

当时主流对李陵的投降还是接受的，汉武帝是听信谣言说李陵居然帮匈奴人练兵才杀李陵全家的。即使这样，苏武归汉后，也马上私信李陵，说明主流对李陵的正面评价，让他也回来。

但卫律这种角色难被原谅，因为他帮着匈奴打汉朝。相比之下，苏武有一个混血孩子真的是芝麻大的事。

王允是如何把东汉玩坏的

从黄巾起义到群雄割据，东汉末年，其实还有一个末代董事长。本可拯救东汉的最后一春，可是他搞砸了！他是谁？王允。

— 01 —

王允出生于137年，出身于牛气哄哄的太原王氏，号称"文武全才"，十九岁就被举为孝廉，开始了他的职场人生，也开始了他捅马蜂窝的人生。

他捅的第一个马蜂窝是赵津。

别看赵津在后世名不见经传，可在当时他是宦官小弟，在当地那是横着走，根本没人敢管。

可初入官场、年轻气盛的王允，才不管你是什么宦官，直接就斩了。赵津可能是宦官小弟中的小弟，被杀之后，他所谓的宦官大哥，一声都没吭。

初战大胜的王允，不久就捅了第二个马蜂窝。这次他瞄准的是自己的顶头上司——太守王球。他发现王球收受贿赂，正气爆棚的王允，更是当面揭发，一点面子都没给上级留。这让王太守很受伤，直接把王允下了大狱、准备砍头。

幸运的是，王允上级的上级——刺史邓盛出面为他求情，王允才躲过一劫。连捅马蜂窝，王允却是有惊无险，名声大噪。

后来王允又捅了一个超级马蜂窝！

184年，王允和皇甫嵩、朱儁受降黄巾军时，发现了张让（十常侍之一）和黄巾军往来的书信。不管不顾的王允，直接就把罪证捅给了汉灵帝。后来，王允差点被脱罪的张让给弄死在监狱里。

必须说，王允从杀小黄门赵津、撑上级，再到告张让，他的人生在不断地捅马蜂窝中"升华"！

而他人生的终极马蜂窝，很快就会来到。

— 02 —

189年，东汉发生了很多事，简单概括就是：这一年，国舅爷何进玩砸了，西凉军阀董卓占了洛阳，成了新任掌权人。

董卓大权独揽之后，为所欲为、残忍暴虐到人神共愤。但有一点，从面子上看，董卓做得还不错——任用名士！

多数名士，一开始是拒绝的，不愿意助纣为虐。但也架不住董卓的威胁：不去？砍了！连带你的家人。

蔡邕就是这么出来上任的，王允也是这么出山的。

而以捅马蜂窝出名的王允，当时名气比蔡邕可大多了！

必须说明一点：此时几经生死的王允，早已不是那个不管不顾的职场小白了。所以王允对董卓的表面功夫做得十分到位，非常受董卓的"信任"：很多政务问题，王允都可以先斩后奏。比如，王允利用职权，提拔了杨勋出任司隶校尉，擢升士孙瑞为仆射，而这些人与董卓都不对付。

客观地说，董卓对王允的礼遇，比东汉王朝可强多了。

但王允真正效忠的始终都是东汉，他想诛杀董卓。说到这里，很多人都会说："貂蝉要出场了！"其实，诱拐吕布根本不需要貂蝉，因为貂蝉本身是不存在的。

俗语说："苍蝇不叮无缝的蛋。"

首先，吕布看上了董卓的一个侍妾，俩人还有一些露水之情。吕布有次说话不注意，气得董卓抄起短戟就往吕布身上砸。此外，董卓没给吕布什么正经的官职，他更希望吕布给自己做贴身保镖。

吕布和董卓之间的矛盾，在王允看来是突破口！

果然，一次把酒言欢之后，吕布自己先绷不住了，开始向王允发起牢骚："名义上说是情同父子，可是我这儿子当得有点窝囊啊！"

这么明显的机会，王允哪能放过，说道："你姓吕，他姓董，你现在连个正经官位都没有，人家真当你是儿子吗？如果咱们联起手来，干掉董卓，什么高官厚禄没有呢？你不但能得到朝廷大权，还能得到诛杀董卓的美名。这就是一举多得啊！"

几句话下来，王允算是把吕布所有的痒处，都给挠了一遍。

192年四月，汉献帝刘协大病初愈，文武百官入朝祝贺。在路上，王允和吕布、李肃，里应外合，联手干掉了董卓。

董卓死后，王允任录尚书事，总领朝纲；吕布则出任奋武将军，假节，仪比三司，进封温侯。两人一文一武，几乎同时达到了人生的巅峰！

—— 03 ——

按说董卓死了，王允掌权，东汉王朝应该回归正轨，可是王允能够当好这个领头人吗？不能！虽然王允很刚，也很有能力，但他个人能力方面的缺陷也很明显！

其一，不会搞团结。

王允怎么看吕布都是个只配被利用的"叛徒内奸"，而不是什么合作伙伴，所以处理政务时经常跟吕布对着干。士孙瑞是王允的铁杆伙伴，可事成之后，王允却对士孙瑞爱搭不理。如此这般，小伙伴怎么和王允好好相处？

其二，气量狭小。

最典型的就是蔡邕之死。

在《三国演义》中，蔡邕之所以会死，是因为他给董卓哭丧，犯了大忌，活该被杀。但其实蔡邕根本没有去哭董卓，只不过在一次宴会上，对大吹大擂的王允皱了皱眉，结果就被王允下了大狱。

按说蔡邕也是名士，而且还是名望很高的那种，更何况还有一堆同僚替他求情，即便表情再不对，也罪不至死，可偏偏，王允就是扣着蔡邕不放，直到把蔡邕耗死在狱里。

王允不知道，蔡邕的死，可给自己结结实实地扣上了一顶"寡恩刻薄"的大帽子!

— 04 —

最重要也最失败的是王允对西凉军的处理。

此时董卓的西凉军，已经没了主心骨，也不知道该听谁号令。如果是曹操、刘备，肯定连哄带骗，先收编了再说。

可是在这件大事上，王允却突然降智了：全杀了他们？这些人都是奉命行事，也不是绝对的大奸大恶之徒。全部赦免？他们毕竟做了很多坏事，如果全部赦免，太便宜他们了。最后，王允居然去问吕布怎么办。

吕布给了两个还不错的答案：第一，摆个鸿门宴，把领头的全部杀掉，西凉军不就是咱的部队了吗？第二，要不就把董卓这几年搜刮的金银财宝都拿出来，犒劳西凉军，让他们变成咱们的下属。

要说这俩答案，一个快刀斩乱麻，一个怀柔买人心，都还行。可是王允却一个也不采纳。

因为他看不起吕布，认为吕布给出的解决方案一定不如他自己的，这个问题他要慢慢想，一定要想出个绝妙的上上策！

就在王允摇摆不定的时候，一个"对西凉军的处理决定"已经四散传开了——王允准备解除西凉军的武装，全部清算。这分明就是把西凉军往死路上逼，不给活路啊。

这个"处理决定"当然是谣言。可早成惊弓之鸟的西凉军却想：是杀是剐也不说一声，很有可能就在酝酿谋划这一手啊！既然如此，那不如拼个鱼死网破！于是，以董卓女婿牛辅为首的十来万西凉军，干脆扯旗造反！

不久之后，更酝酿出了李傕、郭汜之乱，在这场祸乱中，吕布被打跑，王允则身死殉国，本就风雨飘摇的东汉，再无生机！

— 05 —

王允尽管有一定的个人能力，但在东汉末代掌门人这个显赫的位置上，胸怀、智慧方面的缺点却被无限放大了。

最终，王允也成为汉末乱局的弃子。而东汉王朝，也被王允彻底玩坏了！

智商情商双双爆表的"第一毒士"

—01—

"开局一条狗，装备全靠打，最终称霸武林天下。"这可不是广告，历史上真的有这么一个人。

开局只有一个人，全凭一手忽悠的本领，忽悠出了军阀混战几十年乱世的开始。他却又在乱世中得以自保，最终侍其主而称雄天下，自己也被后人称颂、顶礼膜拜。

他就是汉末第一纵横家——贾诩。

首先要拎清的是什么是谋士，什么是纵横家。

谋士者，于乱世中择一人，事一主，胸怀安邦定国之策，助主公成九五霸业，鞠躬尽瘁、死而后已。

纵横家，于诸侯间施口舌，巧用计，身揣纵横捭阖之术，退可明哲而保其身，进可择主而雄天下，也就是真正意义上的"大忽悠"。

所谓兜里两块钱，口中敢要五百万的，此谓纵横家。

能担得起谋士之名的人很多，如荀攸、鲁肃、诸葛亮等。而称得上纵横家名号的人，说实话不太多，春秋端木赐、战国苏秦、张仪，秦末张良，到了汉末三国，称得上纵横家的唯贾诩一人。

—02—

贾诩是西汉大文豪贾谊的后人，正儿八经的名门之后。

可是他的开局惨了点。举孝廉入仕，他本来应该有大好的前途，结果没多长时间就因病还乡。在回乡的路上，他和同行的几十人，遇到了人生中第一次危机——被人绑架了。

如果是被一般绑匪绑了，某种意义上讲他们还算是讲江湖道义的，给钱就放人。不过绑贾诩的那伙绑匪比较特殊，他们是叛乱的少数民族部落"氐人"，换了一般人稍有不慎可能会惹恼部落首领。这样基本上就可以确定结局——把自己捐给了国家，也就是为国捐躯。

然而，我们的贾诩贾大忽悠岂是一般人？

他马上就开始了人生中的第一次忽悠行为，他很快找到部落首领，说："我是段颎的外孙（假的），你们千万别动我，我家肯定拿钱来赎，到时候你们拿到的钱一辈子都花不完！"（我段公外孙也，汝别埋我，我家必厚赎之。）

应该说，他这次的忽悠行为是对症下药的。

首先，太尉段颎，久在西北边陲，在少数民族中有相当的威信，氐人也是相当畏惧他。

另外一点，少数民族入侵无非就是因为活不下去了来抢钱抢粮，既然能这么容易就得到钱，也犯不上舞刀弄枪了。

于是，一剂猛药下去，氐人首领被忽悠得"眼冒金星"，然后高高兴兴地把贾诩送走了。（氐果不敢害，与盟而送之。）

—— 03 ——

后来董卓入京，贾诩就任讨虏校尉。再后来董卓被刺身亡，王允准备清算董卓余党。

贾诩这时候迎来了人生中最大的危机—— 一旦被清算，曾经担任过牛辅（董卓的女婿）部下的他，是无论如何都跑不掉的。

于是，他决定忽悠一次大的。他先找来准备跑路的董卓旧部李傕、郭汜等人，开始忽悠。

"准备跑，领到工资了吗？"

"老大都翘辫子了，还领个屁，再不跑就要死。"

"嘿，这你就错了，如果你现在跑了，不但工资领不到，而且随便找个亭长就能把你们抓起来，不如听我的，带着之前的弟兄干他一票，运气好还能为老大报仇，就算失败了，再跑也不迟。"

李、郭等人一想：有道理！于是，他们集合起十几万凉州军，准备血洗长安。一时间吕布败逃，王允、崔烈等一大批前朝老臣被杀，长安城内血流成河。

李傕、郭汜入主长安之后，开始分赃，原董卓旧部人人加官晋爵。

李傕准备加封贾诩为侯爵，有着多年忽悠经验的贾诩一眼就看出，跟着李傕这种头脑简单、四肢发达的人不会有好下场。

于是，贾诩坚决辞官不受，最后在李傕的盛情邀请下，决定就任尚书一职。

不久之后贾诩遇上母亲亡故，便辞官离开了长安，后来又投靠了同乡段煨（段颍的族弟）。

果然不出贾诩所料，李、郭二人因为分赃不均掐了起来，贾诩幸好早早离开得以明哲保身。

这时候又恰逢汉献帝刘协东迁，贾诩知道段煨素来有保境安民的贤名，于是去忽悠段煨："这个时候，做臣子的应该去迎接圣驾，更何况现在是军阀混战的时候。"

果然，刘协前脚刚进段煨的军营，后脚杨定便率兵和段煨打了起来，紧接着李傕又带着人掺和一脚想趁乱劫回圣驾。

一连混战了十余日，刘协和百官也是托贾诩的计谋（忽悠）得以保全逃回洛阳，再后来遇上曹操迎奉天子到许昌。

—— 04 ——

段煨虽有贤名，可惜没什么野心，虽然敬重贾诩的声名却害怕贾诩发动兵变夺取他的兵权。贾诩当然能看出他的顾虑，于是离开了段煨，投奔了宛城的张绣。

有人问贾诩："段煨待你这么好，为何要离开？"

贾诩说："段煨对我虽好，但是不值得信赖，反倒是我离开了，他会很高兴。"

果然不出其所料，贾诩投奔了张绣以后，段煨依旧善待贾诩的家人。

贾诩来到张绣这里，可谓如鱼得水。他帮助张绣先后两次击败曹操的大军，甚至连曹操的长子曹昂、爱将典韦也死在了张绣手里。

当时正逢曹操和袁绍混战于官渡附近，贾诩一口回绝了袁绍派来结盟的使者。

张绣正不知道怎么办才好的时候，贾诩继续掏出了自己的看家本领——忽悠。

贾诩说："哥们，你傻呀？袁绍兵力强，我们去了反倒不会被重用，而且袁绍一旦失败了的话，我们可就真的死无葬身之地了。"

张绣说："可是我们得罪过曹操啊。"

贾诩又说："正是因为我们得罪过曹操，才更要在曹操需要帮助的时候投奔曹操。曹操胸怀天下，绝不会因为这些小事记我们的仇，不信你看，曹操的文臣武将一大半都是从敌人阵营里投奔来的。"

张绣率众归降曹操。曹操果然大喜过望，给了张绣、贾诩极高的礼遇，还让自己的儿子曹均娶了张绣的女儿。后来张绣随曹操平定袁绍立了大功，被封侯拜将，成为曹操麾下食邑最多的武将，而贾诩也成为曹操身边得力的谋臣之一。

— 05 —

你们以为归顺了曹操之后，贾诩的忽悠生涯就结束了？这仅仅是个新的开始！

赤壁之战后，天下三分大势初定，曹操想平定西凉诸郡的马超、韩遂等人，奈何久战不利。

这时恰巧马超遣使议和，而贾诩这个忽悠老手自然不会放过这个机会，给曹操献计说应该写信给马超、韩遂等人，想方设法离间西凉诸侯之间的关系，果然拜贾诩所赐，马超和韩遂之间的矛盾被激化。

西凉诸郡混战乱作一团，而曹操趁机一举平定西凉诸郡，几乎不费吹灰之力。

曹操的几个儿子也纷纷为了储君的位置开始争宠，一大批的文官武将也开始站队。而其中最被看好的，是曹操的四公子曹植，一大批饮誉天下的文人墨客、世家子弟选择支持曹植，比如钟繇、丁仪、杨修等。

而曹操的另一个儿子曹丕这个时候却不知所措，便来请教贾诩。贾诩语重心长地说了这样一番话："希望将军您能够弘扬道德、培养气度，实践士人的责任和义务，勤勤恳恳、孜孜不倦，不做违背孝道的事情，这样就足够了。"（愿将军恢崇德度，躬素士之业，朝夕孜孜，不违子道，如此而已。）

看上去贾诩什么都没说，实际上内容非常多也非常沉重，这些内容也是贾诩一生忽悠思想的精华所在。

平民百姓也许更喜欢聪明的孩子，但是所谓帝王心术，恩威难测。如曹植那般恃才放旷，又屡次妄自揣度曹操的心意，看似聪明过人，实则是犯了大忌，愚蠢至极！而贾诩说给曹丕的这招以退为进却是真正的杀手锏，直戳曹操的心房，也为曹丕的继任铺平了道路。

— 06 —

再后来，曹操就储君一事询问贾诩的意见，贾诩开始了一生当中最著名的一次忽悠，先装傻，没听见。

曹操不耐烦了，问道："先生，您在做什么？"

贾诩回道："禀大王，臣在想事情。"

曹操问："您在想些什么？"

贾诩说："臣在想袁本初（袁绍）、刘景升（刘表）父子。"

曹操叹了口气，也露出了会心的笑容。

贾诩的这手忽悠，真是狡猾，既直截了当地表达了自己的观点，又不落人以口实，让人想发火也没处发。

袁绍、刘表废长立幼最终自取其乱。贾诩借这两个人的典故提醒曹操不要重蹈覆辙，为曹丕的继位之路扫平了最后一处障碍。

曹丕称帝后，贾诩为太尉，孙权听说后笑了。

陈志《贾诩传》裴注引《荀勖别传》：晋司徒阙，武帝（司马炎）问其人于（荀）勖。答曰："三公具瞻所归，不可用非其人。昔魏文帝（曹丕）用贾诩为三公，孙权笑之。"

— 07 —

从李郭之乱到天下三分初定，汉末几十年的动乱，自贾诩忽悠而始，也以贾诩忽悠而终。诸侯争霸、军阀混战，在贾诩手里如同掌上玩物一般来去随心。

小忽悠骗取钱财，大忽悠乱武天下，而把忽悠纵横捭阖之术运用到极致的，上下五千年，贾公文和（贾诩），一人而已。

用一个小故事收尾，不管真假，都足以证明贾诩的智慧。

贾诩和朋友路过一条河，看到有人溺水，在喊救命。朋友不会游泳，贾诩会，朋友就催贾诩去救人。贾诩纹丝不动，也不说话，就这么看着。眼看那个人就要晕过去了，晕过去之后必死无疑，贾诩才脱衣服下去救人，最后成功地把人救上岸。

事后朋友问他："为什么要这样做？"

贾诩说："这人不会游泳，而且还有力气挣扎，如果我现在去救他，很可能被他乱挣扎拖住，到时候我和他都有可能被淹死，而等他淹个半死没有力气了，我再去救，就没有这样的风险了。"

"东晋寒门子弟逆袭第一人"的彪悍人生

晋代门阀政治特有的规矩：望族①与庶族②两个阶层中间生着一道天然的鸿沟。

原东吴境内湖南、江西一带有着为数众多的土著居民——溪人，也面临着这个问题。

那年，陶侃即将年满三十，年幼丧父的他，眼下还只是寻阳县一个小小县吏。

—01—

一天，鄱阳郡推举入京城的"孝廉"范逵先生途经寻阳，拜访陶家。陶侃当然认得这个道德偶像，便热情招待范逵。

可陶侃家境贫寒，加上又下了几天大雪，他实在拿不出像样的东西招待贵宾。

陶母湛氏"唰"地一甩长发，一头乌黑亮丽的长发飘委于地。陶母说道："我从没生你的时候就蓄发，三十年了，今天拿它来救救急！"说罢，拿过剪子就铰了。

魏晋始有美发黑市交易，假发、植发的业务红红火火，商家最是喜爱妇人长发，这意味着可以做成若干顶假发售出，这一头黑发的价值不可估量。

陶母捧着这卷长发，到市面上换来了大米、猪肉、好酒。虽不是珍馐佳肴，但在这个寒冷的冬夜，令范逵甚是感动。一众随从也都大喜过望。范逵再与陶侃一聊，发现这人才学不错，很有见识，便对陶侃另眼相看。

次日一早，范逵告辞离去，陶侃送了一程又一程。

---

① 望族：有名望、有地位的家族。
② 庶族：即寒门，也称庶民。

范逵很聪明，他一脸神秘地问："年轻人，想去郡里做官吗？"

"想啊，做梦都想，可惜没有门道。"陶侃回道。

范逵笑道："你也甭送了，等着我给你捎好信儿吧！"

— 02 —

在范逵的运作下，陶侃当上了庐江郡的督邮（相当于现在的市纪委书记）。上台后，他才能出众，官声很好。

当时，庐江与鄱阳同属扬州，州委办公室主任是典型的"官油子"，他感受到了陶侃的威胁，想借机打压，便带着一帮人来庐州搞纪检调查，趁机无中生有，专找陶侃的麻烦。

陶侃也不是吃素的，摆上一桌酒席后，当场把话说开："若我们办事违规，愿听从上级处罚；若是搞冤枉栽赃，在下也不是好惹的！"

之前还气势汹汹的办公室主任，此时连屁都没放一个。

面对强权，陶侃固守原则；在处理同事关系时，却很温情。

郡守夫人病了，当地的医官却束手无策，陶侃听闻几百里外有位神医，口碑极好，打算亲自去请。不巧正赶上冬日大雪，道路难行，随从们打起了退堂鼓。

陶侃感念郡守恩德，动情地说："对待上级如同对待老父亲，郡守夫人就如同我的老母亲，天下哪有母亲患病而做子女不尽心的？"于是不顾道路艰难，请来神医。

郡守也颇知感恩，不久就把陶侃的名字写进"举孝廉"的名单中。和当初的范逵一样，陶侃成了庐江郡年轻人的榜样，去洛阳混圈子了。

洛阳之行很成功，陶侃认识了当时的"顶流"张华。张华集政治家、科学家、文学家、收藏家的头衔于一身，平日不大看得起二三线城市的公务员。

每次聚会，一大帮人都等着机会对张华溜须拍马。张华睥睨一切，却暗中观察陶侃，暗想：奇怪了，这个年轻人每次都来蹭吃喝，却从不见他跟着唱赞歌。

张华很好奇，便主动找他聊天。尽管来自乡下，陶侃的见识与口才经过多年的打磨，已经相当出色，这让张华刮目相看，很快就推荐陶侃入中央。

这种"社交圈层"效应，让陶侃逐渐在京城积累了人脉和名望。

— 03 —

很快，新的机会来了。

"八王之乱①"爆发，各地的野心人士蠢蠢欲动。

荆州一地，由于一些不明真相的群众跟着瞎起哄，一度成为动乱的重灾区。朝廷让德高望重的老臣刘弘前往坐镇，而陶侃被点名任命为管理少数民族事务的南蛮校尉，开启了人生最重要的"十年荆州生涯"。

一开始，陶侃先助力刘长官打掉了"荆州地头蛇"张昌，按理这功劳不小，但他出身低微，是没资格封显爵的。

这时，仗义的刘弘上表，说当初陶侃在京城已家喻户晓，连张华这样的大人物都很推崇，人虽不是望族，"望族朋友圈"却有他的名字。

只要有了上流社会的人做担保，升迁之路是没问题的！

就这样，陶侃不但得以封侯，食邑更是达到一千户，每年给他上缴的粮食也够他当包租公坐吃山空了。

正当事业朝着上升期迈进的时候，陶侃却接连遭受不幸：伯乐刘弘与母亲湛氏先后病故。

特别是刘弘的去世，让他不得不又退回到原点，重新梳理自己的社交网络。此刻，他又面临人生一次重大抉择：抱哪只大腿？

大腿A：当时的江州刺史华轶，此人不但是封疆大吏，还是权臣司马越手下干将，堪称头部意见领袖。

大腿B：驻守建康（南京）的琅琊王司马睿，贵为皇亲，却并非正统，又无多大势力，勉强算只潜力股。

华轶很看重陶侃，连封官带许愿，一齐承诺。

面对如此诱惑，陶侃迟疑了。在他看来，华轶这个人属于典型的"空军"，各

---

① 八王之乱：西晋时期皇族为争夺中央政权引发的内乱，是中国历史上特别严重的皇族内乱之一。参与这场动乱的王主要有汝南王、赵王、齐王等八个，故称"八王之乱"。

种想法飘啊飘，如何落地谁知道？而且一旦归到他手下，上面还有个不靠谱的司马越，一不小心可能就站错了队。

而司马睿，目前业绩的确不太出众，但人家是皇室血脉，又有着优良的地缘优势，可以天然规避风险。

陶侃最终选择了司马睿。

— 04 —

"王与马，共天下"的典故不消多说，主要说的是东晋琅琊王氏家族与皇家势均力敌，王氏家族中主要有王导、王敦两兄弟。单讲王敦此人，豪横无比，对于那些才能卓越的人，从来都是暗中使坏下绊。

这不，表面上王敦乐呵呵地递给陶侃一个果子："陶侃，你是人才，又很得领导赏识，按理应予重用，但你得体谅我的苦衷，手下弟兄都是通过血战抢出来的地盘，你是不是也先弄个'投名状'啊？"他接着说："只要你平定了荆州叛乱，州刺史的位子就是你的了。"

陶侃一笑，说道："我就是从荆州出来的，平叛？区区小事！"

可怜的陶侃，他哪里知道这是王敦在"借刀杀人"。

王敦利用荆州的人际关系，各种使绊子，最终荆州内部哗变……陶侃只得躲到了一条小船上。幸亏得到一位叫周访的小伙伴的协助，陶侃才在荆州的"反叛风浪"中全身而退。

王敦以这个"投名状"耗时太久、成本过高为由，率领大队人马气势汹汹地前来问罪，宣布改任陶侃为广州刺史。

对此，陶侃表示沉默。但陶侃手下一帮弟兄不干了，吵着要抗命。

王敦乐了：正愁找不到机会治你的罪呢！他打算就地解决陶侃。王敦嘴上这么说，却迟迟不见拔刀。毕竟陶侃也是一方大员，贸然杀戮，后患无穷。

陶侃只得连夜上船，逃离虎口。

— 05 —

陶侃被封广州刺史，名义上是同级别调动，其实与发配无异。陶侃心里也憋屈，他中了王敦的圈套，有苦难言。

此时的江南局势依旧纷乱。

在陶侃眼中，各路豪强尽是瞎起哄，没一个正路子。在这种情况下，唯有追随正统皇族司马睿才是正理。

正应了那句老话："机会总是留给有准备的人。"这里还要加一句："机会不会总是为你做无限的等待。"

前一句留给陶侃，后一句抛给王敦。

王敦有野心，有实力，最大的问题就是瞻前顾后，从他处理陶侃一事上就可以看出来。

王敦其实还有更大的想法——篡位。尽管他带兵攻入建康，逼死了司马睿，但就是打通不了"最后一公里"，结果被太子司马绍逆转局面。

在这期间，陶侃作为"勤王"主力部队，功劳很大。

晋明帝司马绍是个有眼光的君王，他看出王敦一支独大，根源在于"寡头政治"（即少数人掌握政权的一种统治形式），即位后便采取平衡战略。

出身寒族的陶侃终于在六十六岁那年，得到了期待已久的"大官"——不但重新出任荆州刺史，还接手了包括荆州在内的四州军事，同时被封为征西大将军。这意味着整个长江上游都是他说了算。

— 06 —

东晋的皇帝是苦逼的，王敦之乱后，安逸的日子没过几天，又冒出个苏峻。

当时朝廷掌权的是外戚庾亮，他深刻总结王敦叛乱的教训，于是对外埠势力格外警惕，便想把苏峻诓到京城，解除兵权。同时他也对陶侃这样的地方实力派起了戒心，以至于在他主导的先帝托孤大臣名单中，立有大功的陶侃榜上无名。

苏峻不出意外地反了。不过，庾亮没把苏峻当回事，他认为苏峻之乱很容易平定，他最担心的是荆州刺史陶侃，怀疑陶侃会利用苏峻之乱抢夺自己的权力。

庾亮给温峤写信说："吾忧西陲（陶侃）过于历阳（苏峻），足下（温峤）无过雷池一步也。"这就是"不敢越雷池一步"的出处。

庾亮让温峤按兵不动，结果导致苏峻叛兵杀进建康，差点掀翻了司马家小朝廷。庾亮捡了一条命，跑到长江中游，四处讨救兵。

面对这一求救，陶侃未免有些心酸：他的一个儿子早前为保卫建康，死在苏峻之手；庾亮又对他百般提防，老头完全有理由翻脸或者袖手旁观、见缝插针。

庾亮这边也生怕陶侃挟私报复。有人劝他："陶侃就是一条溪狗，没见过世面，服个软一定没事！"

最终，名场面在石头城下的船上上演：名门翘楚的庾亮主动向寒族陶侃下跪，表达歉意。

陶侃表面上吓唬庾亮，说要拿他脑袋祭旗，但显然是一句气话。吃饭时，陶侃让人端上一份薤头菜，庾亮哪儿吃得惯这个，悄咪咪留下了一颗，被陶侃发现后庾亮表示：一顿吃不完，留下的还可以拿回去种，慢慢吃。

— 07 —

苏峻之乱后，陶侃步入人生的最后岁月。

当时盘踞在辽东的鲜卑首领慕容廆为了结识陶侃，特意写来一封信，称陶侃是"海内之望中唯足为楚汉轻重者"。这句话没人深究，也是因为陶侃地位太高。

陶侃混迹官场四十年，如何不明白其中道理，韩信第二？绝不是他的人生坐标。他只是想名垂青史，可以与庾亮、王导等一班世族人物平起平坐。

现如今地位上与他们是平等了，不过庾、王这些人，其实内心还是瞧不起自己这个乡巴佬的。不然，也就无法解释，为何陶侃想废掉王导时，无人响应，不是他没有这个实力。

上级恩赐的"赞拜不名，剑履上殿"的殊荣，被他一一辞让。

东晋咸和九年（334）六月，病危的陶侃把自己在荆州任上所有的资料数据以及官印、符节统统打包送还朝廷后，安详去世，享年七十六岁。

— 08 —

陶侃死后，东晋就再也没有出身寒门能跻身权力核心的人了，直到东晋末年寒门出身的刘裕废掉东晋皇帝，自己当皇帝，陶侃也就成了东晋一代绝无仅有的人物。

但终究陶侃还是进无法染指中枢，退无力开创门第。陶侃身死之后，家族急遽衰落，被迅速排挤出了权力中心。陶侃的曾孙，想必大家都知道，他就是陶渊明了。

他是隋朝第一谋臣，为何杨坚、杨广都想弄死他

一个王朝的建立，一般由一个核心团体领导开始。

这中间的灵魂人物，一个是主帅，一个是高参。做得最好的一对是刘备和诸葛亮，他们留下了千古佳话。

大隋朝的崛起过程中，也有一对君臣，这对君臣前期可以和刘备、诸葛亮的君臣际会相媲美。只可惜后期反而如曹操之于荀彧，终于反目，分道扬镳。他们就是隋文帝杨坚和当了隋朝二十年"尚书仆射"的宰相——高颎。

— 01 —

高颎出身渤海高氏，他年幼时北方的形势是北齐、北周对峙。

高颎的父亲原来是北齐臣子，忧谗畏讥便投奔北周，受到北周大司马独孤信礼遇，赐姓独孤，高颎也称独孤颎。

高颎年纪轻轻，就以聪明、敏捷闻名于朝，大丞相杨坚有禅代的图谋，知道高颎文武双全，派人致意，高颎也久闻杨坚的大名，当即表示愿意跟杨大丞相创业："即使大人的事业不成功，我高颎也不怕灭族。"两人一拍即合，高颎成为杨坚幕府的高参。

580年，荒淫的二十二岁后周皇帝宇文赟去世，幼子继位，杨坚辅政，百官听命于他。杨坚废除苛政，宽简待民，躬行节俭，天下归心。

北周重臣尉迟迥看情况不妙，便起兵对抗杨坚。杨坚派名将韦孝宽等几路人马前去讨伐。两军在沁水隔河对抗，杨坚派去的中央军竟没有一路人马先发起进攻。

杨坚知道情况不妙，必须派一个心腹去前线为监军，总领各部。几个重要旧臣

郑译、崔仲方都找借口不去，高颎挺身而出，自愿前往！杨坚大喜，同意。

高颎到前线后，下令在泌水上架桥进攻。

尉迟迥在上游放下火筏子来烧桥，高颎已预先在河道中布下"土狗"成功拦截住筏子，"土狗"意为在水中堆土，前面尖而高，后面宽而低，如蹲下的狗。

敌军后撤，想趁中央军半渡而击，韦孝宽抓住战机，擂鼓全军而进，一下子过河，背水布阵。高颎更狠，直接下令烧了桥，以绝后路。大军果然奋勇冲杀，打垮了尉迟军，进军到邺城，双方主力大战。尉迟迥的部队相当能打，中央军（杨坚这边）的情况不妙。

邺城百姓围观的不少，高颎下令，向观众射击，百姓乱跑，又叫又跳，喧嚣一片。

中央军全部大声吆喝："敌人大败了！"混乱中尉迟部队真的乱了阵列，中央军猛攻，大胜。尉迟迥自杀，叛乱平息，前后共用六十八天。高颎这次出手立下大功，得杨坚大为赏识，回来立马被升为丞相府司马，成为杨坚的左膀右臂。

— 02 —

581年，杨坚受禅登基，国号大隋。高颎任尚书左仆射，他推荐大人才苏威为右仆射，两人为开创一个新时代努力奋斗。他们制定了新的刑律，去掉了大部分非常残忍的酷刑，死罪只剩下两种：绞、斩，这的确是个不小的进步。

582年，因旧长安城凋敝，隋朝在龙首原兴建了"大兴城"，大兴城规模宏大，气势雄伟，是后来大唐长安城的基础。

所有的规划、大的方向，都是高颎的手笔。

军事上，高颎更是异常活跃：东北征高丽，北方打突厥，南方平陈国。

他还推荐韩擒虎、贺若弼镇南方。后来灭南陈，此二人的功劳最大。

方方面面，高颎辅佐隋文帝杨坚建立着一个繁荣昌盛的大隋国。

不过木秀于林，风必摧之，这么优秀的高颎，让不少人眼红了。不时有大臣上书，说高颎的坏话。杨坚却表现出对高颎无上的信任，他把上书的人抓起来，将他们杀头、撤职、流放。

杨坚对高颎说："青蝇般的小人，怎么能离间我们君臣间的亲密关系呢？你是上天派来帮助我的良臣。你独孤公是一面好镜子，越磨越亮。"

杨坚称高颎为"独孤公"，以示尊重。高颎为母亲守丧才二十几天，就被杨坚拉回来上班。两人的关系同蜜月里的情侣一样好。

高颎也尽到了一个宰相的职责，他举荐的苏威、杨素、韩擒虎、贺若弼等都成为隋朝的股肱之臣，其他州郡一级的官员，经他手上任的更是数不胜数。

隋文帝前期的开皇盛世，高颎可谓居功至伟。

— 03 —

杨坚和妻子独孤伽罗是患难夫妻，后周时他们在险恶的政治斗争中，互相扶持挺了过来。

两人不但是伴侣，更是政治上的盟友。他们少年结婚，发下誓言，绝不有异生之子，白头到老，永不变心。

独孤氏育有五子五女，更有非常卓越的见识胆量，是杨坚最爱最信任的人。

后来杨坚年纪大了，只有一个老婆的他禁不住诱惑，把尉迟迥国色天香的孙女纳入了后宫。

独孤伽罗彪悍异常，趁杨坚上朝，直接带人去把尉迟氏杀了。杨坚回宫，大怒，转身跳上马，一个人拍马狂奔而去。

高颎、杨素急忙去追，追出二十多里才在大山深处追上差点发狂的皇帝。

杨坚气得连连叹气，气愤地说道："我贵为天子，难道这点事都做不了主？"

高颎劝道："陛下怎么能因为一个女人而忘记了江山社稷呢？"

事情是过去了，独孤皇后也向杨坚道了歉。但高颎这句话，皇后是记在心里了，并且非常不爽。

独孤皇后的父亲就是高家的老上司独孤信，高家这个鲜卑姓"独孤"还是他老人家赐的。独孤皇后经常到高家走动，对高颎非常好。

没想到这小子这么看不起我。会有你好看的！

—04—

杨坚有五个儿子，太子杨勇，率性而为，喝酒宴会，美女如云。二儿子杨广，有心谋太子的位，但却表现得低调而沉稳，把自己伪装成不喜欢声色歌舞的道德青年。

杨坚、独孤皇后到杨广家，见他穿着简朴，远离声色，都很喜欢这个儿子。相反杨勇却姬妾成群，独孤皇后和杨坚是一夫一妻制，对别人有小老婆这种事很不舒服。

夫妻俩有意换太子。

杨坚问高颎的意见，高颎说："长幼有序，太子不能动啊！"杨坚听后不高兴。其中原因之一是杨广和高颎早就结下了梁子。

当年隋朝灭陈国，陈国妃子张丽华是美人坏子，人人闻名。

杨广当时是总司令，派人赶到陈国首都建康，指名要张丽华。

不料高颎已入建康，说："当年姜太公蒙面斩妲己，就是为了去掉祸根。"于是，他下令斩了张丽华，杨广失望之至，说："我记得这件事，将来我一定会'报答'你高颎的。"

小儿子杨谅攻打高丽时任司令，不过都是高颎在指挥。杨谅觉得自己被架空，感觉这司令当得很没劲。

杨谅回国就找爸妈哭诉："我差点死在高颎的手上！"

老婆孩子都不喜欢高颎，杨坚也变得动摇了。

—05—

高颎妻子死后，独孤皇后对杨坚说："你让他再娶一个妻子吧！"

杨坚问高颎的意思，高颎说："我年纪大了，回家只是念佛吃斋，不想再娶了。"

没多久高颎的爱妾却生了个儿子，杨坚便当笑话一样和独孤皇后说了此事，独孤皇后道："当初你让他娶妻，他说自己不想女人。现如今小妾还生孩子呢！这不明摆着骗你嘛！"

杨坚立马拉下了脸，越想越觉得高颎不对劲。

大臣王世积因事被杀，牵扯到高颎。杨坚大怒，下令调查高颎。重臣贺若弼、宇文弼等都上书说高颎没罪。

杨坚为人猜忌多疑，高颎居然这么有势力！这下杨坚更生气了，他把高颎撤职，仅留着齐公的爵位。

不久，杨坚在儿子杨俊家办宴会，请高颎就席。高颎泪如雨下，独孤皇后也陪着流眼泪。

杨坚对高颎说："不是我对不起你，是你自己对不起你自己。"对别人却说："我待高颎和儿子一样。做臣子的怎么能要挟君主，自称天下第一呢？"

有人落井下石，向杨坚举报高颎，说高颎的儿子给高颎的信中写道："司马懿装病不上朝，最后得了天下。父亲大人今天这情况，焉知非福？"

杨坚真发火了，想杀了高颎。后来想想，连着两年杀了两个大功臣，今年再杀高颎，天下人怎么看我？

后来，杨坚将高颎贬为平头百姓。这一年是开皇十九年（599），杨素任宰相，史学家都认为这是隋朝由强转弱的分水岭。

— 06 —

高颎的老母亲曾经对他说："你位极人臣，只差砍头这一件事喽！千万要小心哪。"

高颎一直担心出事，这回虽被撤职了，总算捡回一条命，反而非常高兴。

第二年，太子杨勇被废，杨广上位为太子。隋文帝杨坚去世，杨广继位，给了高颎一个太常的官。但他其实还是站在悬崖边上，记得当年杨广说过一定要报答高颎的话吧？

这一天总会到来的。

大业三年（607），隋炀帝杨广巡视四方，铺张浪费，无比嚣张。高颎、贺若弼、宇文弼等人在一起议论这样不好吧？朝廷制度都不成样子了！杨广知道后下令将他们以诽谤朝廷罪全部杀了。高颎到头来还是没躲过被杀的结局。

很多人认为，高颎被嫌弃以致被杀害，是隋朝衰亡的开始。

隋炀帝、唐太宗都爱用的，竟然是同一个人

— 01 —

唐太宗贞观元年（627），刚刚当上皇帝的李世民特别想知道群臣是不是秉公办事，于是派人给大小臣工送钱，有一部分人把钱收下了。太宗大怒，下令把收钱的人全部抓起来。

民部尚书裴矩对太宗说："这些人收受贿赂，的确该杀。但陛下这是故意陷人于不义，这不是古代圣贤用礼教导普通人的方法。"一句话，你这是"钓鱼执法"。

唐太宗大为赏识，他认为裴矩讲得非常对。

他立即召见百官，并当面表扬裴矩："你不肯敷衍我，当面指出我这个失误。如果以后的事情，都有人这样敢说话，天下还怕治理不了吗？"

这一年裴矩八十岁了。当面顶撞皇帝，古代叫诤臣。谁能想到，当年裴矩追随隋炀帝，其实是有名的随波逐流的奸臣呢？

好的制度，让坏人变成好人；坏的制度，让好人变成坏人。

— 02 —

隋朝开皇九年（589），隋军灭了南陈国，裴矩当时跟着大臣高颎，把陈国的文书、档案全部搜集起来，这才是最关键的工作。接着裴矩受命到岭南去收编南陈国的地方，还没等他出发，整个南方造反了，道路隔绝，朝廷让他就地待命。一般人这时候刚好放假，会好好休息一下。但裴矩却上书表示要开展工作，不能等，不能

靠。他一路向南，到达南康，聚集各地散兵游勇几千人，大胆地向各地的割据武装开战。

在南方，他先把一批叛乱分子全部消灭，接着又得到了高凉冼夫人的帮助，冼夫人派人跟他一起平定了南方的叛乱，岭南各州都臣服于隋朝，岭南平定。

裴矩回到朝中，隋文帝非常高兴，说道："原来的总督有两万多军队，都没能平定岭南。裴矩仅以几千人马，就一直打到海南，有这样的臣子，我还担心什么呢？"

这时是大隋朝开国的第十年，南方平定，国家蒸蒸日上，裴矩以有本领、能做事，名闻四海。

— 03 —

隋朝承北周国运，要对抗北方的突厥，一开始隋军的抗衡力量不够，等到灭了陈国，中原统一后，就可以叫板突厥这个"庞然大物"。

隋朝大将长孙晟制定了"远交近攻，离强合弱"的战略，它非常有效地分化瓦解了强大的突厥。其实这是强国对待其他强国的最有力武器：分解这个国家，让它成为一块块永远不能拼接的小泥板。

当年北周的千金公主嫁给突厥的沙钵略可汗，在隋军的打击下，突厥分裂成几个不同的势力。千金公主恨隋文帝杨坚抢了她的国家北周，为了求平安，不得不认隋文帝为父，被称为大义公主。裴矩在长孙晟前期工作的基础上，去了突厥，他的目的只有一个，杀了大义公主。

大义公主按突厥的习惯，在沙钵略可汗死后，嫁给了他的儿子染干可汗。但大义公主却和一个小侍从私通，通奸在突厥可是死罪。

裴矩等人抓住这一点大做文章，染干可汗大怒之下，杀了大义公主——去掉了隋朝的一个心腹大患。

据说杨坚是因为下面这首诗对大义公主起杀心的。

盛衰等朝露，世道若浮萍。

荣华实难守，池台终自平。

富贵今何在？空事写丹青。

杯酒恒无乐，弦歌讵有声。

余本皇家子，漂流入虏廷。

一朝睹成败，怀抱忽纵横。

古来共如此，非我独申名。

惟有《明君曲》，偏伤远嫁情。

隋炀帝之时，继续打击突厥。裴矩认为：原来的突厥人都是直肠子，后来被西域胡人教唆，才变得鬼鬼祟祟。西域有个叫史蜀胡悉的胡人就是这样的头目。

于是，裴矩放出消息说大隋国在马邑开了一个很大的市场，和西域各国做生意，机会很多，平台很大，谁先到谁发财。

果然，史蜀胡悉带了无数的牛羊财宝来做生意，不料刚一到，就被裴矩的伏兵抓住砍了头。

此时突厥当家的是始毕可汗，任凭裴矩说得天花乱坠，他再也不相信隋朝的诏言（即圣旨）了。

—— 04 ——

裴矩等人挑拨铁勒攻打吐谷浑，突厥的几个可汗之间便互相攻打，西北各部零散无力，只能臣服于大隋朝。

裴矩知道隋炀帝梦想平定西域，争取恢复汉武帝时威服四海的大国风范，便编写了记载西域诸国山川地形、风土人物的《西域图记》，并把它贡献给隋炀帝。隋炀帝非常高兴。

隋炀帝大业五年（609），隋炀帝巡幸到焉支山，西域二十七个国王，全都穿锦戴金，焚香奏乐前来迎接。裴矩让张掖、武威的军民也参加庆典，热闹得不得了。

隋炀帝喜欢这样的场面，表扬、奖赏了裴矩。

610年，隋炀帝在东都洛阳召开欢庆大会。杂技百戏，陈列四周，官员民众，恣意游玩。大街上摆下无数的庭宴来接待西域官员和百姓。奏乐的人数就达一万八千人，声闻十几里，真是火树银花不夜天。

胡人都欢呼羡慕，心想：中原真的是神仙住的地方啊。

虽然钱花得流水一样，但隋炀帝看到这热火烹油的景象，高兴得不得了，说："裴矩的做法非常合我的心意。我还没想到的，他却已经做到了。只有一心为国的人，才能这样。"

大臣们表扬裴矩可以媲美汉武帝时期开拓西域的大臣张骞，其实裴矩就是帮助隋炀帝奢侈放肆的"急先锋"。

— 05 —

611年，隋炀帝巡幸到归顺的突厥启民可汗的地盘，正好碰上高句丽的使者也在那，启民可汗不敢隐瞒，上报给隋炀帝。

裴矩对隋炀帝说："高句丽本来在周朝时就是封给殷商的后代箕子的封地。在汉、晋时期都是中国的郡县。如今胆敢不臣服于大隋，先帝早就想征服它了。陛下，现在国富民强，怎么能让冠带之乡，变成蛮夷的地方呢！"

这一番鼓动，就是隋朝亡国的起因。

隋炀帝完全同意裴矩的话，立即全国总动员，发誓要灭了高句丽。

隋军共出动一百一十三万三千八百人，号称二百万人，分队出征。第一队出发，隔一天，第二队再出发，每队相离四十里，一共四十天才全部出动完，军队首尾相连达九百六十里。浩浩荡荡，杀向辽东。

当时的战马贵到每匹十万钱，民夫还要造船，运粮，更加苦不堪言。许多人一直待在水里，腰以下甚至都长蛆了。这时活不下去的百姓开始造反，天下出现骚动。

邹平百姓王薄自称知世郎，无数逃兵役的人聚集在他手下，在长白山聚众反抗，他写了一首歌，名为《无向辽东浪死歌》。

河北人窦建德也被逼反了，扯起义旗，响应的人非常多。裴矩挑起的征高句丽之战，奏响了隋朝的"死亡进行曲"。到处都是造反的人，天下大乱。

—— 06 ——

虽然隋朝兵马强盛，但隋炀帝指挥失当，既要打高句丽，又要装"高尚"，他下令只要敌人投降，就不打了。

结果高句丽人抓住这点，经常假投降，隋军将领不敢接着打，一次次让敌人得到喘息的机会，隋军自己则搞得疲惫不堪。结果隋军大败，损失惨重。

隋炀帝是一个特别好面子的人，怒火之下，又发动第二次征讨高句丽的战争。

天下人跟着皇帝这样瞎折腾，都吃不消了，大家说："咱们的父兄都死在辽东，难道我们也要接着死吗？"唯一的一条活路就是造反，紧接着全国到处都是起义军。

隋朝第三次征伐高句丽，高句丽王服软了，宣称投降。隋炀帝特别高兴，也就下令撤军了。国家大事儿戏一般，天下不亡也是说不过去的。

616年，隋炀帝继续"发疯"，在"作死"的路上一路狂奔。他不治理乱成一锅粥的国家，执意要到江州去巡视。裴矩不想绑在这辆死亡列车上，于是对隋炀帝的命令阳奉阴违，只挑他喜欢听的说，而会惹他生气的真话，就不说了。

617年，李渊父子出兵占领长安，号称唐王。北方义军已是燎原之火，隋炀帝回不去北方了。

隋炀帝的护卫叫骁果军，都是北方人，不少人此时都逃跑了。

隋炀帝问裴矩应该怎么办？裴矩说给这些士兵一个家，大家就安心了。于是由隋炀帝出面，把江州一带的寡妇、未嫁女召集起来，全嫁给骁果军人，果然他们安定了许多，大家都说这是裴大人的恩惠。

隋炀帝叹息地对裴矩说道："你真是个奇士。"

乱世中的人才，的确有金点子。

—— 07 ——

只是大厦将倾，一点小恩小惠基本是挽救不了了。

618年，李渊在长安称帝，号称大唐。王世充据洛阳，李密占洛口粮仓，窦建德控河北，天下听从于隋政权的，不足十分之一。

619年，将军宇文化及发动政变，杀了隋炀帝。

裴矩被骁果军抓住，大家感激他替军士娶妻一事，没有杀他。他保住了一条命，先跟了宇文化及，宇文化及被窦建德灭了后，他就跟着窦建德。

窦建德、王世充在洛阳被李世民消灭，留守后方的一批人拿着隋朝皇帝的八个印玺和无数财物，全部投降大唐。裴矩也在其中，这是大唐武德四年（621）间的事。

李渊因为裴矩是隋朝的大臣，且他明白很多典故，对其非常礼遇。这样，裴矩在唐朝还是吃香的喝辣的。碰上突厥这个老问题，皇帝还采纳了他的见解：远交近攻，扶弱抑强。

626年，唐朝发生玄武门之变，李世民杀了兄弟李建成、李元吉，紧接着李渊退位，李世民登基，世称唐太宗。

李建成、李元吉的部下还想和李世民打下去，裴矩出面游说他们，一通道理后，那些人放下武器，不打了。

贞观元年（627），八十岁的裴矩依旧神采奕奕，后发病去世，谥号为"敬"。

后来司马光评价他说："君恶闻其过，则忠化为佞，君乐闻直言，则佞化为忠。"（裴矩在隋朝是个奸佞之臣，在唐朝是个忠义之臣，不是他的性格变了，是皇帝换了。）一句话，皇帝就是立在地上的华表，臣子只是影子，影子仅仅跟着华表转而已。

— 08 —

这个故事告诉我们：人们只有在那些愿意听真话、能够听真话的人面前，才敢于讲真话，愿意讲真话，乐于讲真话。

为政者一定要本着"闻者足戒"的原则，欢迎和鼓励别人讲真话。

什么样的神文能让作者当上大唐宰相？

—01—

大唐贞观初年，天下太平，百姓安居乐业；都城长安的门户新丰市，商旅云集，人来人往。每日熙熙攘攘，好不热闹。

这一日位于闹市的"王家世界大旅馆"客满为患，王老板带着几个伙计，前后招呼，满头大汗。他们招待着一批锦衣华服的商人，顾此失彼，就把一边的一位白衣飘飘的年轻人冷落了。

那年轻人心中有气，故意叫了五斗美酒，几个小碟，旁若无人地开怀畅饮，不一刻，已喝掉三斗酒，紧接着叫伙计拿个脚盆来，把余下的二斗酒倒进去，用来泡脚。那种目无余子的气场，把大家都镇住了。王老板暗暗称奇，对这青年刮目相看。

年轻人叫马周，字宾王。

后来大唐"文坛大佬"岑文本依此故事，画《马周濯足图》，诗人张志和题诗，称赞马周（宾王）不俗的举止和高超的见识。

> 世人善口，吾独尊足；
>
> 口易兴波，足能涉陆。
>
> 处下不惊，千里可逐。
>
> 劳重赏薄，无言忍辱。
>
> 酬之以酒，慰尔仆仆。
>
> 令尔忘忧，胜吾厌腹。

吁嗟宾王，见超凡俗。

这是冯梦龙《喻世明言》中的篇章，诗人根据大唐宰相马周的发迹事件改写而成，改后的内容更加精彩，也更加吸引眼球。

有一种版本只讲到马周不高兴，要了一斗八升酒，独自喝下，气定神闲地镇住大伙。到冯梦龙《喻世明言》这里，已是五斗酒！喝了三斗酒，再用两斗酒来洗脚，表示嘴巴吃香的喝辣的，脚也不能受亏。

这个主人公确实不一般。

不论是演义还是史传，马周都是以一场酒闪亮登场的。

—— 02 ——

马周，山东博州人，生于隋文帝仁寿元年（601），自幼家贫却喜欢读书。马周的少年时期正赶上中原大动荡时代。

隋炀帝大业七年（611），天下大乱，山东人王薄造反，朝廷派兵临境。山东遍地战火，一时成为兵灾之地，十室九空。

十来岁的马周，就在这个时间段父母双亡，家道中落，他自己死里逃生捡了一条命。

各方势力杀来杀去，天下重新太平后已归唐。二十来岁的马周，在挣回一条命的苦日子中，依旧读书不辍。凭着过目不忘的本事，闻一知十的悟性，他成为远近闻名的博学鸿儒。

早年生活的坎坷，怀才不遇的境况，让马周成为不折不扣的一枚"愤青"。

在艰苦的求生年代，他渐渐养成酗酒的恶习，因为没有产业，不事生产，所以他到处蹭饭，老乡都讨厌他，背地里叫他"酒鬼""穷马周"。

老家的长官听到他的名声后，让他担任博州助教，这下总算有了微薄的俸禄。但这根本不是马周的理想，隔三岔五，他依旧喝得酩酊大醉。

长官一而再、再而三地容忍他，几次批评之后，终于发怒，痛斥了马周一顿。

这一次马周受不了了，气冲冲地跑回家，脱了官服，交代学生将官服交还上司，自己则仰天长笑，单骑往西边去了。

"仰天大笑出门去，我辈岂是蓬蒿人？"看来李白的这句诗，是多少豪杰之士自信而不屈的写照。

— 03 —

过了新丰，马周到了长安，经人介绍在中朗将常何府上做门客。

常何原来属大唐太子李建成派系，后来被秦王李世民策反，成为李世民安置在敌对阵营中的一枚重要棋子。

大唐武德九年（626），李世民发动"玄武门政变"，清理了哥哥李建成，成了大唐的第二位皇帝。

常何正是玄武门的守将，他的功劳很大，于是被升为四品武官。

贞观五年（631），全国发生了大旱灾，朝廷下令所有五品以上的官员，都要给朝廷提建设性的意见。常何是个武夫，马周便代笔替他写下二十条治国理政的建议。李世民读到这篇文章，吓了一跳，这么好的文章常何这个武夫怎么写得出来，赶快派人把常何叫来！

常何实话实说："这个不是我写的，是我的门客马周写的。"李世民立即派人去常家请马周。

常何此时正好给皇帝介绍马周的基本情况：马周是山东博州人，总是和我聊忠孝大事等。

第一拨去请马周的人说没找到人，皇帝听了很着急，常何也待不住了，急急忙忙地也帮着去找。

估计马周又跑街上喝酒去了，直到第四拨人才把他带来。

李世民和马周见面就聊起来了。马周能用最平实的语言，讲清楚最难理解的事和不易解决的政务。天下大事，皆从容道来。

以李世民的政治阅历和智慧，居然对一介平民的见解大为欣赏，马周的确不一般。李世民当天就下令让马周去门下省值班，随时待命。为此，李世民特别奖赏给常何三百匹绢，奖励他推举有功！

—— 04 ——

千里马终于碰上伯乐。

从贞观六年（632）开始，马周陆续担任监察御史、御史加朝散大夫，贞观十一年（637），他已是正五品的给事中，贞观十八年（644），马周任中书令，成为大唐朝的宰相之一，真正的青云直上。

贞观朝人才辈出，房玄龄、杜如晦是大唐公认的名相，李靖、李勣是公认的超级名将，还有像魏征这样的大胆谏官等许许多多的人才。

马周以一个后进平民的身份，在星光灿烂的贞观朝堂占据显要的一席之地，凭的就是他的真才实学。

在大政方针上，马周的建议可谓非常有远见。国家富强，首要是百姓富足；百姓富了，选用各级官员就成了关键，吏治是国家的大事。唐太宗李世民听后连连点头，大表赞成。

对具体事务，马周也提出了非常切实可行的方案。比如以前的官员，朝服颜色不多但却乱，马周提出：三品以上穿紫色官服，四品、五品穿红色官服，六品、七品穿绿色官服，八品、九品穿青色官服。这样，一眼就能分清楚官阶，后来有了"红得发紫"这个说法。

此外，城门从左边进，右边出，这估计是最早的"行人靠右行"的交通规则。

当时的长安城早晚会派人在大街上扯开大嗓门传令，比如关门点灯等。后来马周想了办法：大街上安置大鼓，由鼓声传递命令，这是一个现代化的好方法。

他在大方针、大方向上有眼光，对实际操作也有办法，真是个全才。

最难得的是马周非常懂得和皇帝打交道，他不像魏征那样经常直接地顶撞唐太宗，而是让皇帝在接纳他的建议时，既感到舒服又仿佛出于自愿。

贞观后期，马周、岑文本、褚遂良等大臣隔一天会去陪太子李治读书学习，算是太子的老师。李世民离京时，经常由马周辅佐太子监国。

贞观十九年（645），李世民征高句丽回师，李治安排李世民喜欢的妃子在回宫的必经之路迎接李世民，李世民很高兴，说："这孩子想得真周到。"李治说这是马周教我的。李世民感慨道："马周真的能看透别人的心事。"

他公开对大家说："才几天没看到马周，我就很想他。"

大家也钦佩马周，同事岑文本评价说：马周的文章，不能加一个字，也不能减一个字，读起来能让人忘记疲倦，他有苏秦、张仪的风范。

— 05 —

马周身体不够好。早年酗酒的经历肯定破坏了他的健康，加上劳累奔波，人到中年，就有点吃不消了。

岑文本说马周长得"鸢肩火色"①。

大家看《动物世界》中的老鹰，它站在树梢上，两个高耸的肩膀和一个脑袋，像三个一样高的点，这就是"鸢肩"。马周就是耸着肩、缩着头的样子。

火色即脸老是赤红的，这模样是糖尿病的症候，古人叫"消渴症"，这注定马周的寿命不长。

贞观二十一年（647），马周病得越发厉害，太宗派了许多御医上阵都没办法。

吃到好吃的，太宗就派人给马周送去，而且他亲自调药，太子也亲自上门问疾。耗费好多心力都没用，因为此时的马周已是非人力可以挽留的了。

贞观二十二年（648）正月，马周去世。

马周临死前让人把他上过的奏章的底稿全部找出来烧掉，对家里人说："古时候管仲、晏婴靠找皇帝的过错获得身后好名声。我不愿意这样做。"

马周的确智商情商双双在线。

他和唐太宗的君臣际会，非常富有戏剧性，成为多少士子心中的梦想。就因为太过神奇，坊间传说他是太上老君派下凡来辅佐李世民的神仙，因为留恋人间美酒，忘记了自己的使命。直到碰上大唐活神仙袁天纲，给他指点迷津，到了华山，才忆起自己的前世今生。

于是，他按照上天的安排，到长安见到李世民，扶摇直上，仅仅一百天内就当

---

① 鸢肩火色：两肩上耸像鸱、鹰，面有红色。

上了宰相，开始施展帮助李唐治国安邦的高超手段。

"贞观之治"时，国家兴盛，百姓富足。

马周光荣地完成任务，一群神仙来把他接回天上去了。一个穷苦下层人士，如此成功地逆袭为国家的栋梁，他的故事后人怎么杜撰，都不为过。

— 06 —

1998年，红旗出版社出版了《毛泽东评点古今诗书文章》一书。其中，在1020页毛主席明确表达了对马周《上太宗疏》的喜爱，文中说："毛主席读完这篇文章后爱不释手，说这篇文章是'贾生《治安策》以后天下第一奇文。宋人万言书，如苏轼之流所为者，纸上空谈耳'。"

上太宗疏
马周

微臣每读经史，见前贤忠孝之事，臣虽小人，窃希大道，未尝不废卷长想，思履其迹。臣以不幸，早失父母，犬马之养，已无所施。顾来事之可为者，唯忠义而已。是以徒步二千里而自归於陛下，陛下不以臣愚瞽，过垂齿录。窃自顾瞻，无阶答谢，辄以微躯丹款，惟陛下所择。臣伏见大安宫在宫城之西，其墙宇门阙之制，方之紫极，尚为卑小。臣伏以东宫皇太子之宅犹处城中，大安乃至尊所居，反在城外。虽太上皇游心道素，志在清俭，陛下重违慈旨，爱惜人力，而蕃夷朝见，及四方观听，有不足者。臣愿营筑雉堞，修起门观，务从高显，以称万国之望，则大孝昭乎天下矣。臣又伏见明敕，以二月二日幸九成宫。臣窃惟太上皇春秋已高，陛下宜朝夕视膳而晨昏起居，今所幸宫去京三百馀里，銮舆动轫，严跸经旬日，非可以旦暮至也。傥太上皇情或思感，而欲即见陛下者，将何以赴之？且车驾今行，本为避暑，然则太上皇尚留热所，而陛下自逐凉处，温清之道，臣窃未安。然敕书既出，业已成就，愿示速反之期，以开众惑。臣又见诏书，令宗室功臣悉就蕃国，贻厥子孙，嗣守其政，非有大故，无或黜免。臣窃惟陛下封植之者，诚爱之重之，欲其继嗣承守而与国无疆也。臣以为必如诏旨者，陛下宜思所以安存之富贵之，何必使代官也。何则？以尧舜之父，犹有朱均之子，傥在孩童嗣职，万一骄愚，则兆庶被其殃，而家国蒙其患。正欲绝之也，则子文之治犹在；正欲存之也，则栾黡之恶已彰。与其毒害於见存之百姓，则宁使割恩於已亡之一臣明矣。然则向所谓爱之者，乃适所以伤之也。臣谓宜赋以茅土，畴其户邑，必有才行，随器方授。则虽其翰翮非强，亦可以获免尤累。昔汉光武不任功臣以吏事，所以终全其代者，良得其术也。愿陛下深思其宜，使得奉大恩，而子孙终其福禄也。

臣又闻圣人之化天下，莫不以孝为本，故曰："孝莫大於严父，严父莫大於配天。"又曰："国之大事，在祀与戎。"孔子亦云："吾不与祭，如不祭。"是圣人之重祭祀也如此。伏惟陛下践祚以来，宗庙之享，未曾亲事。伏缘圣情，独以銮舆一出，劳费必多，所以忍其孝思，以便百姓，遂使一代之史，不书皇帝入庙之事，将何以贻厥孙谋，垂则来叶？臣知大孝诚不在俎豆之间，然则圣人之训人，固有屈己以从时，特愿圣恩，顾省愚款。臣又闻致化之道，在於求贤审官；为政之基，必自扬清激浊，故孔子曰："惟名与器，不可以假人。"是言慎举之为重也。臣伏见王长通白明达，本自乐工，舆皁杂类，韦槃提斛斯正，则更无他材，独解调马，纵使术逾侪辈，能有可取，止赐金帛以富其家，岂宜列预士流，超受高爵？遂使朝会之位，万国来庭，骄子倡人，鸣玉曳组，与夫朝贤君子，比肩而立，同坐而食，臣窃耻之。然成命既往，纵不可追，谓宜不使在朝班预於仕伍也。

长孙无忌：忠奸不重要

—01—

唐高宗永徽五年（654），皇帝李治带着昭仪武氏，光临既是太尉又是他舅舅的长孙无忌的府邸。

长孙府大摆宴席，君臣喝得酣畅，李治非常高兴，当场封长孙无忌三个姬妾生的儿子为从五品朝散大夫，并赏赐金银锦缎十车给长孙无忌。

酒喝了好几巡，乘着酒劲上头，李治若无其事地对舅舅说道：当今的王皇后到现在还没有替我生个一子半女，这个和大唐皇后的身份好像有点不合适吧？

长孙无忌没接话头，只是一味劝酒道："陛下您请。"

李治和武昭仪面面相觑，不知所措。其实皇帝来访，长孙无忌一看他带的是武昭仪，心中早已雪亮。

话头一挑，精明的长孙无忌知道皇帝要"点题"了，又是封官又是送金银，不就是为了这句话吗！他偏偏装作听不懂，顾左右而言他，让皇帝明白他的态度。

酒喝不下去了，皇帝和武昭仪回宫了。

皇帝妃嫔的等级依次为：皇后，四个妃，接着才是"九嫔之首"的昭仪。

这个武昭仪原来只是太宗皇帝李世民的才人，太宗驾崩后到感业寺出家了。后来不知怎么回事，武才人再次进宫，便成了太宗儿子高宗李治的女人，没多久又成了昭仪。

后宫王皇后、萧淑妃、武昭仪三家争宠，据说王皇后为了排挤萧淑妃，才极力把武昭仪拉进宫来，没料到武昭仪竟成为她最强的竞争对手。

武昭仪生了个女儿，却被人扼死，经查证当时只有王皇后来过，李治大怒说：

"皇后杀了我女儿！"

李治有意废掉她，立武昭仪为后。当然他不知道，女儿是被武昭仪这个亲娘扼杀的。皇后百口莫辩。

武昭仪最关心的是大臣们的态度，长孙无忌是代表，这一试探，没承想碰上石头了。武昭仪的母亲杨夫人来拜访长孙无忌，请他再考虑一下这个问题，长孙无忌依然不肯。武昭仪的党羽礼部尚书许敬宗来劝长孙无忌，被长孙无忌当场骂回去了。双方因此杠上了。

— 02 —

长孙无忌将皇帝（也是亲外甥）的贿赂都不放在眼里，就是不同意武昭仪"转正"这一暗示，是有一定实力的。

李治这个皇位，很大程度上，是长孙无忌全力争取来的。

早年，在李世民争皇位的斗争中，长孙无忌同样是举足轻重的人物，他是大唐"凌烟阁二十四功臣"的第一位。

那时李世民和哥哥李建成、弟弟李元吉势如水火，已经陷入你死我活的白热化斗争阶段。

李世民手下的谋臣、武将都明白再不动手，危在旦夕，可谁来开这个口，劝别人兄弟相残？只能是长孙无忌。他是李世民嫡妻长孙氏的哥哥，又是从小一起玩着长大的发小，是李世民最信任的人。

事情挑明就好办了。

李世民下了决心，手下人一合计，发动了玄武门事变，李世民的大哥和三弟亡于这场战争，李世民登上了皇位。

李世民曾说："我能够拥有天下，长孙无忌功劳很大。"

贞观后期，唐朝又发生骨肉相杀的惨剧，太子李承乾、齐王李祐、魏王李泰和皇弟李元昌等谋反，被全部逮捕。唐太宗李世民非常伤心地说："我三个儿子一个弟弟做出这种事，活着真没意思！"

唐太宗一头撞到床上，长孙无忌等急忙拦阻，太宗又拔刀要自杀，长孙无忌紧紧抱住他。

这时唐太宗说："我想立晋王（李治）为太子。"长孙无忌立即回答："谨奉诏。谁有异议，臣就杀了他！"唐太宗对立在一边的李治说："你舅舅已经答应你了，还不拜谢！"李治拜谢长孙无忌。

长孙皇后有李承乾、李泰、李治三个儿子，本来轮不上性格懦弱的李治当太子，可惜李治的两个哥哥太厉害，搞谋反，反而让他捡了个大便宜。

唐太宗后来有点后悔，想立妃子杨氏的儿子李恪，说李恪最像自己，不像稚奴（李治）太过仁弱。

长孙无忌反对，唐太宗开玩笑说："是不是因为李恪不是你的外甥你不同意？"

长孙无忌说："守成的君王，宽厚仁爱是最重要的。"

李世民于是笑着说不改了。

李治登上皇位后，连续几年长孙无忌、褚遂良、李勣等一大帮人兢兢业业辅佐他，李治对老臣特别是舅舅更是言听计从，国家发展良好。

但对长孙无忌，李治又敬又怕。

— 03 —

人总要长大的，李治慢慢掌权后，翅膀硬了点，渐渐感觉到长孙无忌的权势有点吓人。

永徽四年（653），唐太宗女儿高阳公主、驸马房遗爱联合大将薛万彻、李道宗等人欲谋反，想改立荆王李元景，被人察觉后全被抓起来了。

长孙无忌是主审官，此次把李恪也牵连进去了，最后这些人全部被斩。

李恪死前大骂道："长孙无忌作威弄权，残害忠良，祖先有灵，让他灭族吧！"

李治哭着对大臣说："荆王是我的叔叔，吴王（李恪）是我的哥哥，免他们一死，行吗？"

兵部尚书崔敦礼说："周公杀管叔、蔡叔安定了周室，陛下不能因私情而废国法。"

最后长孙无忌还是杀了他们。

李治对以长孙无忌为首的老臣，不会没有怨气。而今自己要给喜欢的女人一个名号，你还跟我唱对台戏，怎么办？

一个人的出现，改变了风向。

这个人是帅哥、才子、投机分子李义府，此人外号"李猫"，他要被长孙无忌贬出京城。

何去何从，李义府的厉害就在这儿，一不做二不休，他趁着朋友值夜班，写了封奏章直送给皇帝，请求废掉王皇后，立武昭仪为后。这信绕过了朝臣直达皇帝李治手上。

李治、武昭仪本来以为满朝文武没人肯支持，没料到出来一个闯将！李治大喜过望，立即召见李义府，并赐珍珠一斗，留任原职。

第二天，宰相们贬李义府的文书被皇帝的圣旨堵了回去。

武昭仪专程派人慰问李义府。他成了第一个旗帜鲜明地赞成武昭仪任皇后而顶撞长孙无忌的人，其职位却稳如泰山！

学士许敬宗表态："乡下人多收了两担谷子，也要换老婆嘛！何况贵为天子！"李治提升他为礼部尚书。榜样的力量是无穷的，一大批中下级官员挺身而出，都呼吁武昭仪任皇后。

—— 04 ——

永徽六年（655）九月，有一天退朝后，李治召长孙无忌、褚遂良、于志宁、李勣到内殿。

唐朝是群相制，中书、尚书、门下三省的长官都叫宰相。

这几个人是唐太宗留下来的最重要的大臣，人人都知道今天皇帝召见就是为了立皇后的事。

李勣请病假，先撤了。

褚遂良最强硬，他坚决反对，说："武氏曾经是先皇的人，现在立为皇后，天下人怎么看待陛下？"接着把笏板放在一边，跪地磕头，磕到头流血了，说："我顶撞了陛下，罪当万死，还陛下笏，放我回老家！"

李治差点没背过气，喝令武士把他拉下去，背后帘子里传来武昭仪怒气冲天的喊声："干吗不杀了这个老东西！"

长孙无忌沉住气说："遂良是顾命大臣，有罪不能加刑！"

几天后，褚遂良被贬为潭州都督。

李治后来把请病假的李勣召来，这些重要老臣的分量，不是新晋的许敬宗、李义府等人可以比拟的。

皇帝将一肚子苦水倒出来，李勣说："这是陛下您家里的事情，何必一直问外人呢！"

李勣就是小说中的徐茂公，原名徐世勣，战功赫赫，是大唐仅次于李靖的名将，皇家赐姓李，又避太宗"世民"的讳，改名李勣。

他说话的分量够重，李治下了决心。

接着李治查出王皇后和她的母亲搞巫术，诅咒害人，她俩人再加上萧淑妃和她们的兄弟，全部被贬为庶人，流放岭南。

十一月初一，皇帝大赦天下，册封武昭仪为皇后。

— 05 —

李义府、许敬宗的职位升迁很快，武皇后在宫中一直替他们撑腰，这一拨人，成为朝中的新贵人物。李义府为中书令，许敬宗为礼部尚书，同党势力遍布朝野，统称后党。

武皇后的实力越来越大，和李治并称"二圣"。

长孙无忌的境况越来越危险，他基本不管政事，只带着一批人编书写作。

树欲静而风不止，659年，一个案件牵连到长孙无忌，该案由许敬宗亲自主审，审理后得到结论：长孙无忌要谋反！

李治跳起来说："怎么可能！舅舅应该被人离间了，我们之间是有小矛盾，可他不至于造反。"

许敬宗说："证据确凿。陛下还不相信，这是国家的灾难！"

李治哭着说："我家真不幸，亲戚间总出事。前年房遗爱和高阳公主谋反，今天轮到舅舅。我真愧对天下人啊！"

许敬宗又说："房遗爱跳梁小丑一样，能成什么大事！长孙无忌曾与先帝取天下，天下人佩服他的才智；当宰相三十年，天下人敬畏他的威风。真的谋反，才是社稷的大难！"他进一步说："当断不断，反受其乱！汉文帝杀了舅舅薄昭也是为了国家大计，只怕长孙无忌就是'大唐的司马懿'！"

李治不再召见长孙无忌当面对质，直接下诏削去爵位和官职，流放黔州。

几个月后，此案再审，许敬宗派手下袁公瑜到黔州继续追查，长孙无忌被逼自缢。其家产被全部抄没，家里人被发配到岭南为奴为婢。

俗话说，娘亲舅大。几个皇子争位，是长孙无忌多次在太宗面前举荐李治，皇位才花落李治。太宗李世民逝世后，李治搂着长孙无忌的脖子痛哭，是长孙无忌帮他稳定了局面，把他送上皇位的。

然而，亲情在权力面前，终归是尘土，抵不住武昭仪吹来的一阵香风。

杨素：功首罪魁集一身

　　隋朝有一个非常著名的人物。唐太宗李世民说他是逆乱之源。

　　魏征说得更狠，《隋书》记载："专以智诈自立，不由仁义之道，阿谀时主，高下其心。营构离宫，陷君于奢侈；谋废冢嫡，致国于倾危。"

　　但魏征在写给李密的墓志铭里，却称颂他："崖岸峻峙，天资宏亮，壁立千仞，直上万寻，嗣关西之孔子，追陕东之姬旦，深谋远鉴，独步当时。"

　　前后态度一对比，实在滑稽。

　　不论在评书演义还是在正统史书里，此人都是以大白脸的奸臣形象出现的。

　　民间也有很多和他有关的传说。

　　破镜重圆，成人之美，红拂夜奔……都在说这是个大气如山如海的人，非同一般。

　　此人就是杨素。他到底是怎样的一个人呢？

—— 01 ——

　　572年，北周天和七年。因一年前父亲在与北齐的交战中死难，但未受朝廷追封，杨素连续上了好几道奏章替父亲争名，把皇帝惹火了，皇帝要下令杀了这个多事的小子。

　　他高声道："我替无道昏君出力做事，该死！"

　　皇帝惊住了，后免其死罪，追赠其父为大将军，封他为车骑将军，并对他说："以你的本事，好好做事，不怕没有富贵。"

　　他骄傲地说："我不怕不富贵，就怕富贵来逼我。"这话算得上史上吹过最响的牛皮了吧，还是对着皇上说的。

— 02 —

杨素，出身弘农杨氏。在北周灭北齐战争中，杨素屡立战功，名声显赫。

后来，眼看杨坚（后来的隋文帝）掌握了后周的大权，杨素看明白风向，主动结交杨坚，替杨坚立下汗马功劳。他本也是一世的枭雄，只是碰上比他更厉害的杨坚，只能北面称臣。

杨坚也知道杨素的本事，很看重他。

581年二月，杨坚代北周建立大隋政权。杨素陆续官拜上柱国、御史大夫，成为权力中心人物。

一次杨素喝醉了酒，和老婆郑氏吵嘴，杨素急火攻心，随口骂道："老子要是做了皇帝，绝对不让你这婆娘当皇后！"（我若作天子，卿定不堪为皇后。）

郑氏也着急发火了，立即告发他，结果杨素被免官。

当时长江以南还是陈国，杨素给朝廷出了不少攻打陈国的好主意。分裂了近三百年的南北对峙，眼看就要结束了。杨坚重新起用了他，让他任信州总管，也就是长江上游的隋军总司令。

— 03 —

接下来是隋朝一系列的南征北战。

杨素在四川练水军，建造了各式战船。例如，"五牙"大舰船，该船有五层楼，高百余尺，装备长达五十尺的拍竿，容得下八百将士。

他下令把造船剩余的废料沿江漂下，先在气势上镇住陈国人。

588年，隋军发动灭陈之战，杨素大军在上游扫荡陈军，所向披靡。他的水军打败了江南陈国人引以为傲的水军，特别是那种大拍竿舰船击碎十几艘陈国战船，从心理上粉碎了敌军斗志。

次年，下游隋军攻下南京，陈国灭亡，全国统一。

没多久，江南豪强煽动民众再次叛乱，遍地狼烟又起。杨素渡过长江，清剿叛军。从镇江开始，杨素一路连战连捷，一直打到浙江，最后追击余寇到福建泉州，只几个月，就彻底平定了江南的叛乱。

开皇十九年（599），杨素被调到北方，与几位大将一起，兵分三路，进攻中原北方的强敌突厥。

以前与突厥交战，隋军会忌惮突厥的骑兵，都是用步兵、战车、骑兵交错对敌。杨素却摈弃这种战术，以骑兵对骑兵，大破突厥，名震敌胆。

后来隋炀帝杨广继位，杨素最后一次出手，干脆利索地消灭了杨广弟弟杨谅的叛乱。

— 04 —

这样一个名将，千古之下却以"奸臣"出名。原因在于杨素在政治上善于见风使舵、投机取巧。

在后周时杨素投靠杨坚，非常成功，跻身大隋开国元勋行列。后来建造仁寿宫一事，更说明杨素非常不一般的投机手段。

开皇十三年（593），隋文帝令杨素监造仁寿宫。杨素用残暴的手段督工，逼着工匠没日没夜地工作，人累死了就推进沟里埋掉，换人继续干。两年多后工程竣工，连绵几十里的建筑群，富丽堂皇，奢华无比。

隋文帝听说花了很多钱，死了很多人，心里不高兴，亲自到现场一看，发现原来这么宏伟壮观，这么奢侈浪费。隋文帝大怒道："为了一个宫殿，你杨素耗尽百姓力气，让我失尽民心啊！"

杨素怕了，急忙向独孤皇后求救。隋文帝是出了名的怕老婆，独孤皇后也参观了仁寿宫，说道："杨素看我们夫妻年纪大了，造了这个宫殿让我们颐养天年，是个大忠臣啊！"

风向一转，隋文帝转而表扬杨素做得好，赏钱百万、锦绢三千段。

早在平陈之战时，杨素就看出晋王杨广不一般，有野心，两人一拍即合，成为政治上的同盟。

废掉太子杨勇，杨广当上太子，杨素是既出工又出力。

— 05 —

仁寿四年（604），隋文帝病危。

杨素坐镇宫中，与杨广互通消息，不料一个纰漏，信件却落到隋文帝手上，隋文帝这才发现他们早有勾结、预谋，又惊又怒。

当时独孤皇后已死，隋文帝讨了几个小老婆，都是年轻美艳的年轻女子。杨广进宫探病，见了陈贵妃，动手动脚。陈贵妃神色惊慌地回到隋文帝身边，说："太子无礼！"隋文帝气坏了，说道："独孤害了我！"于是，他命人去把杨勇叫来（要把杨广换了）。

杨素知道后通知杨广，杨广立即带自己的心腹部队进宫，控制住局面。死党张衡把隋文帝边上的人全赶出去，自己值班。

当晚隋文帝去世（杨广弑父之说存疑），杨广继位，他就是历史上有名的隋炀帝。其中杨素的功劳，不言而喻。

杨素接着又统兵平定杨谅之乱，回到京城后，朝廷给他至高无上的荣誉。他的几个儿子都被封为大官，赏赐的财物堆成了山。

作为一个臣子，杨素获得的恩宠、权力到了极限。

— 06 —

杨素的本事这么大，皇帝开始有点忌惮他。杨广表面上对他恩宠无比，其实一直担心尾大不掉。

大业二年（606），六十三岁的杨素病重。杨广派御医到府上替他看病，回来就问御医："这个老头子会不会死？"

功高震主，杨素自己也十分清楚杨广对他的忌惮。

他知道，唯有死才能解除皇帝的疑虑和家族的灾难，便不再吃药。

素寝疾，帝每令名医诊候，赐以上药，然密问医者，恒恐不死。素亦自知名位已极，不肯饵药，亦不将慎，谓弟约曰："我岂须更活邪！"

据说，杨广在他死后曾说："还好杨素死得快，不然早晚我会诛了他的九族。"

当然杨素死了，也没能令九族幸免。数年后，杨素的儿子杨玄感在杨广背运之后，第一个冲上去，令全族都当了炮灰。

— 07 —

杨素在政治上投机，没少干坏事。

但说他是祸国奸臣？有隋一朝，他的军功无人可比。

他是被误解的忠臣吗？历经三朝，见证两次谋朝篡位，换了三次主君，还深入参与了一次，显然不是忠臣。

所以还是文章开头魏征的评价较为中肯。

元载：早知道贪点胡椒会死全家，我就不逆袭了

—01—

这一天，是大历十二年（777）三月二十八日。

朝阳初升，按例早朝。和平常一样，文武群臣，鱼贯而入。这其中，自然也包括同平章事、颍川郡公元载。

两旁站定，有本奏本，上奏的多是些无关紧要的琐细之事。元载暗暗观察到，高坐龙椅之上的大家眉头紧蹙，似在想什么心事。

大家即主子，也就是皇上。

此时的大家乃李唐第九任老大——唐代宗李豫。

记得即位之初，身负拥立之功的权宦李辅国曾对李豫言："大家但内里坐，外事听老奴处置。"（《旧唐书·宦官传》）得意与骄狂之态，着实惹人厌恶。于是，元载参与密谋，唐代宗痛下狠手，派出刺客在深夜斩杀李辅国。刺客一击毙命后又砍下李辅国的头颅，扔进污浊恶臭的茅厕之中。

脑袋没了，只能以木雕代之。估计，这就是"木头脑袋"的来历。

及至入土下葬，唐代宗仍不解气，追赠其为太傅，谥号为"丑"。权宦李辅国也确实长相不堪，奇丑无比，用歪瓜裂枣来形容他，瓜枣都觉委屈。

回想至此，元载瞄见主子的嘴角动了动，一丝狠色自眼底疾掠而过。

—02—

莫非，主子要对我下手？

元载禁不住心头惴惴：应该不会。没有我元公辅，他李豫哪坐得稳龙椅，睡得上安心觉？

事实也是如此，元载自入仕至今，一路走来，的确没少建功。

天宝元年（742），唐玄宗举行策试，广征人才。元载高中进士，由此步入官场，崭露头角。此后，他因生性敏悟，善于奏对，历任领江淮转运使、户部侍郎、度支使、诸道转运使等。

宝应元年（762），唐肃宗病重，宦官李辅国专权。李辅国虽为太监，但因扶立唐肃宗登位有功，肃宗便给他指配了一个老婆。说来也巧，李辅国的媳妇元氏与元载同姓同宗，又是老乡，"老乡见老乡，两眼泪汪汪"，李辅国遂提拔元载为同平章事兼盐铁转运使。

按说，提拔之恩重如山，元载当铭记于心，谁知他却来了个"老乡见老乡，背后打一枪"，密谋干掉了李辅国两口子。

大历五年（770），元载又设计诛杀专权跋扈的郑国公鱼朝恩，助唐代宗将内患逐一清除。

接连干掉两大权宦，可谓不世之功，皇上怎舍得收拾我？

元载心下正反复揣测，却见唐代宗神色一凛，动静陡沉，喊道："左金吾安在？还不速速将元载与王缙拿下？胆敢反抗，就地格杀！"

— 03 —

唐代宗动真格的了。他一声令下，左金吾大将军吴凑亲率众侍卫一拥而上，三下五除二，控制住元载和王缙，并押入政事堂。与此同时，又有数队侍卫分头出击，抓捕元载的妻妾儿女及亲信同党。

王缙，字夏卿，太原祁县人，曾拜门下侍郎，时任同平章事。大名鼎鼎的"诗佛"王维，就是他亲哥。

只可惜，身为宰相，王缙却事事附和元载，且大肆敛财，日益骄纵，最终引火烧身，被贬为括州刺史。

《新唐书·元载传》如是载："大历十二年三月庚辰，仗下，帝御延英殿，遣左金吾大将军吴凑收载及王缙，系政事堂，分捕亲吏、诸子下狱。诏吏部尚书刘晏、御史大夫李涵、散骑常侍萧昕、兵部侍郎袁傪、礼部侍郎常衮、谏议大夫杜亚讯状，而责辨端目皆出禁中。"

此次行动迅速、彻底，犹如秋风扫落叶，明摆着是早便策划好的。而且，由吏部尚书刘晏、御史大夫李涵等六人组成的专案组业已列好罪状，只待元载签字画押，结案交差。罪状有：

一、独揽朝政，排除异己，杖杀谏臣；

二、中饱私囊，贪渎纳贿，结党营私；

三、大兴土木，奢建府邸，冠绝百官；

四、蓄养歌姬，仆婢成群，艳压后宫；

五、放纵妻子，卖官敛财，吃相丑陋；

…………

"元大人，这桩桩件件，证据确凿，你还有何话可说？"吏部尚书刘晏沉声喝问。

元载没接他的话茬，只是说道："我要见皇上！"

—— **04** ——

在此之前，唐代宗曾单独召见过元载。

《资治通鉴·唐纪四十》记载："上悉知元载所为，以其任政日久，欲全始终，因独见，深戒之；载犹不悛，上由是稍恶之。"

原来，对元载的贪腐之举，唐代宗早有耳闻。但他顾念君臣情分，有意成全元载平安退休，便单独召入内室，敲打道："公辅，见好就收，差不多得了。"

"皇上，是不是有人在背后黑臣？臣素来清廉，鞠躬尽瘁，天地可鉴哪。"

元载唱戏似的，边表态边"啪啪"地拍胸脯，差点将自己拍出内伤。

唐代宗见此，说道："行了行了。朕送你句话：'贪财而去慰，贪权而取竭。'望你好自为之。"

《庄子·盗跖》记载："贪财而去慰，贪权而取竭。"

对元载来说，这是警告，是训诫，按理他理当收敛，切莫给脸不要脸，嘚瑟顶风上。然而，身居高位的元载太飘了，晕乎乎找不到北，竟把主子的话当成了耳旁风。

而此刻，面对元载的诸多罪状，唐代宗也陷入了深思：这人虽骄横豪猾，自视甚高，但起码对朕是忠心的。比如，当初处理权宦李辅国，这厮便拎得清轻重，毫不犹豫地卖掉了恩人；再如，在剪除鱼朝恩时，他出谋划策，精心设局，可谓居功至伟。再有，放眼朝堂，群臣熙攘，洁身自好者又有几人？闭眼随便抓起一个，抖搂抖搂，也未必比元载这厮干净多少。就算弄死元载，再提任一个补缺，胃口会比他小吗？连笃信佛法、诗风清新的文艺小老头王缙都能下水，连搂带捞，朕还能信得过谁？

— 05 —

思忖至此，唐代宗暗叹一声，动了再给元载一次机会、令其改过自新的念头。

恰恰这时，左金吾大将军吴凑来报，称在查抄元府时又有新发现。说罢，呈上一只锦盒。

唐代宗打开锦盒一瞧，满满一盒子房契、地契。唐代宗随手翻看，长安一百零八坊，仅元载一人就占了大宁、安仁、长寿三坊。那可不是简单的四十年小产权或七十年大产权，而是世代拥有，且不用缴纳房产税的房产。

"皇上，这都是小意思。您猜，我们还查到了什么？"

吴凑是外戚大臣，是唐代宗母亲章敬皇后之弟，也就是皇帝的亲娘舅。两人私下开几句玩笑，也是有的。

"别卖关子，说。"唐代宗道。

吴凑认了真，说道："胡椒。"

在此，需科普一下。在古代，无论中外，胡椒皆属奢侈品，与人参、燕窝等价，有"黑色黄金"之美誉。胡椒原产印度。相传西汉时张骞出使西域，将胡椒带回了中国。因胡椒辛辣芳香，气味独特，很快便风靡皇宫，一粒难求。

在中世纪的欧洲，人们形容一件东西价值连城，会说"贵如胡椒（法语：Cher comme poivre）"。若你手里有一把胡椒，你就是众人眼中的富豪。

在禁书《金瓶梅》中，有这样一个桥段："奴这床后茶叶箱里，还藏着四十斤沉香、二百斤白蜡、两罐子水银、八十斤胡椒，你明日都搬出来，替我卖了银子。"说这话的，是李瓶儿。她变卖家当，是想给西门庆买套房子。结果，共计卖得三百八十两银子，而西门庆买一座四层复式别墅，全款无贷，也只需一百二十两银子。

由此可见，胡椒在当时是何其昂贵。

话归正题。

唐代宗问："有多少？"

吴凑一字一顿道："八百石！"

—— 06 ——

三十斤为一钧，四钧为一石，一石大致等于一百二十斤。换算公式为：600石=96000斤=48吨。

啧啧，如此数量的胡椒，即便当饭吃，一日三顿外加夜宵，也得吃到猴年马月才能吃完。

震惊之余，唐代宗终下了决心："诛。"

就在元载被抓下狱的当日，唐代宗下诏赐其自尽。其长子元伯和、次子元仲武、三子元季能，皆遭赐死。

按唐律，元载之妻王韫秀只需罚没入宫做杂役，可不处斩。但王韫秀不愿苟活，道："王家十二娘子，二十年太原节度使女，十六年宰相妻，死亦幸矣，坚不从命！"

只可叹，因抗旨不屈，王韫秀被京兆尹活活杖杀于庭。其女元氏，虽自幼出家为尼，亦被收捕，充入掖庭为奴。

《旧唐书·元载传》记载："载长子伯和，先是贬在扬州兵曹参军，载得罪，命中使驰传于扬州赐死。次子仲武，祠部员外郎，次子季能，秘书省校书郎，并载妻王氏并赐死。女资敬寺尼真一，收入掖庭。"

一位籍籍无名的清官

—01—

五代时期，一个叫刘温叟的人，从大学助教干起（那个时候叫国子监助教），十几年后升任刑部郎中，充任翰林学士，翰林学士一般是给皇帝起草诏书的官员之一。这就等于进入了政府高层的起步阶段。

可以说，这是普通官员一辈子也难以企及的高度，所以刘温叟就特别兴奋。任命书下达的那一天，正好是他母亲的生日。

刘温叟急匆匆赶回家，却被家中的仆人挡在院子里，并告诉他老太太命他在堂下等候。过了一会儿，有音乐声传来，两个青衣人抬着一个箱子，来到他面前。他打开箱子，发现里面是一套衣服，有外穿的紫袍，还有里面的几层缯衣。

古代人的衣服是身份的象征，什么阶层穿什么衣服，不得逾矩。这一套衣服，正是他刚刚被任命的这个官职所应该穿的。

堂上，他母亲的声音缓缓传来："那是你父亲曾经穿的官服，你明天出门就穿这个吧。明天你要去上班的内署，也正是当年你父亲每日上班的地方。希望你记得他曾经对你的教诲，不要败坏你父亲的清名。"

刘温叟待了半晌，拿起父亲的遗物，悲从中来。

—02—

人，活在这个世界上，来了，又走了，没有痕迹，无从证明。从某种意义上来说，人能留下的只有血脉，血脉是一种延续和永生。

在刘温叟七岁的时候，父亲刘岳已经从朝廷退休，在老家洛阳赋闲。

一天，刘岳看到儿子写的功课，赞不绝口，只可惜现如今是乱世，于是感慨说："这么聪明又如何呢？如此世道，能平平安安地活下来，不求功名，慢慢变老，做一个温洛（温洛借指洛阳）间的老叟就可以了吧。"自此他给自己七岁的儿子起名为刘温叟。

而如今，刘温叟不仅平平安安地活了下来，还做到了刑部郎中、翰林学士，这是刘岳当年没有想到的。

只是，刘岳已经去世多年。在寿宴上，刘温叟的母亲并没有吃几口饭，闷闷地回了自己的房间。第二天上朝前，刘温叟去给母亲问安，他母亲也没有开门，只是交代了他几句话，就让他走了。一连几日，母亲都不见他的面。

后来他才知道，母亲看到身着官服的他，活脱就是他父亲当年的模样，思念入骨，心如刀割，所以，干脆不见他。

— 03 —

战乱时期，每个人的命运都会受到影响，刘温叟也不例外，辽太宗耶律德光灭亡后晋的时候，他也被俘虏并押往塞外，历经磨难，才得以返回中原。

后周太祖郭威时期，曾经让刘温叟主管全国的科举考试，负责选拔人才。那一年，他精心考核，最终收录了十六个人。结果他却被人诬告，说他收了这十六个人的贿赂，才录取他们的。郭威大怒，赶跑了其中的十二个人，并将刘温叟贬黜为太子詹事。

刘温叟并没有过多辩白，默默地接受了这不公的待遇。

时隔多年，那被赶跑的十二个人通过历年的科举考试，再一次通过选拔，纷纷进入朝堂，让曾经的谣言不攻自破。

这让郭威和柴荣慢慢地了解到刘温叟正直的为人、坦然宽广的胸怀。

但是，要说真正了解刘温叟的人，不是别人，却是宋太宗赵光义。

— 04 —

北宋初期，赵匡胤将刘温叟提拔为刑部侍郎。没几年，他升为御史中丞。但是，他家却是一如既往的贫困。

我要解释一下，宋代说某个官员比较清贫，并不是现在咱们想象的那种穷，好多读者看历史上某人贫穷，就想，我幸亏生在现在，虽然不富裕，但是也不算贫困。

其实，古人所谓某个官员贫穷，只是他养的仆人比普通官员少一些，仆人的档次比较低，吃饭不敢非常奢侈而已。

和你我这样的平民，从来不敢想我要雇几个用人相比，还是富裕得多。

总之，现代人和古代人，好多地方无法类比，毕竟标准不一样。

当时的晋王赵光义听说了刘温叟的事。这时的赵光义，任职开封府尹，即京都的市委书记。

赵光义很同情他，当然，最主要的还是想巴结他，毕竟刘温叟是御史中丞，作为京都市委书记的赵光义，许多事情经常麻烦他，以钱做润滑剂，方便以后开展工作。于是，赵光义便派人送给刘温叟五十万钱。

这对刘温叟来说，堪称巨款，而且这是赵匡胤的弟弟晋王赏赐的，当然理所应当地接下来，就像公司的副董事长春节发给你五十万元奖金，你拿回家偷偷开心就是了。

但是刘温叟不是这样的。他让人把钱搬到西厢房，在箱子上贴上封条，权当没有这笔钱一样。一切如常，就像什么也没有发生过一样。

第一笔礼金送出去之后，赵光义心里就舒服多了。穷人毕竟是爱财的。赵光义想，以后开封府的事情就好办多了。

第二年的端午节，他就不给刘温叟送钱了。他派人送了一些礼品，诸如粽子、扇子之类的。

送礼的还是上次那个人，那人发现，上次送的箱子上的封条依然还在，和去年一样。那个开封府的人哑然无语，回去给赵光义汇报了这个事情。赵光义听完也惊呆了，没想到经过五代如此的乱世，这世上还有这么爱惜自己名节的人。

后来有一次，赵氏兄弟俩在家喝酒，聊起文武百官的情况，两个人抬杠说某某很廉洁。

赵光义最后说："大哥，真正能称得上廉洁之最的，只有刘温叟。我送给他五十万钱，他都不用。他没法拒绝我，就把钱锁在西厢房，自始至终都不用。最终还是让我把钱拉回来了。"

赵匡胤也很惊叹，想不到刘温叟如此耿直清廉，说道："咱俩发给他的钱他都不用，谁还能贿赂到他呢。"

— 05 —

后来赵匡胤又听说，刘温叟每个月的茶钱，也常常没有领够过。

什么是茶钱呢？宋代人爱喝茶，尤其是官僚士大夫阶层，以喝茶的等级来显示其地位的等级。尤其是公务来往，酒宴过后，茶是不可或缺的必需品。

而宋代对于品茶，已经相当精致和奢华，对于产地、茶具、水源等都很有讲究，所以，喝茶也是非常砸钱的一件事。

宋代官员的工资是用于日常生活的，品茶需要另外觅钱，这就是茶钱，可以看作一种喝茶补助。根据规格，刘温叟的御史中丞官衔，月赏公用茶钱是一万钱，如果本部门的财政不够用，可以使用罚没所得来补足所缺。

刘温叟从来不领取罚款所得，因为这些罚款，罚的都是贪污的赃银，刘温叟嫌脏。所以，他的月赏公用茶钱永远不能足额领取。

他如此清廉的作风，让赵匡胤十分叹赏。赵匡胤让他始终担任御史中丞，后来他因为身体不好，忙不过来，要求赵匡胤找个人替代自己。但是，赵匡胤找不到像他这样的人来替换他，就一直拖着，这一拖就是十二年。

— 06 —

有一次，刘温叟从御史台下班，由于忙于公务，加了一会儿班，出来有点晚了。

他坐在轿子里面盘算今天的公务，眼看就要从皇宫门口经过，前面领路的仆人眼尖，一眼看见远处竟然是皇帝赵匡胤和几个太监正往明德门西角楼上走。

仆人连忙急趋到轿子前，用低低的声音对轿子里面的刘温叟说："皇帝在前面经过，我们怎么办呢？"

过去，官员在路上经过，都是前呼后拥，八抬大轿，鸣锣开道。但是，如果遇到更大的官员，就要立即偃旗息鼓，赶紧避让，阶层更小的官员甚至还要下轿子跪拜。

如今，皇帝在前，是不是更得偃旗息鼓，赶紧避让，下跪磕头呢？

刘温叟居然说："权当没看见，继续鸣锣开道，一切照常。"

正在登楼的赵匡胤听到锣鼓开道的声音，一愣，心想：这谁啊？装看不见我？

有人回话说，那人是刘温叟。

赵匡胤没说话，也权当听不到刘温叟轿子鸣锣开道的声音，继续上楼，走了。

次日朝堂上，刘温叟请求单独给赵匡胤解释。

赵匡胤心想，今天来解释了，我看你说什么。

刘温叟说："陛下昨天忽然在傍晚的时候登楼，时间不对，没有人想到您这个时候登楼。这些年，大家都以在路上偶然遇见您为荣，有罪的人希望遇到您能得到赦免，臣民们希望看见您的时候能够得到赏赐，总之，只要能偶遇皇帝，一般都是各种破例。所以，我假装没看到您，大家也都没注意到，这事也就过去了，也省得您劳神抚慰臣民，带来许多不必要的麻烦。"

赵匡胤这才意识到，刘温叟考虑得的确很周详，不禁勉励了一番。

北宋开宝四年（971），刘温叟病重。

赵匡胤担心他因为家贫，耽误了治疗，就赏赐他家很多器物和金钱。但是，刘温叟依然没有挨过去，没几个月就去世了，终年六十三岁。

他是大书法家，却当了十七年奸相

— 01 —

看到标题，很多人可能知道这人是蔡京。

没错，就是他。

很多人对于蔡京的了解可能还是来自《水浒传》，虽然作为大反派的他在《水浒传》里的存在感并不是很高，远远没有另一个反面人物高俅出镜率高，但正是他拍板弄死了宋江等人，所以按照能量来说的话，其实蔡京才算是《水浒传》中的第一反派人物。

小说毕竟只是小说，虽然在小说里人们都只记得蹴鞠高手高俅，但是实际上，蔡京比高俅高了不知道几个段位——当然不是踢球的功夫，而是两人在奸臣排行榜上的排名。根据两人的水平来看，很显然蔡京更胜过高俅，当时就有太学生上书称蔡京为"六贼之首"。

— 02 —

这个评价应该算是很中肯，定位也比较精准，因为沿着蔡京的人生轨迹，可以看出蔡京从最初出道就已经表现出了贼人的特殊气质。

蔡京的发迹严格来说是靠投机。

那一年，蔡京考取了进士，一日看尽东京花，少年得志，意气风发。春风有时也并不是都得意，蔡京刚开始进入官场也是慢慢地在苦熬资历，这对于一个有着无限梦想的人来说无疑是一种煎熬。

然而，就在这时候，机会来了。

轰轰烈烈的王安石变法开始了，和任何一个时代的改革一样，王安石的变法遇到了利益集团的各种阻挠，当时朝廷上下几乎所有人都反对，王安石差不多是个光杆司令，手里能用的人没几个，因此他心急如焚。虽然阻力很大，但是王安石的决心更大。他咬牙发出指示：阻止改革的都是历史的罪人，都统统地给我滚蛋，有多远滚多远，把位置给能干事的人腾出来。

这对于天性敏锐的蔡京来说无疑是一个最好的机会——只要抓住机会，就可能少奋斗三十年。那时候的蔡京就已经深深地懂得了这个道理。

于是，蔡京毫不犹豫地站了出来，坚定地举起胳膊、攥紧拳头斩钉截铁地说："改革是功在当代、利在千秋的好事，我支持。"

蔡京就这样旗帜鲜明地站在了王安石的阵营里，又加上他是进士身份，也确实有些才华，于是马上成为王安石的得力助手，变法的先锋。

这一次投机的成功，的确给蔡京带来了巨大的好处——成了开封府的知府，帝都的一把手。

就这样，蔡京完成了官场的第一个原始积累。

— 03 —

然而世上的事没有一帆风顺的，后来的事我们都知道了：王安石的改革失败了，他的死对头司马光上台掌握了权力。

司马光就是我们从小就知道的那个砸烂了大缸还被授予"见义勇为小英雄"称号的人。

应该说混朝廷的人都会遇到这样的情况，有时候你看着跟对了主子，但是谁也不能保证这个主子就是常青藤，往往这时候，失败了就意味着要流血，要丢性命。

这对于蔡京来说根本不是问题，要知道，蔡京可是自带变色龙光芒的。

司马光上台之后做的第一件事就是废除王安石之前推行的所有新法，然而这时候很多人执行得并不得力，也许是感觉到自己之前跟着王安石摇旗呐喊、热情洋溢地推广新法，忽然一夜之间变了天，自己打脸很难为情吧？

别人不好意思是别人的事，蔡京可不会。

他又勇敢地跨出队列，举手报告："废除新法，从我开始，从开封府开始。"短短五天时间，蔡京就带领着各个职能部门以迅雷不及掩耳之势完成了开封辖区内各市县的新法废除工作。

司马光看完内部通信，笑得嘴都合不拢了，端起保温杯喝了一大口枸杞茶，说："这个小蔡还是很能跟上形势，所有人都要向他学习。"

就这样，蔡京完成了人生的第二次华丽转身，几年之间迅速成为国家财政部长兼国土资源部长，厉害吗？

— 04 —

这世界上的事就怕"然而"二字，没过多久，大宋的政坛又变天了。

司马光当上宰相八个月就死了，新皇帝本来就是改革派，于是把以前王安石培养的接班人章惇喊回来当宰相。

章惇上台之后当然要坚定不移地再次改革，然而章惇的魄力似乎没有王安石大，在重新推行新法的时候，因为有些问题比较棘手，迟迟不能形成决议，这时候，又是蔡京同志挺身而出。

蔡京对犹疑不决的章惇说："要改革总是会流血、跌跟头的，还按照原来的办法施行就好了，有啥好讨论的？"

一句话给章惇吃下了定心丸，于是改革又重新开始了。

这时候已经有人看出来，这个蔡京绝不是一个简单的人物。

人要脸，树要皮，然而蔡京的厚颜无耻绝不是哪一个不要脸的人能望其项背的。

就这样，蔡京再一次成了宰相跟前的红人。

— 05 —

天有不测风云，人有旦夕祸福。

就在蔡京觉得要走上人生巅峰的时候，支持变法的皇帝去世了。另一个皇帝上台了，上台的就是《水浒传》中挖个地道跑去跟京城著名娱乐会所的当家小花李师师幽会的宋徽宗。

新皇帝上台之后，有人给皇上打报告说，蔡京跟内侍结交关系密切，于是蔡京悲催地被免去职务，发落到杭州。

这对于有理想、有抱负、有追求的蔡京来说，简直比杀了他还难受，但是蔡京就是蔡京，不可能因为挫折就放弃。

很快蔡京打听到宋徽宗的爱好——书法。话说宋徽宗在历史上也许不是一个好皇帝，但却是一个不折不扣的多才多艺的人，琴棋书画样样在行，尤其书法更是独树一帜。

— 06 —

蔡京一听，心想：嘿，这不是撞到枪口上了吗？

要知道，蔡京这厮虽然人品不怎么样，但是在书法界那绝对是大咖，就连当时傲娇得不得了的米芾也是他的粉丝。据说当年他与苏轼、黄庭坚、米芾合称大宋书法四大家，只是因为他人品太差，所以后来被书法不如他的蔡襄给替换了。

当时另外一个大奸臣童贯在杭州出差，蔡京极力地巴结童贯，不分日夜地陪同他，就是期望童贯回朝廷的时候能在皇帝面前替自己说说好话。

童贯吃了蔡京的又不愿意吐出来，在回京之后就把蔡京的作品拿给宋徽宗看，并且极力推荐他，于是宋徽宗开始留意这个蔡京。

蔡京同时结交太学博士范致虚等人，让范致虚一伙人没事就在朋友圈晒自己的作品，同时美化吹嘘他。就连后宫的一些嫔妃、宦官也得到了蔡京的好处，这些人瞅准机会就在徽宗面前替他说好话。终于，蔡京又一次东山再起。

再次翻身的蔡京知道靠谁都没有用，只有紧紧地围绕在宋徽宗身边才是出路。

看到了这一点的蔡京不仅自己用尽心力给老板挥毫泼墨大写特写，还派人到处搜罗各种书画作品献给宋徽宗，投出了桃子，收回的居然还有李子，不到一年时间，蔡京就位极人臣——做了宰相，这让把办公室椅子都坐坏了几把的人们情何以堪？

—07—

当上了宰相的蔡京开始上演《古惑仔之只手遮天》，一边哄着徽宗开心，一边开始祸国殃民。

他知道徽宗稀罕奇花异草，就派人在东南沿海一带打听谁家里有比较精致的花草石头，然后去明抢豪夺，还起了个名字叫"花石纲"。

谁敢翻一下眼睛说一句话，立马一个大嘴巴子上来打得你牙都找不着。

这样的一个项目，足足搞了二十年，多少人家因此破产，后来东南的方腊起义就是因为受不了这个才暴动的。

但是蔡京却凭着这个项目发财了，据说蔡京在当时拥有良田五十万亩①。以前农村有句话叫"三间房子不占分"，就是说三间大瓦房还没有一分地，而蔡京居然有五十万亩地，这纪录估计也只有后来的沈万三能刷新吧？

这样做事，下面自然是怨声载道的，然而蔡京并不怕。他深深地知道，底下的人再怎么嚷嚷，只要把徽宗哄好了就没事。

事实上也真是这样，蔡京把徽宗哄舒坦了，徽宗根本就不管他干了什么。

就这样，蔡京竟然当了十七年的宰相。

—08—

俗话说："人无千日好，花无百日红。"蔡京享受了这么多年的荣华富贵，也够了。

金兵打过来了，整个大宋王朝岌岌可危，蔡京一看势头不妙，跑得比那些发现了明星踪迹的狗仔还快。他带着一大车的金银珠宝一路向南猛窜。蔡京虽然跑得上气不接下气，惶惶然如丧家犬，但心里还是拎得很清楚：官没了就没了吧，大宋完

---

① 1亩=10分，约667平方米。

了就完了吧，只要有钱到哪都可以东山再起，只要有钱啥事干不成？

— 09 —

逃亡的一路上，广大人民群众一听说蔡京来了，所有的老百姓居然一致地拉起了横幅：抵制大奸贼蔡京。

开饭店的不卖给他饭，开超市的不卖给他矿泉水、方便面，开旅社的不让他住，从开封到长沙号称："三千里外无家。"

一路三千里，蔡京买不到一碗饭一个饼、买不到一杯水。到了长沙，他连市区都进不去，没有地方睡觉，只能在城南的一个破败不堪的寺庙里住下，任冷冷的冰雨在脸上使劲地拍，任屈辱的泪水跟寒雨混合在一起，也只能在心底哀号：我要这金银有何用？

最终，饥寒交迫的蔡京在一个风雨夜被饿死在那个破庙里。

尽管我一直怀疑蔡京被饿死的真实性，但我还是选择相信，因为这才是对于这样的奸贼最为圆满的惩罚方式。

因为自古至今，只有老百姓的眼睛才是最亮的，也只有老百姓才是这个国家真正的主人。不论在哪个朝代，只有老百姓的评判才是真正最终代表正义的评判，因为老百姓的心里有杆秤。

有些人可能会得意一时，但绝不会是一世，就像蔡京。

他，大宋玩得最溜的宰相

— 01 —

晏殊，北宋政治家、文学家。从小聪明好学，七岁的时候就能写出优秀的诗文，从此神童之名传遍江南。

景德元年（1004），江南安抚使张知白听说了晏殊神童的名声后，把晏殊这个小神童推荐给了朝廷！

景德二年（1005）五月，十五岁的晏殊当着宋真宗和宰相寇准等官员的面进行特别考试。年纪轻轻的晏殊面对满殿大臣和皇帝，毫不胆怯，很快完成了答卷。答卷一出，宋真宗惊为天人，赐晏殊同进士出身。

两天后，晏殊再次参加考试，这次考试成绩将关乎他的前途。结果晏殊发现自己运气特别好，宋真宗出的题，正好自己前几天刚复习过。

于是晏殊对考官说："这个题目几天前我自己做过答案，而且我还保留着答卷，请求换一个题目。"

多么诚实的好孩子，宋真宗大喜，另外出题。晏殊从而作为一个诚实守信的好孩子，扬名天下。

真金不怕火炼，晏殊又考了一个好成绩，宋真宗赞不绝口，授晏殊秘书省正字，留秘阁读书深造。小小年纪的晏殊就此开始了自己的官场生涯。

在晏殊考试过程中还有一个小插曲，当宋真宗想赐晏殊同进士出身的时候，宰相寇准表示反对。因为寇准是个严重的地域歧视者，非常看不起晏殊这样的南方人，坚决反对晏殊出人头地。

宋真宗看不过去了，反驳道："朝廷取士，惟才是求，四海一家，岂限遐迩？

如前代张九龄辈，何尝以僻陋而弃置耶？"于是在宋真宗的大力坚持下，晏殊如愿以偿，成为进士。

俗话说，断人前程，有如杀人父母，寇准这样操作，就和晏殊结下了仇。晏殊能怎么办，胳膊拧不过大腿，他还能拿宰相寇准怎么样，他只能忍。

— 02 —

天禧四年（1020）六月，寇准被宋真宗坑了。

宋真宗说，想让太子监国，废掉丁谓，寇准信以为真，确认无误后，他准备第二天就颁布诏书。结果寇准的计划被丁谓知道了，丁谓连夜进宫，竟说服了宋真宗下诏罢免寇准宰相之位。

此时的晏殊正担任知制诰，也就是专门负责起草诏书工作。当天晚上，正好他值班，丁谓打算让晏殊起草诏书。

丁谓猜想，晏殊和寇准有仇，这样落井下石的机会，晏殊应该不会拒绝。

可两个都是大佬，谁也得罪不起，晏殊想置身事外。于是晏殊先发制人，说道："罢免宰相的诏书，不是我这个外制官的职责，这事别找我！"

说完，晏殊转身就走，但他很聪明，并没有立即出宫，而是静静地坐在殿外，让谁都看得到他。他来了个袖手旁观，既不趁机报复寇准，也不惹祸上身，去帮寇准。

不过最终寇准还是被罢相了。

晏殊是个胆小怕事的好人。偏偏怕啥来啥，丁谓再一次找上了他。

— 03 —

天禧四年十一月，宰相李迪和丁谓来了个同归于尽，说服宋真宗将俩人的宰相之位一起罢免。但丁谓太厉害了，他再次进宫，凭借巧舌如簧，又搞定了宋真宗。最后，李迪依然被罢相，他自己却复相。

丁谓马上命令翰林学士刘筠起草自己复相的诏书。

刘筠很蒙圈，丁谓的罢相诏书就是他写的，这会又让他写复相诏书，搞啥呢？刘筠是个狠人，早就看不惯丁谓这个小人了，立马拒绝，你爱咋样咋样，我就不写了。丁谓很意外，但也没当回事，这又不是没了张屠户，就要吃带毛猪，既然你刘筠不写，那我叫别人写。

谁来写？能写诏书的不仅有刘筠，还有晏殊。于是丁谓又找上了晏殊，说道："小晏哪，刘筠不写，那就你来写，你敢不写吗？"

晏殊头皮一下子就炸了，怎么这么倒霉，又摊上这么一档子破事？上次他还能巧妙地躲过去，这次丁谓点名叫他写，他敢不写吗？

谨小慎微的晏殊，不像刘筠这么有勇气，只好乖乖听命，起草了丁谓复相的诏书。晏殊写完诏书，离开翰林院后正好在枢密院南门遇上了刘筠，他侧身走过，根本不敢对刘筠行礼问候。

同样一件事，刚正不阿的刘筠和明哲保身的晏殊做出了不同的选择，仅凭此事，两人水准高下立判。

晏殊是个有良知的好人，但他又是一个不会因为这点良知就做出正义选择的胆小的好人。可树欲静而风不止，晏殊身处官场，他的这点良知又能保留多少呢？

— 04 —

宋真宗死后，宋仁宗继位，但实际掌握大权的是垂帘听政的皇太后刘娥。

天圣六年（1028）十二月，晏殊推举范仲淹担任秘阁校理，负责皇家图书典籍的校勘和整理。

众所周知，图书馆管理员都是些狠角色。范仲淹也不例外，他居然太岁头上动土：仁宗率百官为太后祝寿后，范仲淹直接给宋仁宗上书，劝他对皇太后刘娥行家人之礼，不可混淆家礼和国礼。

刘娥还没说什么，举荐范仲淹的晏殊却吓得半死，范仲淹你这是要害死我啊！他马上批评范仲淹过于轻率，说他这样不仅有碍自己的仕途，还会连累举荐之人。结果范仲淹据理力争，并回写一封长信，表明自己的决心，这就是著名的《上资政晏侍郎书》。

这下晏殊慌了，赶紧找来小范面授机宜，劝他别搞事。

范仲淹冷冷回道："承您举荐，每天都因为怕不称职让您难堪，谁知道，今天我竟然会以忠直而得罪您。"

晏殊听完后，很惭愧。范仲淹只是一个微末小官，却敢仗义执言，而他又该怎么办呢？范仲淹的斥责又让晏殊进行了一次选择——要不要支持范仲淹。

晏殊很头疼，支持范仲淹是职责所在，正义之举，可这样势必会得罪皇太后刘娥，老虎的屁股摸不得，母老虎的屁股更摸不得。这点晏殊深有体会。因为早在天圣五年（1027）正月，刘娥要提升张耆担任枢密使。晏殊表示反对，这一反对，晏殊立马被贬。

吃一堑，长一智。晏殊想了很久，最终他又一次无奈地选择明哲保身，没有支持范仲淹。

晏殊是真不想惹刘娥，可偏偏刘娥又找上门来。

— 05 —

天圣十年（1032）二月，大宋皇宫中死了一个妃子，这个妃子是在去世前一天已经晋升为宸妃的李氏。

按照规矩，朝廷要给李宸妃写个神道碑铭，即官方的丧事报告，铭文上会对死者的生平做个总结。

这是一个天大的麻烦事，这件事关涉到一个宋仁宗不知道的天大秘密——宋仁宗以为自己的亲生母亲是刘娥，实际上死去的李宸妃才是仁宗的亲生母亲。

很不幸，晏殊知道这个秘密。更不幸的是，刘娥把为李宸妃写墓志铭的任务交给了晏殊，谁让他是开封城最好的文学家呢。

人怕出名猪怕壮，一口大锅砸向了晏殊，晏殊万万没想到，自己会接过这烫手的山芋。晏殊恨不得马上推辞，这事我不想干！晏殊心里叫苦不迭，可他没有拒绝的理由。

无可奈何的晏殊只能硬着头皮接受了这项"光荣"的任务！

老天爷啊，这墓志铭该怎么写？其实这墓志铭很好想，最简单，也是最重要的内容只有一个——李宸妃的身份！她才是宋仁宗的亲生母亲！

可这事能写出来吗？他一下笔，就等于李宸妃是宋仁宗母亲的身份会彻底公之于众。这意味着什么，晏殊比谁都清楚！

是装糊涂还是挑明真相？两个他都得罪不起，偏偏又要选择得罪一个。

怎么办？

最终经过再三考虑，他终于动笔了，写道："五岳峥嵘，昆山出玉。四溟浩渺，丽水生金。"意思是以五岳之地灵，才生出了李宸妃这块宝"玉"。以四海之水清，才生得出世间的真"金"！紧接着又写了句最重要的："李氏生一女，早卒，无子！"

很好，这样的制文刘娥很满意，晏殊是个值得信任的好同志。

这年八月，四十二岁的晏殊被重新任命为枢密副使，四天后即改任参知政事。

— 06 —

一年后的明道二年（1033）三月二十九日，刘娥病逝。二十四岁的宋仁宗，开始亲政，他很快就知道了自己的身世。

不久，由晏殊亲笔为宋仁宗亲生母亲写的制文，被送到了宋仁宗的案前。宋仁宗看到"五岳峥嵘，昆山出玉。四溟浩渺，丽水生金"很高兴，当看到"无子"那两个字，怒了！

宋仁宗怒不可遏，找来宰相吕夷简，生气地说道："这个晏殊分明就是迫于刘太后的压力而欺君，分明就是耍滑头！想装作不知情蒙混过关，没门！"

关键时刻，兔死狐悲的吕夷简挺身而出，替晏殊开脱道："晏殊固然有罪，但是这事是宫中隐秘。我这个宰相也知之不详，也许晏殊真不知情吧。退一万步说，就算他知情，当时正是太后专权，如果他直言李宸妃生了你这个皇帝，恐怕会生起事端，晏殊这是在保护你啊！"

吕夷简的解释让人觉得还挺有道理，但宋仁宗就是咽不下这口气！

这年四月，晏殊被贬知江宁府（今江苏南京）。

晏殊经过此次贬官之后，本就谨小慎微的他，从此更是奉行明哲保身的处事原则。但从他写下这篇墓志铭后，注定将要倒霉到底。

— 07 —

庆历四年（1044），当时以范仲淹、富弼、韩琦为首的宰执，带着欧阳修、蔡襄等人推行著名的"庆历新政"。结果在保守势力的反对下，"庆历新政"失败，范仲淹、富弼、欧阳修纷纷被贬。

这事本来和时任宰相的晏殊毫无关系，他对"庆历新政"一点兴趣都没有，也从不掺和，能离多远离多远。

但晏殊真是倒了八辈子霉，因为他是范仲淹的恩主，是富弼的岳父，是欧阳修的老师、老乡，是很多"庆历新政"骨干的恩师和伯乐，所以"庆历新政"的政敌们也恨上他了。

可富弼等人也没拿他当自己人，他的好女婿富弼更是曾直接骂他是奸佞小人。晏殊被弄了个里外不是人。

可欧阳修一被贬，"庆历新政"其他两个骨干孙甫、蔡襄想起了晏殊，联名给他写信，请他为欧阳修求情。

范仲淹、富弼你救不了，欧阳修是你的学生，你这个宰相能救吧？但晏殊表示拒绝，开玩笑，我凑这个热闹干吗？我要是管这档子事，这不是老寿星喝砒霜——活得不耐烦了吗？这下惹恼了孙甫、蔡襄，他们把晏殊的老底都给揭了出来，马上弹劾他，主要有两条大罪：

第一，动用禁军给他修宅子。这个没话说，是一条罪，不过当时很多人都这么干。这罪说大不大，说小不小，就看有没有人追究。

第二，他写的那篇墓志铭。这是晏殊最大的命门，要了晏殊老命了。

于是，晏殊只能自认倒霉，这年九月十二日，宰相晏殊被罢相，贬为工部尚书，知颍州。

而这次罢相，晏殊被彻底打落凡尘，再也没有起来过。

— 08 —

至和元年（1054）六月，罢相十年之久的晏殊因病请求回京治疗，仁慈的宋仁宗同意了，晏殊回到了似曾相识的开封城。

至和二年（1055）正月二十八日，晏殊病逝，结束了自己长达五十年之久的官场生涯！

这就是晏殊！

欧阳修曾评价晏殊道："富贵优游五十年，始终明哲保身全。"

有人说晏殊"圆滑"，与其说圆滑，不如说是"圆润"，是一种大局观。这也是晏殊成为宋史上唯一一位一生顺溜的宰相的根本原因。

大宋第一耿直大臣

— 01 —

宋太宗至道元年（995），东京汴梁郊外西短亭。

杨柳依依，细雨霏霏。

这一年录取的三百五十三名进士，在状元孙何的率领下，在桥边送别一个中年文士。文士两鬓微霜，从容地对孙何说："替我谢过苏公。行旅之人，没带笔砚。吟一首诗，就此别过。"

> 缀行相送我何荣，老鹤乘轩愧谷莺。
>
> 三入承明不知举，看人门下放门生。

中年文士说完，拱一拱手，大步走下官桥，登上泊在河边的小船，不再回头。

众举子看着小船慢慢顺河而去。微风拂面，如人轻声叹息。

其中有位感情丰富的举子叫窦元宾，他忍不住热泪盈眶，仰天叫道："老天爷！难道这就是命中注定的吗？"

举子无不变色。

他们送别的文士叫王禹偁，字元之，是当时文坛的领袖级人物。

这是他第二次被贬到地方，这次的地点是滁州，更是边远荒芜。

新科的进士，看到这位具有传奇色彩的卓越前辈如此坎坷的人生，免不了有兔死狐悲、物伤其类的感觉。

这一年科举考试的主考官是苏易简，时任副相（参知政事），特意向宋太宗请求："王禹偁是诗文界的领袖，连连被贬。我想让这一榜的进士们去送一送他。"

宋太宗同意了，这才有了众举子都门送别的一幕。

苏易简这么推崇王禹偁，并不是个案。后来执文坛牛耳的欧阳修、苏轼都对王禹偁倾心佩服。王禹偁的文章学韩愈、柳宗元，诗歌推崇杜甫、白居易。"本与乐天为后进，敢期子美为前身"，他是北宋诗文革新的先驱。苏轼赞他："以雄文直道独立于世""耿然如秋霜夏日，不可狎玩"。

<h2 style="text-align:center">— 02 —</h2>

这样一位遗世独立的耿直大臣，仕途却连连遭受打击，这和王禹偁碰上不平的事敢说敢做，喜欢臧否人物的性格是分不开的。他进士及第，才华出众，连宋太宗都欣赏他。

当时大宋欣欣向荣，繁荣昌盛。王禹偁却给皇帝上书要求戒骄戒躁，反对奢华，皇上您要带头艰苦朴素。

灾年来了，王禹偁建议大臣们一起减一级工资，用来赈灾。这下把大伙儿都得罪了，工资又不是你发的，要减你自己减。

宋太宗心里不舒服，表面上却还容他。

有一回在琼林苑宴会，宋太宗把他一个人叫到面前，说："你啊，文章比得上韩愈、柳宗元。但人太直，眼里容不下沙子。别人都讲你的坏话，连我都保护不了你。"

这番话把王禹偁感动得一把鼻涕一把泪。

性格决定命运。王禹偁的事迹可谓与他的性格密不可分。

王禹偁才在中央工作三四年，就碰上一个案子，文学家徐铉被告和侄女通奸。可最终查无此事，不知道为什么，上面竟下令不处分原告尼姑道安。

在法院工作的王禹偁路见不平，上书坚决要治尼姑道安的罪，宋太宗怒了，将他贬为商州团练使。王禹偁几年后回到中央，任翰林学士，知制诰，替皇帝起草诏书。

他写文章的本事，大家还是认可的。

摔了一跤，王禹偁却没有学乖点。

宋太宗至道元年（995），宋太祖最后一任皇后"开宝皇后"去世。按照礼制，宋太宗的皇位来自哥哥宋太祖，宋太祖的皇后去世，是国丧。宋太宗却不给皇嫂服孝，百官大臣也没穿孝服。因为在宋太宗继位这件事上，开宝皇后做过不利于宋太宗的举动。

据说宋太祖去世得很突然，开宝皇后便叫人去请宋太祖的小儿子赵德芳。但请的人却叫来了赵匡义（宋太宗），因为大家都以为宋太祖的意思是要传位给弟弟赵匡义。

宋太宗上位后，对待这位嫂子，就薄情了。朝中大臣都知道其中利害，噤若寒蝉。偏偏王禹偁这时跳出来说："开宝皇后曾经母仪天下，应该按礼制进行悼念。"

这一回宋太宗大怒，这个王禹偁真是不识相！

一道命令，皇帝把王禹偁贬到滁州。

宋太宗去世后，宋真宗继位。王禹偁再次回到中央。江山易改，本性难移。宰相张齐贤、李沆不和，他不客气地点评，弄得左右不是人，得罪了大佬，第三次被贬，这回被贬到黄州，并客死在那儿，世称"王黄州"。

— 03 —

但不得不承认，王禹偁是个文学天才。他家里原来是磨面的，他勤劳读书，九岁就能写文章赋诗词。

宋初的大佬毕士安当时在王禹偁的家乡济州为官，听闻王禹偁聪明，便叫来他，让他作一首磨面诗。

王禹偁出口成章：

> 但存心里正，无愁眼下迟。
>
> 若人轻著力，便是转身时。

这诗的格调、哲理，毕士安大为赞赏。这是位大才啊！他立即让王禹偁到家里来，和自家的孩子一起读书，让他穿读书人的青衫，亲切地称其为小友。

宋太宗太平兴国八年（983），王禹偁考中进士。

几年后，宋太宗也听到他的名声，便叫来测试一番，发现他的确非凡。于是他又被提拔一级，赏赐穿大红袍。按惯例，穿大红袍腰带必须是涂金银带，宋太宗特意赐他文犀带。

宋太宗曾经表扬他说："王禹偁的文章，不用一个月，天下就传开了。"这就是王禹偁文章的力量。他写文章的大名，远及边塞。

宋初，西北的党项人归附宋朝，其首领叫李继迁，是个乱世枭雄，可他不甘心称臣于宋，所以时不时造反，又时不时归降。王禹偁替他写过一篇《李继迁制》。李继迁派人送了五十匹马做"润笔费"，这可是一大笔钱，可王禹偁没收。

他的文章继承了唐代韩愈的风格，讲究平白朴实，反对艰深晦涩。他是欧阳修、梅尧臣等人倡议的诗文革新运动的开路者。

他写诗也是如此，语言平易流畅，风格简易雅致。

他有一首《村行》，大为后世推崇。

> 马穿山径菊初黄，信马悠悠野兴长。
>
> 万壑有声含晚籁，数峰无语立斜阳。
>
> 棠梨叶落胭脂色，荞麦花开白雪香。
>
> 何事吟余忽惆怅，村桥原树似吾乡。

初秋的原野，荞麦花开，一片雪白，棠树叶红得发紫。诗人信马由缰，夕阳西下，面对一丛山峰，突然惆怅满怀：这景色和我家乡是一样的。

— 04 —

王禹偁有篇文章叫《唐河店妪传》，讲的是宋辽交界的唐河，汉人契丹人交集，边民勇武，也习惯与敌人相处。

唐河店里，一个老太婆独自一人碰上个大块头辽兵，辽兵喝叫老太婆去打井水。老太婆试了试，说："大王哟，绳子太短，我年纪大了，弯不了腰，使不上劲。有劳您自己来吧！"辽兵接过打水桶，弯腰俯身趴在井边，老太婆从后面用力一撞，辽兵扑通一声掉进井里。

老太婆跨上辽兵的马，飞奔到县里。辽兵的弓箭甲胄都完好，马鞍后面竟还挂着个猪头。这下整个县轰动了，这老太婆好样的！

王禹偁借这故事，引申出守卫边疆的关键：要用边民。一个老太婆胆子都这么大，何况其他人？

威名远扬的静塞军、骁捷军就是由上谷、雄州的边民组成的，保家卫国，特别勇猛。可惜这时，他们都零散分配在各军，没有形成战斗力。

王禹偁的结论是：要把拳头握紧，才有力气。得一万边兵，抵得上其他禁军部队五万人。

王禹偁没有边塞的经历，几点意见却提得中肯。比如对付李继迁，他提出要用计取，不可力战。可悬赏大笔的钱，厚许高官，让夷人内部争斗取李继迁的人头。后来李继迁被吐蕃潘支罗部射死，多少和王禹偁的建议有一定的契合。

他提出的重农节财、减冗员冗兵、淘汰多余僧尼等建议，都有改革的前瞻性。后来范仲淹等人的庆历变法，多有参考这些观念。

一句话：王禹偁具有忧国忧民的大胸怀。

— 05 —

宋太宗、宋真宗虽然不喜欢王禹偁的牛脾气，但对他的人品、文章还是持赞许态度的。

王禹偁被贬在滁州时，有一个福建朋友郑褒步行去看他。王禹偁很感动，离别时，买了匹马送给郑褒。

有人向宋太宗告黑状，说王禹偁买马时，黑了卖马的不少钱。宋太宗听到这个消息，亲自发话："李继迁送给王禹偁五十匹马，他都不要。难道会贪这一点小便宜？"

大气的人压得住小鬼的话。

王禹偁被贬到黄州，写了篇《三黜赋》，说自己八年内三次被贬黜，然而并不后悔，自信地说道："任百谪而何亏？"意思是，不违背大道，即使被贬谪上百次有什么？

不过才高天也妒忌。

他在黄州后期，境内怪事很多，比如两只老虎打架，一只把另一只吃掉一半；大半夜公鸡全体鸣叫。巫师说黄州官员有责任。

消息传来，宋真宗下令把王禹偁转到蕲州。王禹偁上表，其中有一句"宣室鬼神之对，不望生还；茂陵封禅之文，止期身后"。宣室鬼神之对，指汉文帝请贾谊在未央宫宣室，问鬼神之事，贾谊大文豪三十三岁就死了。茂陵封禅指的是汉武帝封禅泰山之事。

宋真宗见文章大吃一惊："禹偁要死了吗？"

果然，王禹偁移到蕲州不到一个月就死了，年仅四十八岁。

有文化多可怕？

— 01 —

宋仁宗庆历六年（1046），在鄂州黄鹤楼，郡守王山民宴请湖北转运使刘立之。看着楼外滚滚长江，点点白帆，吟诵前人有关黄鹤楼的诗句，江风吹过，神清气爽，非常惬意。

已经喝了好几天了，刘省长对王市长说："我就待在这儿，暂时不走了。我儿子正参加考试，发榜的消息出来再说。这一次我儿子一定一举夺魁，天下第一！"

王市长不以为然地说："四海之内，多少才俊！令郎虽然了不起，这个状元之位，只怕是预料不到的！"

刘省长笑道："你等着瞧吧。如果发挥不理想，也是第二名。"

刘省长的两个儿子刘敞、刘攽都参加了这次科考。没几天，殿试的榜单寄到，刘立之的两个儿子都高中了。

其中刘敞更出色，如他父亲所料，是第二名。接着，儿子们的家信也来了，报告说："初考本来是状元。但是后来赋诗时有小毛病，于是贾黯成为魁首。"

刘省长把信给王市长看，后者大为叹服：知子莫如父。

当时考试的规矩：考生的名字用纸糊起来，名次定了后，再揭开纸。

庆历六年这一榜考官组成人员中，有个人叫王尧臣，他是刘敞的内兄（即妻子的哥哥）。第一名的考卷定下来后，考官打开一看，是刘敞。

为了避嫌，王尧臣就提请宋仁宗改变名次。于是宋仁宗把贾黯点为状元，刘敞定为第二名。

刘家兄弟聪明敏捷，早就名闻天下。中进士这一年，刘敞二十八岁，刘攽二十四岁，正是春风得意马蹄疾。二刘成为宋帝国的大名人。

后来刘放参加了《资治通鉴》的编写，专门负责前汉部分。刘敞更是经史百家、天文地理，无所不知，无所不晓。刘敞的儿子刘奉世在史学方面的造诣也相当高，和父亲、叔叔一起编撰《三刘汉书标注》。三人的学术成绩，在北宋占有一席之地，后世称为"北宋三刘"。

— 02 —

许多人被称知识渊博，但真碰上具体问题，也经常知其一不知其二。

刘敞字原父，是地地道道的"十足真金"，经史金石，传奇鬼怪，都在他的肚子里。

至和二年（1055）八月，刘敞出使辽国，准备在辽国待一年。

从古北口到柳河，契丹人故意绕着弯路走，想让大宋的使者觉得辽国国土辽阔深远。刘敞是精通地理、历史的，他对翻译说："这里经过松亭可直接到柳河，没几天就可以到中京。干吗这样绕来绕去？"

辽国的接待大臣吓了一跳，只好讲实话："的确是绕着走了。以前的驿站是按这个路线设置的，用到现在还没来得及改。"

契丹人心生敬畏。

辽国顺州的大森林里，生活着一种怪兽，这种怪兽长得有点像马，头上是独角，能吃虎豹。契丹人都不知道这是什么东西，久闻刘原父的大名，特意来请教。

刘原父说："这就是传说中的'驳'啊！"他把长得什么样，驳叫的声音，讲得清清楚楚，并且告诉契丹人，这在中原古籍《山海经》《管子》中都有记载。这一来，契丹人心服口服。

刘敞在长安时，有人拿了一把刀请他鉴定。那刀森然炫目，古色古香。刀柄有个环，被制作成龙的样子，龙头却像鸟雀。

文物专家们都判定不了这是什么东西。刘原父仔细看过后说："这是赫连勃勃铸的龙雀刀，就是传说中的'大夏龙雀'。"

赫连勃勃是十六国中的胡夏开国皇帝，再接着问这口刀的来历，原来是大将仲世衡修筑青涧城挖出来的，那儿正好是胡夏国的故土。

— 03 —

有一首诗叫《重赠刘原父》，作者是欧阳修。

有几句如下：

> 忆昨君当使北时，我往别君饮君家。
>
> 爱君小鬟初买得，如手未触新开花。

看出来欧阳修和刘敞的关系非常好：你家新来的俏丫头就是含苞待放的花。

大诗人梅尧臣、苏轼、王安石这些大咖和刘敞兄弟都非常亲厚。欧阳修编写《五代史》，碰上历史上的难点，立即就找刘敞请教。有一回刘敞和朋友们在喝酒，欧阳修派人拿着写的几个问题来问，刘敞喝得正高兴，说明天再回答。料不到没多久，又来了一个人，说那边在等着要答案呢！刘敞没办法，边喝酒边看题目，一一解答，交给来人带回去。他跟朋友们发牢骚："这个欧九！文章写得很不错！就是不读书。"苏轼听说后，哈哈大笑，说道："欧阳还算不读书，像我苏轼这样的人，怎么办？"

刘敞敢这么批评欧阳修是有底子的。

经史中的边边角角，刘敞都了然于心，当真是一部历史的"活字典"。

当时有人家藏一个汉代玉印，写着"周恶夫"。大家怀疑是西汉大将周亚夫的，又不敢确定。刘敞肯定地说就是周亚夫印，因为汉代"亚"和"恶"二字是通用的。众人不信，刘敞告知说："汉高祖刘邦的老朋友卢绾的孙子封侯，《史记》写成'亚谷侯'，《汉书》写成'恶谷侯'！就是个明证。"

长安李家收藏了一方端砚，是李家的传家宝。砚上有铭文：天宝八年冬，端州东溪石，刺史李元书。

所有人都以为这是大唐天宝年间的宝贝。

刘敞见后哈哈大笑道："天宝改元后就改称'载'，没有称'年'的，并且那时候的长官都叫'太守'，不称'刺史'。"

正确的表达应该是"天宝八载"。大家赶紧找《唐书》一对，刘敞讲得全对，无不倾倒。这个刘学士，镇得住妖言乱象。

— 04 —

这样有本事的人，受儒家的修齐治平理论教育长大，自然特别地耿直，特别地不肯与恶势力妥协。所以，刘敞的宦海生涯，很不顺利。

古代帝王将相死后有个"谥号"，是对这人一辈子的总结，盖棺论定。俗话说人死留名，谥号的重要性不言而喻。

如诸葛亮谥号"忠武"，后人称为"诸葛武侯"。司马懿谥号"宣文"，子孙称王称帝，他也步步高升，称"司马宣王""宣帝"。大臣中有个谥号"文正"，是"谥之极美，无以复加"的意思，是所有臣子梦寐以求的。原来是叫"文贞"的，因为宋仁宗叫赵祯，为避讳改成"文正"。宋以后范仲淹、李东阳、曾国藩这些国之栋梁，谥号就是"文正"。

宋仁宗时大臣夏竦去世，这个人才华超级高，人品却不好，好权术、贪婪狡诈。但宋仁宗很喜欢他，夏竦才去世，皇帝直接下命令，赐给夏竦"文正"的谥号。

这下朝廷炸锅了。

群臣不同意，有人说："夏竦这个人，根本配不上。"刘敞第一个上书反对："讨论给大臣的谥号，是有关部门的事。陛下不经百官集议，直接赐谥号，是很不妥当的。"后来他连上了三道奏章，宋仁宗也没办法，只好将夏竦的谥号改为"文庄"。

这就是刘敞的风格，特别不讨人喜欢，得罪上级是肯定的事。

太监石全斌是宋仁宗最宠爱的张贵妃的手下，张贵妃早死，丧事全由石全斌来办。宋仁宗很满意，任命他为"观察使"。

皇帝签署的批文到了外廷，由"知制诰"——秘书处出正式文件。这是刘敞的工作。

刘敞反对宋仁宗的这一决定，这点事也配提拔"观察使"？于是，他把皇帝的批文封好，退回。他不写。

石全斌晋升的事，就黄了。

如此行事，固然名声正直，痛快淋漓。但也锋芒太过。所以刘敞很长一段时间都在外地为官，在中央的时间并不长。

— 05 —

不过刘敞在大宋的生活无疑是幸福的，因为大宋是读书人的天堂！

这么有本事的一个人，可以很放肆，很高调。同事、朋友又都是高级儒家知识分子，刘敞的日子，如鱼得水。

晚年刘敞还娶了个漂亮老婆。

欧阳修写诗祝贺：

> 仙家千载一何长，浮世空惊日月忙。
>
> 洞里桃花莫相笑，刘郎今是老刘郎。

欧阳修用刘阮天台遇仙女的故事，把刘敞笑了一通。

刘敞的弟弟刘攽，字贡父，是个幽默大王。

王安石变法，讲的是聚财。有人建议把梁山泊涸干了，可得良田万顷，可是这水放哪儿去呢？

刘攽说：“我有好办法。”

王安石忙问是什么高招？

刘攽说：“另外再挖个梁山泊，就可以贮水了。”

大家大笑，不搞梁山泊项目了。

刘攽后来得了一种怪病，眉毛胡子都掉了，鼻子也塌下来了。刘家兄弟经常和苏轼、曾巩、欧阳修这些人喝酒行令，写诗猜谜。有一回酒令是用古人的文体，写一个现代人的故事。苏轼先说了：“大风起兮眉飞扬，安得猛士兮守鼻梁！”所有的人全哄堂大笑，只有刘攽坐在桌旁，笑也不是，哭也不是。

一口黑锅背千年的庞太师

— 01 —

宋仁宗康定元年（1040）夏，四月。

西北延州，大旗猎猎，残阳如血。城墙上高高地悬挂着一颗人头。

延州军民数月来心中的焦虑和怒火得到宣泄，大家拍手称快："老天有眼！"消息传来，为三川口血战牺牲的将士们平反昭雪的是大臣庞籍。

四个月前，称帝的西夏李元昊进攻延州，因为延州长官范雍是个糊涂官。宋军援军在将军刘平、石元孙、郭遵、黄德和等的率领下先后到达。刘平对大家说："救兵如救火，情况危急，要有赴汤蹈火的决心。"

在三川口，宋军遭遇西夏军。李元昊打的就是围城打援的算盘。宋军援军骑步兵有一万左右，夏军集结数倍兵力，向宋军发起进攻。刘平等人沉着应战，多次击退敌人的进攻。夏军一悍将出阵单挑，郭遵拍马上前，一鞭击碎他的脑袋。

宋军虽处劣势，但阵营不乱，坚守不退。天色暗下来，西夏军稍停进攻，宋军大意，不少将士竟提着敌人首级开始向刘平邀功。刘平说功劳都记着，打完仗必有奖赏！不料敌军趁着这一乱，骑兵直冲过来，宋军阵线骚乱中向后退了十几米。后军黄德和远远看见，以为前军顶不住，本来就心惊胆战，见此立即拨转马头，下令后军撤退。

刘平的儿子飞马上前，拉住黄德和的战马，苦苦相劝："这时不能撤啊！"黄德和不听，率领自己的人马，往后就跑。

后军临阵脱逃，致使前军将士的心理也崩溃了。

宋军大败，刘平、石元孙等聚集散兵，边战边退，坚持了三天，全军覆没，郭遵战死，刘平、石元孙被俘。不料黄德和却恶人先告状，诬蔑刘平叛宋。刘家在东京的家眷都被逮捕。

幸好几个大臣觉得不对，由庞籍出马，终于查清真相。庞籍向朝廷上奏："黄德和临阵逃跑，罪该万死！刘平为国捐躯，应该褒奖！"宋仁宗下令腰斩黄德和，枭首于延州，为刘平等将士出了口恶气。刘平被俘后不屈而死，追加封赏。朝中能干的大臣韩琦、夏竦、范仲淹等被派到西北，范雍撤职迁走。

西北前线看上去有所转机。

—02—

查清真相的庞籍是山东成武人。大中祥符八年（1015），二十七岁的庞籍中进士，从黄州司理参军——八品的小官开始，兢兢业业地在基层工作。他作风踏实，处理政务到位，上级大为欣赏。

当时朝中大佬夏竦、薛奎（欧阳修的丈人）等很看好他，薛奎对大家说："庞籍有宰相的能力，将来的成就必然会超过我。"

七八年后庞籍被调到京城，在开封府、群牧司等重要岗位得到锻炼，成为年轻一代中能做事、敢做事、做得成事的有为之臣。

群牧司是大宋养马的机构，是有名的肥差。因为马粪能卖出价钱，又不用上交这额外所得，于是就成为司里大家的福利。其他部门的官员眼红，骂群牧司的官员是"群牧吃粪"！贪心的人抢着去分一杯羹，都请阁老们帮忙。

左右为难的长官定下了条件：没有背景并才华出众，能力镇得住的人才能担任。大家商议，结果一致认为庞籍可以，连皇太后刘娥都没话说。庞籍当时的官声就这么响亮。

明道二年（1033），垂帘听政的太后刘娥逝世，遗诏杨太后参议国家大事。宋仁宗此时早已成年，好不容易亲政，又来这一套。时为御史的庞籍挺身而出，反对。他第一个上奏撤去一切垂帘听政的礼仪制度，还政于皇帝。大臣们依次响应，这件难事终于敲定。

这开第一炮的人，最是难得。

他又请皇帝多听取群臣的意见，不要专听宰相一人的。这是敲打权相吕夷简胆子不小。大臣孔道辅大为赞赏：别的御史必须看宰相的眼色，这个庞籍，是天子的御史，专门监督皇帝和宰相的！

宋仁宗的宠妃尚美人，派小太监到开封府办托私事。庞籍下令把小太监乱棒打出，并说："大宋建国以来，还从来没有宫里的美人敢这样做。"并且下令："从今以后，后宫有什么事直接到州府索办的，全部不予理会。"这个命令牛气得很，庞籍连皇帝女人的面子也不给。

尚美人向宋仁宗哭诉，宋仁宗处理得不错，先把小太监打了一顿，告诫后宫的女人们，谁也不准再犯这错！

庞籍的能力和胆量，在朝臣中很出名。西北战局危机，几个有名的大佬都挂帅出征西边。没想到韩琦、夏竦犯错，宋军在好水川又败了一次。朝野震动，夏竦被撤职。韩琦、范仲淹降级留用。西夏与大宋边境线很长，宋军被动防守，十分吃力。

庆历元年（1041），庞籍也被调到陕西，任鄜延都总管、经略安抚缘边招讨使，和范仲淹、尹洙等文化人一样，是西北战场的长官之一。

—03—

庞籍这一线的防守和范仲淹的策略一样，修筑一串堡垒，形成防御链条。并且开出好条件，召集边民耕种荒田，以粮养兵，以兵护民。解决了部队的后勤给养问题，又站稳了脚跟，便可与西夏朝廷打持久战。只要相持住，西夏弱小的经济体量肯定顶不住，迟早要崩溃。

庞籍的军纪严明，手段甚至严酷，官兵有违反纪律者，斩首、剁手、砍脚，决不姑息。数十万军人与边民杂处，秋毫不敢犯。

名将狄青大为庞籍赏识，率军在夏军出入的桥子谷修筑招安寨，宋军连续收复旧寨修建新寨。从边境到延州，十一座寨子，环环相扣，都成为宋军的堡垒，坚如磐石。

李元昊当然花样百出，派手下李文贵带着野利旺荣的信来投诚。野利是西夏文字的创立者，一个文化高人。

庞籍一眼看穿，这是诈降！他命令前线青涧城的种世衡、招安寨的狄青做一级战斗准备。

果然西夏人又想偷鸡，没成功。

西北陕甘有范仲淹、庞籍这些务实大臣在，元昊没有机会。他转而攻向南面的关中地区，在定川寨宋军再次中伏，大败。范、庞援军到达，西夏军只好撤走。

庞籍、范仲淹坚持在经济上扼制西夏的政策越来越有成果。

西夏人虽然连胜三场，可每一次胜利宋军都让他们吃尽苦头，让他们觉得不能再战。

在庞籍军中的李文贵按命令提出和谈。宋仁宗有这意思，庞籍便把李文贵送到东京。

双方达成协议，李元昊去帝号称臣，宋给西夏物资补偿。

庞籍还是非常重视外交的，宋称呼西夏的大臣野利旺荣为"太尉"。庞籍说，如果旺荣是太尉，那李元昊就不是臣子了！这样不行，就称他们西夏人自己封的"宁令、漠宁令"。其实这也是大王、诸位王的意思，但最好不用中原人给他们的称呼。

这就是中原大宋的儒家思想：名正才能言顺。庞籍的思想非常正统。

— 04 —

宋夏和谈成功，庞籍回到中央，任枢密使——国防部长。庞籍曾经的手下战将狄青战功卓著，被提拔为枢密副使。

宋仁宗皇祐年间，广西侬智高叛乱，大家都推荐狄青出任征广西的总指挥。大宋朝因为害怕武将专权，会派太监或小文官做"监军"，这让武将非常使不上劲。这种自我制约的机制不利于主将的指挥。

派狄青去，可以。要不要派监军，皇帝犹豫不决。有人向皇上提议：时为宰相的庞籍，会断大事，又了解狄青，叫他来问问。庞籍明确表示：大将要专权。以狄青的才能，大权在手，肯定会消灭侬智高的叛乱。

宋仁宗同意了。狄青率大军出发，快速地平息了侬智高的叛乱。

宋仁宗大喜，对庞籍说："这都是你的功劳！"宋仁宗被胜利冲昏头脑，要提拔狄青为枢密使（国防部长），文官集团也附和。老谋深算的庞籍这一回却反对了。他讲得很明白：狄青武将出身，任副职时就有不少文化人说闲话，这一提正职，还不反了天？

他还说这也是为了狄青的将来打算。大家说庞籍小气，妒忌狄青。

狄青最终还是当了国防部长。可不幸让庞籍言中，文官集团像防贼一样防着狄将军，大宋中期最善战的将军狄青在文官集团的共同整治下，郁郁而死。

庞籍与司马光的老爸司马池是好朋友，司马池死后，他把司马光当作子侄看待，非常看好司马光，认为他将来一定是国家的栋梁。

在陕西时，司马光当过庞籍的副手。司马光到前线视察，擅自决定把观察哨往前移动，结果敌人偷袭得手，宋朝损失了不少兵马。

朝廷的处分下来，庞籍没有怪罪司马光，而是自己承担下来，就是为了保护司马光，让他有个更好的前途。司马光无比感激庞籍，为庞籍写了墓志铭，虔诚敬仰之至。

庞籍曾对宋仁宗说过："用人不疑，疑人不用。"这才是大胸怀之人做的事。可见识太高，与众人不同，自然朋友非常少，曲高必寡和。

到了后世，庞籍居然被演绎成白面奸臣庞太师，真是想不到的无妄之灾。

这锅一背就是千年！

海瑞一句话说透张居正的一生

— 01 —

张居正被抄家后，海瑞评价了一句：居正工于谋国，拙于谋身。

海瑞的评价太精准了。

吕毖的《明朝小史》卷十四《万历纪》记载，有下属为了拍张居正的马屁，送了他一副黄金制作的对联，上写道：

> 日月并明万国仰大明天子
> 丘山为岳四方颂太岳相公

将"太岳相公"与"大明天子"相提并论，有僭妄之嫌，张居正却安之若素。

和张居正同时代的王世贞说严嵩被抄家，十分之九的财产充入宫中，后又移出，大半落入宗室朱忠僖家。"而其最精者十二归江陵（张居正）"。归入朱忠僖家的这部分中最昂贵的十分之二又归给了张居正。

— 02 —

万历元年（1573），张居正在江陵城东建造太师府邸。皇帝不但为他亲笔书写堂匾、楼匾和对联，而且还拿出一大笔内帑银两赞助。上行下效，御史湖广官员纷纷出资纳贿。

这座豪华的太师府邸历时三年建成，耗资二十万两白银，张居正自己拿出来的钱却不到十分之一。

—03—

《明神宗实录》和《明史纪事本末》都记载了一个这样的故事：万历四年（1576）的某一天，朱翊钧来到文华殿讲读，撩起身穿的龙袍问张先生："此袍何色？"

张居正回答："青色。"

朱翊钧立即纠正道："这不是青色而是紫色，因为袍子穿久了褪色成这个样子。"

张居正却大发议论："既然袍子容易褪色，那请少做几件。世宗对衣服不尚华靡，只取其耐穿。每穿一袍，不穿到破旧绝不更换。而先帝（穆宗）则不然，一件新衣服穿一次就不要了。希望皇上以皇祖（世宗）为榜样，如果节约一件衣服，那么民间百姓几十人就有衣可穿；如果轻易丢弃一件衣服，那么民间百姓就有几十人要挨冻。"

朱翊钧本是借着旧衣标榜自己节俭，没想到张居正却教育了他一大通，朱翊钧只好点头称是，想必他其实是很郁闷的。

王世贞在《嘉靖以来首辅传》中的《张居正传》记载："居正性整洁，好鲜丽，日必易一衣，冰纨霞绮，尚方所不逮。"

你要求皇帝少做几件衣服，自己却"日必易一衣"，我觉得这样不太好。

—04—

在万历八年（1580）朱翊钧成年后，张居正察觉到"高位不可以久窃，大权不可以久居"，于三月二十二日向皇帝"乞休"：

> 以皇上之明圣，令诸臣得佐下风，以致升平，保鸿业无难也，臣于是乃敢拜手稽首而归政焉。
>
> ——《归政乞休书》

张居正自己感到聪明智虑将日就昏蒙。如不早日辞去，恐怕使得王事不终，前功尽弃。所以他请求皇上批准他骸骨生还故乡，保全晚节。

此时张居正已经有了不祥的预感，在他给湖广巡按朱琏的信中，自比霍光、宇文护：

> 盖骑虎之势自难中下，所以霍光、宇文护，终于不免。
>
> ——《万历野获编》卷九《三诏亭》

张居正联想到霍光、宇文护这些威权震主的权臣之下场，不免有些惶恐，所以想急流勇退，但皇帝却毫不犹豫地下旨挽留：

> 卿受遗先帝，为朕元辅，忠勤匪懈，勋绩日隆。朕垂拱受成，倚毗正切，岂得一日离朕！如何遽以归政乞休为请，使朕恻然不宁。卿宜仰思先帝叮咛顾托之意，以社稷为重，永图襄赞，用慰朕怀，慎无再辞。

接到圣旨两天后张居正再次"乞休"，他向皇上表达了近年来惴惴不安的心情，诉说自己的苦闷：

> 自壬申（隆庆六年）受事，以至于今，惴惴之心无一日不临于渊谷。中遭家难，南北奔驰。神敝于思虑之烦，力疲于担负之重。以致心血耗损，筋力尫隤，外若勉强支持，中实衰惫已甚。餐荼茹堇，苦自知之。

听完张居正的肺腑之言，朱翊钧有些犹豫，于是他决定回家问问自己的老妈。

慈圣皇太后的态度很坚决，恳切地挽留张居正，对儿子说："待辅尔到三十岁，那时再做商量。"

朱翊钧遵奉母后的慈谕，拒绝了张居正的请求，亲笔写了一道手谕，把皇太后的慈谕原原本本地转告给了张居正。

他还郑重其事地特派司礼监太监孙秀、文书房太监丘得用，前往张府递送手谕，手谕的内容是这样的：

谕元辅张先生：

　　朕面奉圣母慈谕云："与张先生说，各大典虽是修举，内外一应政务，尔尚未能裁决，边事尤为紧要。张先生亲受先帝付托，岂忍言去！待辅尔到三十岁，那时再作商量。先生今后再不必兴此念。"朕恭录以示先生，务仰体圣母与朕惓惓倚毗至意，以终先帝凭几顾命，方全节臣大义。先生其钦承之，故谕。

—05—

矛盾在这里出现了。

慈圣皇太后对儿子亲政还不放心，对张居正的信赖仍一如既往，所以斩钉截铁地定下辅佐到三十岁的规矩。

对于朱翊钧而言，在母后眼里，自己还是个孩子。

"内外一切政务，尔尚未能裁决"，朱翊钧不得不打消亲政的念头；"待辅尔到三十岁，那时再作商量"，似乎意味着张居正在世一日，亲政便永无指望。

物极必反，此时朱翊钧对张居正由崇敬转向了怨恨，这是一个很重要的伏笔，张居正一旦死去朱翊钧必将有所发泄。

对于张居正而言，皇太后既然说"今后再不必兴此念"，他岂敢再提"乞休"之事！

他答应即日赴阁供职，却始终难以摆脱如临深渊、如履薄冰的担忧，进退两难的考虑日益明朗化了。

朱翊钧已经成年，自认为已经不必首辅张居正辅佐，可以独立行事。但是母后要他一如既往地听从张居正的辅佐。

对于一个权力欲极强的皇帝而言，这种长期的压抑与管束，是难以承受的，总有一天会爆发出来。

— 06 —

张居正病死后被抄家，《明神宗实录》评价道：

> 威权震主，祸萌骖乘。何怪乎身死未几，而戮辱随之也。识者谓：居正功在社稷，过在身家。

后来的礼部尚书、东阁大学士于慎行也说：

> 惟凭借太后，携持人主，束缚钤制，不得伸缩。主上圣明，虽在冲龄，心已默忌，故祸机一发，遂不可救。

但张居正辅佐小皇帝，革除积弊，缔造新政，呕心沥血、鞠躬尽瘁的功绩不可抹杀。

所以《明神宗实录》也给了张居正一个较为公正的评价：

> 劝上力守祖宗法度，上亦悉心听纳。十年海内肃清，四夷詟服，太仓粟可支数年，同寺积金至四百余万。
>
> 成君德，抑近幸，严考成，综名实，清邮传，核地亩，洵经济之才也。

叁

时势造英雄，格局决定结局

和李广比，是侮辱卫青

—01—

韩信、白起、卫青、霍去病是中国古代四大名将，准确地说，是四大顶级名将。

卫青是四大名将之一，而李广则是一个著名的悲情英雄。

李广射石的故事流传千古，而他高开低走的坎坷遭遇也引发了无数文人墨客的咏怀。

卫青和李广的水准似乎是不同的。

—02—

李将军广者，陇西成纪人也。……

……徙为上谷太守，匈奴日以合战。典属国公孙昆邪为上泣曰："李广才气，天下无双，自负其能，数与虏敌战，恐亡之。"于是乃徙为上郡太守。后广转为边郡太守，徙上郡。尝为陇西、北地、雁门、代郡、云中太守，皆以力战为名。

——《史记》卷一百九《李将军列传》第四十九

李牧者，赵之北边良将也。常居代雁门，备匈奴。……然匈奴以李牧为怯，虽赵边兵亦以为吾将怯。赵王让李牧，李牧如故。赵王怒，召之，使他人代将。

　　岁馀，匈奴每来，出战。出战，数不利，失亡多，边不得田畜。复请李牧。

　　……匈奴小入，佯北不胜，以数千人委之。单于闻之，大率众来入。李牧多为奇陈，张左右翼击之，大破杀匈奴十馀万骑。

　　　　　　——《史记》卷八十一《廉颇蔺相如列传》第二十一《李牧传》

对比加下划线字体的内容，二者其实说的是一件事。

戍边过程：

《李将军列传》："匈奴日以合战。"

《李牧传》："匈奴每来，出战。"

日以合战和每来必战，是一样的意思。

戍边结果：

《李将军列传》："数与虏敌战，恐亡之。"

《李牧传》："数不利，失亡多。"

连将军都有很高的战死风险，那么，士卒要蒙受多么沉重的损失呢？士卒损失大，就是"数不利，失亡多"的委婉讲法。

战后处置：

《李将军列传》："乃徙为上郡太守。"

《李牧传》："复请李牧。"

李广从军事任务重的防区撤走。替代李牧的将领也被撤走。二者说法是一样的。

历史评价：

《李将军列传》："李广才气，天下无双。""以力战为名。"

《李牧传》："使他人代将。"

离奇的事情发生了。李广逃离了重点防区，却得到了极高的评价。

对于《李牧传》里那个替代李牧的将军，连名字都没有提到，只用"他人代将"四个字，这就是历史对他的评价：没有资格被记载名字。而《李将军列传》里的李广，历史是这样记载的："李广才气，天下无双。"

这就很耐人寻味了。两厢对照，同样的行为，在司马迁笔下却得到了不同的评价。这样我们就知道，司马迁明显偏袒了李广。同时我们也可以理解，为什么"李广难封"。李广难封不是因为他"天下无双"但"数奇"，而是因为他就是一个放在《李牧传》里只能做无名氏的将领。

从记载对比就可以看出，李广虽然是一个出色的将领，但是还达不到名将的层次。或者说，他只是一个"出名的将领"，而不是"超凡脱俗的军事家"。

对此，明人黄淳耀评价说："李广非大将才也，行无部伍行阵，人人自便，此以逐利乘便可也，遇大敌则覆矣。太史公叙广最得意处，在为上郡太守以百骑御匈奴数千骑，射杀其将，解鞍纵卧，然此固裨将之器也。若夫堂堂之阵，正正之旗，进如风雨，退如山岳，广岂足以乎此哉？淮南王谋反，只惮卫青与汲黯而不闻及广。太史公以孤愤之故，叙广不啻口出，而传卫青若不值一钱，然随文读之，广与青之优劣终不掩。"

— 03 —

从司马迁的记载开始，李广的命运就和代替李牧的无名氏的命运发生了巨大的偏离。

王勃写过"冯唐易老，李广难封"。

王维写过"卫青不败由天幸，李广无功缘数奇"。

为什么他们会有这样的印象呢？这些说法都来源于司马迁的《史记》。

司马迁是这样写的："广尝与望气王朔燕语，曰：'自汉击匈奴而广未尝不在其中，而诸部校尉以下，才能不及中人，然以击胡军功取侯者数十人，而广不为后人，然无尺寸之功以得封邑者，何也？岂吾相不当侯邪？且固命也？'朔曰：'将军自念，岂尝有所恨乎？'广曰：'吾尝为陇西守，羌尝反，吾诱而降，降者八百馀人，吾诈而同日杀之。至今大恨独此耳。'朔曰：'祸莫大於杀已降，此乃将军所以不得侯者也。'……

……大将军青亦阴受上诫，以为李广老，数奇，毋令当单于，恐不得所欲。"

从司马迁的记载开始，李广就迅速成为古人常常吟咏的一个悲情英雄。而与他同时代的卫青，则有了一个相对负面的形象。比如，排在《李将军列传》之后的卫霍列传是这样记载卫青的："大将军为人仁善退让，以和柔自媚於上，然天下未有称也。"（《史记》卷一百一十一《卫将军骠骑列传》第五十一）意思是，卫青用"和柔"的样子争取皇帝的好感，但是天下之人没有称赞他的。

"以和柔自媚於上"这个讲法还算比较温和。还有更加露骨的说法。之后的《史记·汲郑列传》则是这样记载卫青的："大将军青侍中，上踞厕而视之。丞相弘燕见，上或时不冠。至如黯见，上不冠不见也。"（《史记》卷一百二十《汲郑列传》第六十）这段话的意思是，汉武帝见汲黯，必然会衣冠整齐。汉武帝见丞相公孙弘，有时会不加冠。汉武帝见卫青，上厕所的时候都能见他。也就是说，汉武帝不尊重卫青。

后来苏轼为此写过一篇短文，说："汉武帝无道，无足观者，惟踞厕见卫青，不冠不见汲长孺，为可佳耳。若青奴才，雅宜舐痔，踞厕见之，正其宜也。"（《东坡志林》）

到了苏轼这儿，就已经发展到将卫青视为奴才了。而苏轼当时已经是宋代非常优秀的顶尖人才了。

一个"韩白卫霍"级别的名将，在司马迁的笔下变成一个谄媚的奴才。在文人墨客的描述中，变成"卫青不败由天幸，李广无功缘数奇"——卫青不败是由于天神辅助，李广无功则是由于命运不济。

简单来说，就是一个人没有取得成功，没有能力上的原因，全都是别人不好。

尽管司马迁在《李将军列传》里的记载有问题，但是，我们通过阅读原始资料，仍然能够通过比对客观事实，破除一部分因谬误记载造成的迷雾，抽丝剥茧地捕捉到一部分真相。

虽然不能将所有的真相都剖析出来，但是破除一部分谬误，也足以让我们超过依旧陷在迷雾中的人。

明人黄淳耀说："太史公以孤愤之故，叙广不啻口出，而传卫青若不值一钱，然随文读之，广与青之优劣终不掩。"

黄淳耀作为明末嘉定抗清领袖，知道他的人并不多，所以他的影响小很多。

黄淳耀兵败自杀前留下一封遗书，写得很好。

> 遗臣黄淳耀，于弘光元年七月初四日，自裁于西城僧舍。呜呼！进不能宣力皇朝，退不能洁身自隐。读书寡益，学道无成，耿耿不灭此心而已。异日寇氛复靖，中华士庶，再见天日，论其世者，当知予心。

逻辑和理智，是解决问题的重要工具，不要相信那些所谓"历史是由胜利者书写的"鬼话。

首先，历史是掌握话语权的人书写的。

其次，即便如此，我们依然可以通过这些记载探查到一部分真相。因为还有一句话："你可以永远欺骗一个人，也可以暂时欺骗所有人，但是不可能永远欺骗所有人。"

— 04 —

在卫青与李广的问题上，如果我们注意分析，就会注意到一个细节。我们通过课本学习历史的时候，读到卫青多次出塞、鏖战大漠南北的篇章，都会觉得这样一个大军统帅是一个英雄。但是，我们去看司马迁所写的、细节十分丰富的历史记载，卫青似乎又变成了一个谄媚的奴才。

为什么会出现这样的差别呢？原因很简单。一个因素是我国历史课本和司马迁的记载，存在明显的不同倾向。还有一个根本因素在于，我国历史课本在讲述历史时，无意中坚持了"事物的性质主要是由主要矛盾的主要方面决定的"这一哲学原则。

我国历史课本抛开了那些浮华的表面纹饰，抛开了大量的、对于漫长历史来说意义不大的细节，将重点放在事情的主要性质方面。这样就在无意中抛开了最初历史记载中添加的那些有意引导读者判断的细节，抛开了那些掺杂着书写者本人感情、判断在内的因素。

英美国家常用的教学方法与此正好相反。他们喜欢抛开事情的主要方面，然后将经过精心挑选的历史细节拿出来，诱导学生做出结论。

如果抛开一切虚妄的细节，集中去看事情的主要性质，那么卫青、李广的事情很简单：在汉朝与匈奴作战多年不胜的情况下，卫青带兵出战，不但屡战屡胜，而且决战必胜。

事物的性质主要是由主要矛盾的主要方面决定的。司马迁在次要方面添加的、试图干扰读者判断的无数细节，比如汉武帝对卫青不尊重，李广深得军心等，在抛开细节、抓住重点的讲述中都消失了。

其实，如果我们足够关注整体，善于把握主要矛盾的主要方面，那么我们甚至还会发现一些在历史整体上应该存在，但是在历史记载中缺失的细节。比如，在历史上，卫青第一次闻名于世的出战，就一直打到了匈奴祭天的龙城，斩首匈奴七百人。

乍看起来，斩首七百人只是一场很小的胜利。但是有句话叫作"不怕不识货，就怕货比货"。因为当时五路大军出击匈奴，与卫青同时出塞的名将李广，被无数文人墨客咏怀的李广，他的战绩是全军覆没、自己被俘。

而那些在司马迁的记载中被说成是愿意追随李广作战的士卒呢？看到"全军覆没"，我们就会知道，历史上真正的细节是这样的：

第一，那些都愿意追随李广的士卒，要么死了，要么被匈奴抓去做了奴隶。换句话说，所谓李广善待士卒、士卒乐于追随这样的"结论"，是没有人证的，全是司马迁的个人论断。其实就算一度有人真的愿意追随李广，那又有什么意义呢？打又打不赢，人又死了。

第二，卫青的能力要远在李广之上，这是司马迁都无法回避的事实。

这样，就像多米诺骨牌一样，司马迁对李广的美化就迅速崩塌了，对卫青的诋毁就全盘失败了。

— 05 —

1.漠北决战的战后总结问题

有人解释说，之所以龙城之战卫青获胜而李广失败，是因为匈奴以主力对付李广。

这个解释也是说不通的。因为后来卫青同样在意外的情况下与匈奴主力在漠北决战，卫青仍然胜利了。

你遇到敌人主力就输，人家遇到敌人主力就赢，怎么说也是别人比你强。

当时漠北决战的形势是这样的：卫青分兵，将麾下五部将军中的两部李广和赵食其两位将军派出去。二将合军，离开大部队从东道迂回。然后卫青部在本部兵力单薄的情况下与匈奴主力遭遇。

战前，汉武帝的作战安排是以霍去病攻打匈奴单于，卫青部的实力本来就弱一些。

不料匈奴单于亲率大军与卫青决战，敌人比预计的要强大得多。雪上加霜的是，由于分兵后李广部在战后才赶到，卫青自己的实力又下降了大约五分之二。

卫青就在这样的情况下，打出了一场漂亮的反击战，打垮了匈奴主力。

双方决战时，卫青派出五千骑兵出击，并尝试包围敌军，而匈奴出战的兵力逾万，匈奴单于却因为卫青的操作，误判卫青部兵力多于自己兵力。打到最后，匈奴单于率先逃走，并失踪十余日。

随后，卫青追亡逐北，打到了匈奴的赵信城，烧毁了匈奴的粮食储备，然后从容撤回。

卫青这一战如果和龙城之战时李广的表现对比，简直就是判若云泥。

在漠北决战这样突然的战役中，奉命迂回包抄的李广，并没有及时赶到。一直到几天之后，经过艰苦战斗凯旋的卫青，在安全的大漠以南，看到了带着完整部队"奉命"等待会合的李广和赵食其两位将军。

再后来的故事大家就都很熟悉了。

按照正常的公文处理程序，卫青要向汉武帝上报战役过程，因此需要进行作战总结。

卫青派遣长史拿着酒饭给李广，通知李广上报总结。但是，李广的幕府迟迟无法完成作战总结。

在这里我要特别提醒一点：李广并不是单独行军的，与李广同行的右将军赵食其，按照正常程序也是要提交作战总结的。而且，显而易见的是，李广的总结肯定要和赵食其的总结相对应。

这个时候一个重要问题就出现了：李广拿不出总结。

你们俩做了同一张卷子，你竟然拿不出来答卷？这就像出差在外的人被媳妇查岗，你说和朋友喝酒去了，晚上住在了朋友家。但是你媳妇很聪明，她提前问过你的朋友，然后才来问你：为什么你朋友不知道你在他家？

面对这样的情况，你能做出合理的解释吗？

那么到了这个时候你能怎么办？你只能如实招供，或者同意离婚。

李广无法合理地解释自己的迟到。然后他说自己不能再进监狱了，遂自杀。后人因为李广自杀而非常同情李广。

可是这里仍然没有回答他为什么迟到。

司马迁记载的解释说："军无导，或失道。"

这个"或"在古代有很多种意思，有的可以理解为"或者"，有的可以理解为"有的人"。

换句话说，李广"或"没有做出解释。而且这个"军无导"也不对，因为李广在这场战役中的身份是前将军，他本身就掌握着最多的向导。尤为重要的是，司马迁早就说过："李广治军，远斥候。"所以"即使"没有足够的向导，"远斥候"也不至于让李广在明知道单于在前的情况下还找不到敌人的踪迹。

历史记载说，李广自杀是在袒护幕府。（"诸校尉无罪，乃我自失道。吾今自上簿。"）

可是这里还是有问题的。战场失期，带兵主将在汉代本来就可以直接下狱论死。开通西域的张骞，就因为迟到这种事而下狱论死。

这样一来，李广这个仗义背锅的事情就属于很无聊的演义了。你自己的责任，何必要搞得像代人受过一样呢？

这个表演有点生硬。

2.从滑铁卢之战看漠北决战

与卫青漠北决战、李广迷路这起事件相似，历史上还有一个类似战例。

1815年6月的滑铁卢战役是拿破仑的最后一场大战。

在此战中，拿破仑派遣自己手下一名"平庸"的将军格鲁希去追击普鲁士军队主帅布吕歇尔，防止普鲁士的军队增援敌军，拿破仑自己率领主力与敌军决战。

在战斗的关键时刻，法军和敌军都精疲力竭，双方都焦急地盼望着援军的到来。

在这个时候，布吕歇尔带领大军赶到，支援了反法联军，击败了拿破仑。而负责追击布吕歇尔的格鲁希，带领他的大军，听着滑铁卢隆隆的炮声，"奉命"搜寻敌人。一直到战役结束，格鲁希才等到了拿破仑要求放弃原定任务赶来支援的新命令。

在大败局已定的情况下，格鲁希突然表现出了名将的潜质，带着他的大军毫发无损地突破反法联军的围追堵截，安全地撤回了巴黎。

战后，拿破仑并没有要求格鲁希写作战总结。因为在格鲁希的出色指挥下，拿破仑被流放到了圣赫勒拿岛，并死在了那里。

在滑铁卢战役中，指挥反法联军骨干之一的英军指挥官是威灵顿。

历史上关于威灵顿有一个不知真假的故事。

威灵顿曾经被拿破仑打得惨败，在雨中逃到一个漏雨的屋子里瑟瑟发抖，在这里他看到一个被雨水淋坏的蜘蛛网，而蜘蛛锲而不舍地修补着网上的大洞，受此激励，威灵顿在滑铁卢之战中坚持作战，最终凭借坚韧不拔的意志，或者严格来说，是凭借援军和先进榴霰弹的威力，最后击败了拿破仑。

而在漠北决战中，匈奴单于被卫青吓跑了。

我在这里提一个很简单的问题：如果匈奴单于不跑呢？

和拿破仑一样，卫青接近一半的兵力"迷路"了，如果匈奴单于坚持不跑呢？

一般人都将目光集中在李广愤而自杀上了。可是我们反过来想一想，如果卫青没有抓住天气变化的时机主动出击，摆出主力尽在的模样，匈奴单于也没有因为畏惧汉军主力而狼狈突围逃走，而是指挥匈奴军猛攻卫青，宁可战死，决不后撤，那么卫青万一顶不住，那只能战死了。

要知道，在匈奴单于逃走后，匈奴军在失去指挥的情况下与卫青部战斗，损失依然相当。

特别是，从军事角度来说，假如卫青和匈奴在激战中战死了，那么汉军残部和匈奴军都会受到极大削弱。在这个时候，如果李广军突然杀出，那么他依然可以歼灭筋疲力尽的匈奴军获得胜利。当然，也许是我多心了。大概真的是"卫青不败由天幸"吧。

对于格鲁希，人们是这样评价的：

"格鲁希作为骑兵指挥官是勇敢果断的，夺取了许多作战的胜利，但在需要独立指挥作战和指挥大型战斗时，格鲁希显然缺乏魄力和信心。

"拿破仑一世对格鲁希在滑铁卢的失误并没有过分指责，因为他知道格鲁希的弱点，把一半主力交给从来没有独立指挥经验的人率领显然是不谨慎的。同时，拿破仑也认为他未能给予格鲁希以明确的指示，但格鲁希缺乏主动精神却是其自身的缺陷。"（来源不详，不过与一般对格鲁希的评价比较一致。）

历史一般认为，格鲁希是个平庸的将军。

我认为这个评价是排除阴谋论之后最合理的一个评价。

那么，我们可否同样评价李广呢？

如果排除阴谋论，同样这样评价李广，那么李广应该得到格鲁希这样的评价：

"李广作为骑兵指挥官是勇敢果断的，夺取了许多作战的胜利。但当需要在广阔的战场上独立指挥军团协同友军共同开展大型战斗时，李广显然缺乏魄力和公心。

"卫青对李广在漠北之战中的失误并没有过分指责，因为他知道李广的弱点，把一半主力交给从来没有协同作战精神的人率领显然是不谨慎的。同时，卫青也认为他未能给予李广以明确的指示，但李广缺乏协同精神却是其自身的缺陷。"

用黄淳耀的话讲就是"李广不过一裨将"。

3.名将之道，失在斯乎

以司马迁的观点为主导的历史观点认为，李广是一个优秀的名将。古人也经常说李广如何，比如王昌龄写道："但使龙城飞将在，不教胡马度阴山。"

很多人都解释说"飞将"指的是李广。这是一件很搞笑的事情：李广是一个因为迷路自杀而成名的名将，也是一个在一场几乎成为滑铁卢战役的重要战役中迷路的名将。

实际上，司马迁对李广的照顾是有着"事后诸葛亮"的错误认识的。

漠北决战之前的分兵决策历来是一桩公案。

司马迁或李广家人对这一战前部署进行了激烈批评，他们普遍认为卫青的目的是排挤李广，不让李广参战从而"独吞"大功，照顾卫青的自己人。但是，这是一种事后诸葛亮的看法。因为：

第一，如果卫青的目的是不让李广参战，那么卫青事先不可能知道自己以一半稍多的兵力就可以在决战中击败匈奴单于，这就意味着卫青是在自杀。

第二，如果卫青的原计划是让李广包抄匈奴，那么独立包抄作战正是发挥名将才能的最佳机会，这就意味着卫青是在帮助李广。

首先，卫青获知了匈奴单于的消息后，命令部队分兵两路，自己率领一路北上，李广和赵食其率领一路走东道，然后会师决战。对此，李广表示自己是前将军，要和卫青一路。

司马迁或者李广的家人解释说，卫青这一举动是因为他觉得李广的运气不好，不能对抗单于，同时也想为自己的朋友公孙敖夺取爵位，让公孙敖去与单于决战。

这一观点明显是事后诸葛亮。因为卫青如果通过分兵不让李广与单于决战，那就意味着自己要以几乎减半的弱小力量去和单于决战，这简直就是找死。卫青事先知道自己能以少量兵力打赢匈奴单于所率的主力军吗？

其次，司马迁及李广一系解释说，卫青安排李广行军的东道存在行军困难、不利于大兵团行进的问题。（东道少回远，而大军行水草少，其势不屯行。）

这个解释很有意思，但其不合理性很多。

一是因为包抄可以更加轻松地捕获敌军统帅，所以承担迂回任务只能有利于李广捕获匈奴贵人从而立功。

二是如果迂回真的非常困难，那么更加需要一个优秀的将军去带队。所以，要么是卫青认为李广的能力比较强，适合作为分队主帅，要么就是李广认为自己能力比较差，别的将领比自己更胜任这项更加艰苦的工作。

那么，李广到底是能力比其他几个将军强，还是比其他几个将军弱呢？

薛定谔的名将——摘桃子抢功就打头阵，吃苦受累的活就谦虚、谨慎地请别人先上。

李广争先锋，本身就是失去公心的表现。

4.东道主将选择问题

对于"势不屯行"的艰难条件下行军的问题，古人曾经谈到过一个评断用兵才能的概念，我觉得很适合用在这里："用兵以能聚散为上。"（宋朝杨时名言）

李广作为名将，从理论上来说，应该做到"用兵能聚散"。在东道"势不屯行"的情况下，调整行军方式是正常名将都能做到的事情。在解放军的战斗历史上，类似于飞夺泸定桥这样先锋部队甩开大部队急行军抢占要点的事情，我们见得多了。

可以说，作为一般意义上的名将来说，带领部队分兵前进并率领前锋及时抵达，是名将的基本指挥技能。

特别是，司马迁或李广的家人介绍说，李广事先就知道东道进军存在这些问题。李广不是突然遭遇问题然后措手不及的，而是有备而来的。而且李广自束发以来经历七十余战，是个经验老到的老将。

那么，在他事先知道行军存在困难、又很想争功、自己又是经验丰富的老将的情况下，他应该怎么做呢？

历史上的名将大多是以各种急行军来展现自己卓越的组织能力的。但是"才气天下无双"的李广，对此做出的回应是：

首先，自己干不了这活，自己要跟着卫青走。一个名将，对于克服困难完成作战任务毫无办法，却要将这个任务推给别人，好像别人更有能力完成这个任务。这就是名将的自我判断？

其次，在推脱不了、不得不硬着头皮执行任务以后，李广的表现是：迷路、误期，导致汉军以战前减员的状态与敌军决战。

显然，从李广在这里的表现来看，他根本就算不上名将。

对此，我们只有两种解释。

第一，李广是名将，但是故意表现得不像名将。

第二，李广不是名将，是吹出来的。

赞同前者，就要怀疑李广的用心；赞同后者，就要质疑司马迁的信用。

无论赞同哪一种解释，都无法回避一个基本问题：李广在漠北决战这样规模的大兵团作战中，在这样一场高度组织性的巅峰对决战争中，无视汉军整体利益、盲目追求个人利益最大化。

而这样的争夺一旦不能得逞，他就表现出了强烈的愤怒之心，乃至贻误军机。

他一开始要出战，要做前将军，就是为了立大功。一旦有一点因素会影响这个可能，他就进入了暴怒状态（"广不谢大将军而起行，意甚愠怒而就部"），将战争带入到意气之争的节奏上。

考虑到"李广才气，天下无双"，我们不能认为李广缺乏基本的战术素养。那么，排除掉这个能力低下的选项之后，最后李广选择自杀，就充分说明他在这样的大战当中，首先考虑的完全不是完成作战任务，而是逞个人意气。

卫青不让他在前军，可以强行解释为卫青是出于私人目的。汉武帝不让李广在前军，也可以强行解释为汉武帝相信李广运数不佳。但这些解释，是将所有人都解释成蠢货，只为了证明唯独一个人是英明的。

为了粉一个人，就要黑掉所有人。

但是，即便这样，仍然不能解释：为什么在这样的大战中，这个被史学家、文学家塑造成唯一一个清醒而又英明的人的眼中最重要的事情是意气之争呢？

一直到死，李广都不是一个成熟的将领。他根本就没有真正成为军队体系的一分子。

卫青是名将，他不可能使用一个体系外的人。这个体系不是卫青的私人体系，而是所有人拿命去拼生死的战争体系。一台机器，总有一个零件想出风头，那么机械师一定会将这个零件换掉，换成一个可以准确执行任务的零件。

卫青对李广的任用毫无问题。直截了当地说，李广是一个个人能力优秀、不听指挥、自由散漫、无视组织纪律的将领。他根本就不成熟，根本就不是有庞大组织、有严格纪律、为了一个宏大的目标集结了十几万人与凶狠的敌人决一死战的军队体系所需要的将领。

— 06 —

怀才不遇，是李广故事的核心基调。自古文人墨客就喜欢这样哭哭啼啼、悲秋伤春。

其实这些文人，很多是存在严重的能力问题的。因为他们从来不敢想一想，自己究竟在什么地方有系统性的严重缺陷，以至于怀才不遇。他们总以为自己怀才不遇的真正原因是没有拉帮结派、结党营私、趋炎附势、欺上瞒下。但是他们从来没想过，他们真正的问题在于，他们从来不能准确履行职责。

以前有个关于孟浩然的故事。

大诗人孟浩然名动天下，总想有机会得到皇帝的重用。有一次，他偶然遇到了皇帝，皇帝让他吟诗一首。他十分激动，背诵了一首自己写的佳作，背着背着，背到一句"不才明主弃"。于是大好机会就废了。

为李广故事所激发而有对抗不公的勇气，这是李广故事的积极意义。

然而，如果以为这样的故事可以激发勇气，就可以反过来将真正做事的人践踏一番，甚至发展到以为天下皆醉我独醒，脱离实际，误入歧途，那就是错的。

李广有没有能力呢？有。他没有能力，是上不了决战战场的。

虽然他有一些不足，但是大部分人还是不能和他相比的。比如，我们没有能力射穿石头。再如，我们没有能力"取旗，显功名昌邑下"。

李广的故事有没有感染力呢？有。

李广有相当不错的个人能力，还有射虎的故事，极富传奇色彩。

那么，我们就始终停留在"怀才不遇"的阶段吗？不行。

我们做事，在己则考虑家庭、父母、妻儿，在外则考虑事业、理想、抱负，在庭为柱，在屋为梁，为家国担当，哪里能容得下这种风吹草偃、自怨自艾的破事儿呢？

我们要有能力做出自己的判断。

李广同样的行为，放在《李牧传》里就是无名氏。在李牧面前，做这样的事情连名字都不配留下来。

面对这样的对比，再看一看历史上的描述："李广才气，天下无双"，那么我们至少能够知道：李广虽然很优秀，但是他远远不如卫青优秀。

然而，古往今来，却有很多人将李广捧得很高，将卫青踩得很低。

韩信曾经说过一句话："生乃与哙等为伍！"（《史记》卷九十二《淮阴侯列传》第三十二）

同样的，经过文人墨客的不断渲染，我们也可以说一句话："青乃与广等为伍！"

相比苏轼那篇文章，李广与卫青齐名，这恐怕才是对卫青真正的侮辱。与李广齐名的，应该是李牧传里的那位无名将军，因为他们在防御边郡时做的事情是一模一样的。

说到这里，还有一个问题：战国时代那位无名将军呢？

为什么文人墨客没有人追忆他、咏怀他，为他泼墨挥毫，写下一篇篇感怀的文章呢？比如："李牧不败由天幸，无名无功缘数奇。"

— 07 —

英雄被塑造为小丑，庸人被歌颂成英雄。这样颠倒乾坤的错误之所以流毒甚广，究其原因，是后来很多人受到最初文本的一些诱导产生了错误的印象。

像《李牧传》，作为一篇相对来说远离司马迁时代的历史记载，并没有受到作者直接好恶的影响，在一定程度上保证了描述的客观性。

后来的文人就没有对"无名氏将军"产生不恰当的良好印象。

这就告诉我们：在阅读文章的时候，一定要注意撇开表面上的泡沫，直接关注其内在实质。

就分析信息来说，信息的细节保留得越多越好。但是细节会造成干扰，所以一定要抓住事物的本质，透过现象看本质，来排除细节的干扰。

阅读历史，一定要注意抓住主要矛盾的主要方面，特别是要看事迹，不要盲目采信评价。

卫青是名将，拥有一般人不具有的出色军事才能，拥有一般人不具有的良好机遇，拥有一般人不具有的赫赫战功。但是，如果我们只信评价不信事迹，他就会从英雄被塑造成小丑。

他的遭遇尚且如此，其他那些根本不可能记载这么多事迹的人呢？或者学以致用地说：社会上的普通人呢？

卫青、李广的事情摆在这里，读书之时，识人之时，怎能不小心呢？

古人说："宁得罪君子，莫得罪小人。""非知之难，行之惟难。"

这就是叶公好龙，这就是认识与实践相冲突。要解决认识与实践相冲突的问题，就要学习。学习不是看看书、把书本上的知识点往脑子里一装就行了。

古人说："读史可以明智。"但是读史要读懂才可以明智。读史可以明智，但是读史也可以糊弄人。越读越糊涂，读出一脑袋糨糊的人也不少。

历史上人们对李广的解读就是一个经典案例。

三国时代的刘廙说："势可得而我勤之，此重得也；势不可得而我勤之，是重失也。"

如果不懂得南辕北辙的道理，就会越努力越失败。所以读书必须掌握基本的方法。

当然，苛求每一个人都能突破文字的重重困扰看清实质是不现实的。所以真糊涂了，我们也可以谅解他，比如《史记》的记载。

读书也不能简单地全盘否定。比如司马迁的文笔很好，读起来让人很热血，这就是《史记》的积极意义。

术业有专攻，历史学家也不是全知全能的。重要的是我们要学会借助历史学家的记载去看历史。

任何人对事物都有一个认识过程，有的人可能一辈子都没看明白，有的人可能早早地就看清楚了，这是正常的。

有的事情我们可能做得好一点，但是别的事情也许我们做得要差很多。比如，我们就很难写出《史记》这样的好书。所以，不必因为《史记》存在纰漏就觉得《史记》一无可取。

脑子不是跷跷板，不能这头放点东西，那头就不要了。

跷跷板，两头翘，这不是思考的办法。人要学习，要勤勉而持久地学习，通过学习实现认识与实践的统一。

古人说："智者见于未萌，愚者暗于成事。""谣言止于智者。"

那么智慧来源于哪里呢？智慧并不是仅仅来源于天分，也不是仅仅来源于某次事件的灵机一动，而是来源于持久并且勤勉地学习，来源于持久地将认识与实践相统一的努力。

读书说的不是死读书，而是知行合一的努力。

人如果不学习，不能勤勉地将自己的认识与实践统一起来，而是每天都过着"欲胜义则凶"的日子，那么叶公好龙、南辕北辙、对面不识的事情还会少吗？

韩非曾经说过一句话："儒以文乱法。"

孔子也说："巧言令色，鲜矣仁。"

虚妄矫饰的东西是很多的。但是，万变不离其宗，这个世界上一以贯之的道理，就是"实"。

虚妄再多，也不等于就无法认清真实。抓住事实，透过现象看本质，就可以破除虚妄。

先秦哲学家都在谈别围，东汉思想家王充也说"疾虚妄"，这些道理大家都明白。

"敬胜怠者吉，怠胜敬者灭。义胜欲者从，欲胜义者凶。……藏之约，行之博，可以为子孙常者此也。"

周武王为此写了十七条铭文，写完之后，他还谦虚地说："予一人所闻，以戒后世子孙。"

周武王是开国之君，他是可以这样说的："我没这个资格去告诫谁，我只是谈一谈我的想法。"

万变不离其宗，只要坚持立足事实，那么就可以透过现象看本质，就可以尽量避免被情绪节奏坏了事。

所以，我们至少可以明确一个原则：读书不能为浮华所蒙蔽，而要坚持实事求是的精神。

不是所有黄忠都能遇到刘备

— 01 —

　　黄忠，是很能体现刘备识人水平的一名将领。

　　大家无论是读《三国演义》，还是玩三国游戏，都会不可避免地有一个先入为主的印象。

　　比如，人们都说刘备怎么能这么幸运，一出道就抽中两张SSR卡（游戏角色、游戏道具等稀有卡）。

　　再如，打游戏时，我们知道韩玄虽然废，但是他手下的黄忠很厉害，黄忠的数值为统率90、武力95。

　　可是从现实的角度看，更符合史实的角色应该是关羽、张飞，两人的初始数值为30（俩游民），还不稳定性爆表（一个亡命徒，一个屠户）。

　　黄忠的初始数值为60，就是个普通将领，先追随刘表再追随韩玄，曹操统一荆南后又归属曹操治下。

　　黄忠在跟随刘备之前未有任何出彩表现，所谓的刘备攻长沙时，就听闻黄忠是"长沙之保障"，以及关公和黄忠打得不相上下，都是《三国演义》里加的戏份。

　　　　黄忠字汉升，南阳人也。荆州牧刘表以为中郎将，与表从子磐共守长沙攸县。及曹公克荆州，假行裨将军，仍就故任，统属长沙守韩玄。

　　《华阳国志》、《汉晋春秋》和《三国志》（裴松之注），对这个已年过六十的裨将均未有其他记录。

关羽、张飞跟了刘备以后，突然就在百战的磨砺中变成了"万人敌"，尤其是关羽，在民间已经封了神。

黄忠跟了刘备以后，一个活了大半辈子都默默无闻的老裨将突然就跟开挂了一样："自葭萌受任，还攻刘璋，忠常先登陷阵，勇毅冠三军。……（夏侯）渊众甚精，忠推锋必进，劝率士卒，金鼓振天，欢声动谷，一战斩渊，渊军大败。"

关羽、张飞和黄忠之所以最终能留名百世，刘备起码起到了八成的作用。

举世闻名的"五虎将"——关羽、黄忠、张飞、马超、赵云，也是刘备就任汉中王以后封的前后左右四将军加赵云。

— 02 —

《三国志·黄忠传》记载如下。

诸葛亮说先主曰："关、马之伦也，而今便令同列。马、张在近，亲见其功，尚可喻指；忠之名望，素非关遥闻之，恐必不悦，得无不可乎！"

诸葛亮劝刘备说："黄忠的名望一向未能与关羽、马超等人相提并论，如今让他与关、马等平起平坐，马超、张飞就在附近，都亲自目睹黄忠的战功，还可以对他们加以解释，而关羽远在荆州，知道这件事一定会不高兴，能否取消这种任命？"

《三国志·费诗传》是这样记载的：

（关）羽怒曰："大丈夫终不与老兵同列！"不肯受拜。

关羽十分生气地说："我堂堂大丈夫，终究不能与一介老兵同朝为官！"不肯接受任命。经费诗好言相劝，关羽才改变了主意。

是的，封五虎将时，与刘备关系最亲密的两个人，也就是蜀国除刘备外的政治与军事第一人——诸葛亮与关羽，都不约而同地表示强烈反对。

如果没有刘备，可能魏延当五虎将的概率都比黄忠要大一些。

> 先主曰："吾自当解之。"遂与羽等齐位，赐爵关内侯。

刘备说"我自会向关羽解释的！"于是，黄忠取得了与关羽等人相等的职位，被封爵为关内侯。

一个曾经侍奉过三位君主（刘表、韩玄、曹操），生命的前六十年都是个偏将、裨将的老兵，因为定军山一战斩了夏侯渊，就被主公力排众议，甚至驳回了政治一把手诸葛亮和军事一把手关羽的意见，执意把他提拔到了五虎将的地位，与关羽、张飞、马超、赵云等列。

我要是黄忠，从今以后我的命就是刘备的了。

——03——

黄忠的能力真的不够五虎将吗？不见得。

曹魏三大统帅：东线夏侯惇、中线曹仁、西线夏侯渊。结果黄忠"一战斩渊"，直接就把夏侯渊的能力值锁死在了十名开外。

夏侯渊在正史中成了"白地将军"，游戏里永远成不了主线角色。好好的西线军统帅，给干成了个路人脸。反倒是黄忠，一脸无敌的样子。黄忠以一己之力，让曹魏三大统帅之一的夏侯渊变成一个被后人大大低估的将领。

你想象一下廖化拍马阵斩曹仁，或是裨将谭雄（可能很多人都没听过这个名字）阵斩夏侯惇。

那我会直接拍桌子站起来，说这个作者到底会不会写书。

但在西线，这却成为事实，一笔一笔地被记录在了史册上。

——04——

那么问题来了，立下了这等不世之功，诸葛亮与关羽为什么还反对给黄忠加封呢？原因也很简单，史料写得很清楚，"忠之名望，素非关、马之伦也""大丈夫终不与老兵同列"。也就是说，第一声望（即资历）不足，第二身份不够。

说起来，这还确实是个事儿，咱们盘算一下那些数得上号的人物：夏侯惇、夏侯渊、曹仁、曹洪，这些人都出自宗族，荀彧、荀攸、郭嘉、司马懿、陈群，这些人出自世家，曹魏五良将忙活了一辈子，也没进入魏国的核心指挥系统，更何况人家还占个资历，那都是曹操还在徐州的时候就开始跟着他南征北战的人。

江表十二虎将，有十个是跟着孙坚、孙策起家的人，周瑜不用说了，鲁肃、陆逊出自世族，吕蒙倒啥也不是，但人家的姐夫邓当是孙策的部将，邓当死了以后吕蒙统御了他的部下，才被孙权重用。

宗亲氏族、世家名门、声望资历、亲兵部曲，黄忠占了哪个？

这些在刘备这都不叫事！

你不是老板的亲戚，家境贫寒，没人帮你打招呼，入职刚两个月，也没带任何资源进来。但是，你撑翻了竞争对手，拿下了汉中市场，你期待老板拍拍你的肩膀夸你两句，撑死再发点奖金。结果老板将你连升三级，公司一共五个大区总监，三个是跟着老板白手起家的过命兄弟，一个是西凉公司的前总裁，你成了第五个。

所以黄忠说："臣乃一武夫耳，幸遇陛下。"

蜀汉又何止一个黄忠？

关羽是亡命徒，张飞是屠户，诸葛亮倒是世族，但那也是"避祸于南阳"，赵云是公孙瓒派过去的骑兵，不知道怎么就"时先主亦依托瓒，每接纳云，云得深自结托。云以兄丧，辞瓒暂归，先主知其不反，捉手而别，云辞曰：'终不背德也。'先主就袁绍，云见於邺，先主与云同床眠卧"了。

廖化假死入蜀，黄权君臣不疑，糜竺因糜芳之事自缚于刘备面前却未受任何追咎，最终自惭而死。（"竺面缚请罪，先主慰谕以兄弟罪不相及，崇待如初。竺惭恚发病，岁馀卒。"）

为什么"盖追先帝之殊遇，欲报之于陛下也"，老一辈的蜀汉人，为什么就对刘备那么死心塌地呢？

为什么叫"得人死力"？

为什么说"先主之弘毅宽厚，知人待士，盖有高祖之风，英雄之器焉"？

就是这样了。

你的刘备在哪？

黄忠又在哪？

被《三国演义》漏掉的强人：
三千五百步卒大败一万骑兵

—01—

251年，是三国乱世中一个略显平淡的年份。这一年，蜀汉大将军邓芝病逝；东吴洪灾，孙权病重；而曹魏那边却有位老将声名鹊起。

时值司马氏擅权专政，魏齐王曹芳沦为傀儡，兖州刺史令狐愚和舅舅王凌密谋废除魏齐王曹芳，拥护楚王曹彪为帝。

曹彪是魏武帝曹操的儿子，当朝天子曹芳的叔爷爷。

在令狐愚等人看来，为人英武的曹彪是一只值得重仓买入的潜力股。只是还没等到公司上市，令狐愚就先病死了。

两年后，老迈的王凌自然不是司马懿父子的对手，当密谋被泄露后王凌服毒自尽。

为震慑他人，司马懿将与此事关联者夷灭三族，就连死去的王凌和令狐愚，也被从棺材里拖出来曝尸三日。

人人自危之际，一个卑微的武官站了出来。

谁？马隆。

马隆是山东人，自幼聪慧，苦于无人引荐，在兖州混了大半辈子也只是个毫不起眼的校尉。

令狐愚被曝尸荒野后，马隆不顾旁人异样的眼光，声称自己曾在令狐愚府上做过一段时间的门客，也算有过主仆之情，如今实在不忍心看他落得这般境地。于是，在他的操持下，令狐愚的骸骨被收敛重新下葬，墓地四周也被栽上一圈松柏。

更难得的是，马隆随后做出了一项惊人的举动，他要为令狐愚守孝三年。

在那个波谲云诡的时代，忠义成了个人最好的形象代名词，默默无闻的马隆，就此一举成名。

— 02 —

265年，司马懿的孙子司马炎，先逼迫魏主曹奂禅位，再自立为帝，定国号为晋。

彼时蜀汉已于三年前被灭国，唯有偏安江南的东吴，还在苟延残喘。为统一大业，司马炎诏令各州县举荐贤才。兖州的马隆，由此得以重用，不久就被升为六品司马督。

到了278年，吴国还没灭亡，西晋这边却遭遇了建国后最大的一次危机。凉州刺史杨欣，早年与蜀将姜维多次交手，还参与了灭蜀之战，也算军功显赫。但这样的赳赳武夫只适合冲锋陷阵，治理地方并不一定合适。事实也证明，司马炎将这样的人安排在鲜卑人活跃的凉州，是一次失误。

杨欣与鲜卑人之间的矛盾日益激化，鲜卑悍将若罗拔能难以容忍，最终出兵干掉了杨欣。消息传来，顿时人心惶惶，一旦凉州失守，再加上实力尚存的东吴，西晋岂不是面临腹背受敌的险境？急得司马炎在朝堂上捶胸顿足道："满朝文武，有谁能为朕征讨逆贼平定凉州呢？"一时众人面面相觑，无人应答。鲜卑人弓马娴熟，若不是胸有成竹，贸然迎战无异于羊入虎口。就在这时，一个自信的声音传来："我愿往！"众人定睛一看，那人正是马隆。司马炎大喜，问他有什么条件？马隆倒也不客套，提出招募三千精兵再配备最好的装备，这样他西进凉州，定能收复失地。这时有些官员打起了嘴炮："朝廷自有军队征讨，此时另行招募，怕是要滋生事端。"对这种站着说话不腰疼的货色，司马炎甩给他们一个"你行你上，不行别废话！"的回复，他们马上闭了嘴。

马隆坚持要另行招募精兵，有着他的考虑：鲜卑人兵强马壮，非寻常军士所能敌，对于不习马战的中原人而言，必须要用远程兵器方能对付。为此，他提出了一套严苛的选拔标准：应召的人能拉得起二百多公斤的弩和二十多公斤的硬弓。经过层层筛选，最终合格者有三千五百人。有了人还得配置装备。马隆到武器库后，掌管军械的官员因与他有矛盾，故意将一些陈年旧货发给他。马隆据理力争，最后在司马炎的关照下，他一次性筹备了三年的军需，并被加封为武威太守。被司马炎寄予厚望的马隆，率领三千五百名精兵，顶着漫天黄沙一路沿着河西走廊向凉州进发。

— 03 —

鲜卑首领是秃发树机能，是不是秃发没有人知道，名字还挺搞笑。他的战法和游牧民族没什么两样，无非是突袭、穿插的套路。针对这一特点，马隆别出心裁地研制出了一款新式武器——偏箱车（后来被视作坦克的鼻祖）。

偏箱车类似独轮车，车头装有尖刀，遇到开阔地就一字摆开，弓箭手向外射箭，这样鲜卑人就无法靠近；遇到狭窄的山谷时，士兵推着偏箱车步步靠近敌军。秃发树机能在拥有优势兵力下，占据马隆前方险要的位置阻止马隆进军，在马隆后方又设置了伏兵偷袭，却难以攻破马隆的阵势。正因为八阵图，再彪悍的鲜卑人，遇到明光闪闪的尖刀，也会被戳上几个窟窿。尽管这套战法令鲜卑人吃尽苦头，不过相对秃发树机能的数万骑兵，马隆的三千五百人还是难以将其一举击溃。

就在双方对峙时，一处神奇的山谷，令战局出现了转机。当地有处"鬼谷"，盛产一种能吸取铁器的矿石。马隆知道这就是磁铁矿。但当地人哪里知道这些，都以为这是鬼怪施法，故而将这里称作"鬼谷"。马隆到达鬼谷后，一面命人用偏箱车守住谷口，一面命主力部队开采矿石，再将这些石头搬到入口筑起两道石墙。待一切准备就绪，马隆再派小股人马穿着牛皮铠甲引诱鲜卑骑兵来战。待穿过谷口时，两面磁墙将鲜卑兵牢牢吸住，他们手持的弯刀也不听使唤了。铁质的盔甲被磁化后产生的强大吸力，让一万多鲜卑士兵不战自乱，接着穿着牛皮铠甲的晋军冲杀而出，将这伙人轻轻松松地俘虏了。

消息传到秃发树机能那边，鲜卑人以为对方精通巫术，军心顿时瓦解。不久，鲜卑人将秃发树机能的脑袋奉上，表示愿意归降晋国。马隆凭着一堆乌黑的石头，就解决了凉州的叛乱。为司马炎解除心腹大患的马隆，由此被赋予重任。

— 04 —

280年，吴国被灭。朝廷考虑到西部连连战乱土地荒芜，就委任马隆为西部太守，率军驻守西宁。

西宁边境的少数民族部落首领成奚屡次来犯，马隆让军士扮作农夫佯装耕田，待成奚进入伏击圈后再率主力出击，将其一举击溃，从此成奚再也没有来侵犯边境。

290年，马隆被封为奉高县侯。因为常年驻守陇西，他在当地已经树立了极高的威信。略阳太守严舒嫉妒他，四处散播谣言说马隆年迈昏聩，迟早要丢失陇西要地。朝廷闻讯后，用严舒替换了马隆，不料很快被现实啪啪打脸。边境的羌人听说马隆被调走，立马纠集人马准备到西宁干几票，朝廷怕当地羌人再次叛变，只得再度起用马隆。羌人得知这个消息，只好默默退兵了。

除了军事、政治才能，马隆的理论知识也很扎实。他的《风后握奇经》记录了大量的军事发明，还附上了他独创的阵图。他创作的《八阵总述》，讲述了排兵布阵的要领，被后世兵家视为经典。马隆的事迹，至今鲜为人知，可能和记载他的出处《晋书》有点关系吧。

千古伤心旧事，一场笑谈春风。残篇断简记英雄，总为功名引动。

曹魏最没存在感的猛将，吓退孙权、打败关羽

—01—

曹魏五子良将——张辽、乐进、于禁、徐晃、张郃，是三国时期公认的曹军一流名将。其中乐进是一位最没有典型英雄事例的将领。他的履历就如一本流水账。

初平元年（190），乐进就加入了曹操的队伍，奉曹操的命令回其老家阳平去招募士兵。乐进带回了一千多人，成为陷陈都尉。接下来他的传记就按时间顺序，一一罗列他的战功：濮阳战吕布，雍丘破张超，苦县擒桥蕤，安众征张绣。直到团灭吕布，征讨刘备，战官渡定四州，曹操平定北方的诸多战役，都有乐进将军的身影。

建安十三年（208），赤壁之战曹军败回，乐进已成为独当一面的大将，镇守襄阳，是最靠前线的南郡守军曹仁部的强援，与刘备手下第一大将关羽相持。

在接下来的几年里，乐进先后击败刘备在南郡的守军——临沮长杜普、旌阳长梁大。建安二十年（215），乐进和张辽、李典以七千人守合肥，击败了孙权十万之众的进攻，这是他最大的战功。建安二十三年（218），乐进去世，谥号"威侯"。

连《三国志》的作者陈寿在写"五子良将"的传记后，也特别点评乐进："乐进这个人，以骁勇、果断出名。"而有关乐将军的生平战斗记录，却远不如张辽、徐晃的详细、精彩，和乐进的名将名声，不相匹配。

这的确是让人遗憾的事。按历史剧本演出来看，乐进就是那种在各个重大事件中都存在，不是最重要的主角，但永远是很重要的配角，默默地为各位主角的上位，奉献着自己最为精彩的演出。他让历史的聚光灯集中在主角身上，成就一位位主角的同时，获得"奥斯卡最佳配角"奖。

— 02 —

现代人说好的员工，要具备三点要素：第一，要有工作的意愿，自己想干活。第二，要有工作的能力。上级交代下来的任务，能及时、准确地完成。第三，有服从组织的纪律性。能够协调团结工作伙伴，完成繁杂的大工程。乐进就是这样的超好员工。

初平元年（190），曹操加入了讨伐董卓的队伍，在汴水之战中，被董卓手下猛将徐荣击败。曹操说："当时手下几千兵被打散后，我和夏侯惇到扬州去招兵。乐进回家乡征兵千人，成为曹军重要的一支力量。"

打吕布、张超、桥蕤这几战，曹军都是曹操自己为主将，亲自操刀。乐进经常担当先锋，传记中说他"先登有功"。先登本来是指最早登上城楼的，论功第一，后来也指军锋、先头部队、精英团体。乐进的性格"胆烈"——胆子大，敢拍板，正是刀刃上的好钢。

这几战打下来，乐进被封为广昌亭侯。这一年是汉献帝兴平元年（194）。对比一下关羽，关羽在建安五年（200），参加白马之战，在千军万马中单骑斩袁绍大将颜良于马下。关羽立了这么大的功劳，被曹操奏明汉帝，封为汉寿亭侯。这可是大汉朝封的亭侯，十足真金。戏文里关公出台，唱道："某，汉寿亭侯。"这讲的就是汉寿亭侯的分量。乐进早早地就被封侯，功劳绝对非同一般。

乐进在这几战中，都是助手。比如打桥蕤，发生在建安二年（197）。淮南的袁术膨胀得太厉害，居然称帝。曹操亲自挂帅，攻打袁术。袁术留下大将桥蕤等四人留守，结果袁军被曹军击破，桥蕤被斩。这样的战役，史书记载的都是曹操的故事，乐进就只有某个配角的戏份了。

— 03 —

建安三年（198），曹操灭了吕布，五子良将名气最响的张辽，这时才加入曹氏集团。接下来中原的主要事件是曹操、袁绍双雄争霸。乐进作为曹军中的一名猛将，多次参与和袁军的交战。这期间乐进最出彩的战绩便是在官渡之战中斩了袁军大将淳于琼。淳于琼是个老牌将军，汉灵帝时，他和袁绍、曹操都是"西园八校尉"之一。

袁曹争雄，不只是在官渡硬磕。在辽阔的北中国，从东到西，双方犬牙交错，胶着苦战。大将臧霸在青、徐一带顶住了袁军进攻；钟繇在关中，动员起马腾、韩遂等地方势力，击败了袁军。乐进功劳固然很大，但还是注定了只能在一场波澜壮阔的大戏中，很出色地唱完自己的那一小出戏。这场戏的总导演是曹操，主角是曹操和袁绍，其他人都是配角。

一直到建安十一年（206），曹操基本消灭了袁氏的主要力量，在中原的王者地位已经没人能够撼动。这一年，曹操上表汉献帝，给手下的文臣武将封赏。军功卓越，表现突出的三名将军——乐进、于禁、张辽都得到了嘉奖。乐进为折冲将军、于禁为虎威将军、张辽为荡寇将军。

乐进在其军旅生涯中，经常和其他将军一起参战，基本没有独自统领大军出战的记录，对比其他将军，他的特色就少多了，很没有存在感。比如襄樊之战，徐晃救援被关羽围困的曹仁，徐晃打得就非常出色，大为体现了个人能力。后期张郃在街亭大败蜀将马谡，也在史书上留下浓墨重彩的一笔。而乐进少的就是这个。他的履历表里，常常是这样的：和于禁一起渡河烧了袁绍军多少粮草，捉了多少俘虏；又和李典一起打壶关，一起打管承等。

单位里那位默默奉献、团结他人的同志，兢兢业业地完成上级交办的任务，做好自己本职工作的好员工，就是乐进——一只超级老黄牛。

— 04 —

赤壁之战后，曹操的军事力量被孙刘联军顶到长江以北。

曹仁守南郡一年多，被周瑜打下南郡。刘备向孙权借了南郡驻军，南北双方你灭不了我，我也拿你没办法。曹操向南的战略受挫，转向北方关中、汉中地区。

那些年乐进驻扎在襄阳一带，和关羽交手。配合乐进一起对付关羽的是文聘将军。

曹操进兵关中，引起一连串多米诺效应。关中马超、韩遂怕被曹操假途灭虢，起兵反抗。马超战败，曹操兵临汉中，蜀中震动。蜀主刘璋请刘备入蜀帮助自己，后来被刘备吃掉。这是后话。

刘备入蜀，乐进、文聘主动进攻南郡，与关羽在青泥一带交战，占据上风。刘备还以此为借口，说乐进兵锋锐利，而关羽兵少，自己要回荆州，向刘璋要钱要人。这从侧面反映出乐进、文聘的进攻，对刘备集团留守荆州的压力。不过乐进在总体战事上并没有非常了不起的战绩，击败临沮长杜普、旌阳长梁大这一类小将，取得一些小胜，动摇不了刘备集团在荆州的根基。

差不多这时候，乐进因为二十几年南征北战，无数次的立功受奖，进位为右将军。

汉魏之间，前后左右将军都是高级别的将军。刘备很多时候自我介绍都是：汉左将军、宜城亭侯、领豫州牧……一大串头衔。乐进这时的级别就是汉右将军、广昌亭侯，分量够重，很上台面。

— 05 —

建安二十年（215），孙权率十万大军进攻合肥。合肥守军七千，守将为张辽、乐进、李典。这是曹魏最为成功的一场防守反击战。

这一战人们基本都知道，成就的是张辽的神话，主角光环让张辽名垂青史，乐进和李典一起再一次成为关键第二人。连在连环画里，他们两人也是一左一右站在威风凛凛的张辽身后充当背景板——《张辽威震逍遥津》。

曹军趁吴军未集结完毕、立脚未稳，由张辽、李典率八百敢死队突袭吴军。张辽面对面地与孙权交手，打得吴军非常狼狈。曹军骑兵的凶猛战术，让吴军心惊胆战。这一战张辽勇猛有加，把东吴的锐气打没了。按曹操的指令："张、李二将军出战，乐将军守。"乐进守城，未参与突袭战。后来曹丕称帝，特别吹嘘"八百破十万"，提到了张辽、李典，没说乐进。

围城数日，吴军占不了便宜，撤退。东吴大军已远，孙权与吕蒙、甘宁、凌统等将领断后。张辽抓住机会，率数千人马，直扑过来，再次打了吴军一个措手不及。

这次乐进参战，他和张辽捉住俘虏问道："前边有个黄胡子将军，上身长下身短，马骑得好，箭射得准，是你们军队的什么人？"

俘虏说："就是我们老大孙权啊！"张辽、乐进后悔地拍大腿，早知道无论如何都得截住他！

合肥之战，张辽的大名可以止住江南小儿夜啼。乐进参与了全程的决策、战守，但他就是没留下鲜明的形象、丰富的语言给史官们记录。他依旧在别人光环的笼罩下，显示不出自己的成绩。

这个战例就是乐进将军一生征战的写照。

建安二十三年（218），乐进以右将军的身份去世了，谥号"威侯"。

三国时期最成功的降将，以八百人破十万人

合肥之役，辽、典以步卒八百，破贼十万，自古用兵，未之有也。

——《三国志·魏书·张乐于张徐传》

— 01 —

大唐上元元年（760），唐肃宗尊封姜子牙为武成王，享受文宣王（孔子）同等待遇祭典。这也是文庙和武庙提法的开端。

大唐文庙主祭孔子，并供奉颜子、曾子、孟子等儒家十哲。大唐武庙除主祭姜子牙外，并供奉张良、孙武、吴起等兵家十哲。

后来，享大唐文庙供奉、祭祀的儒家圣哲逐渐增多。于是，在大书法家颜真卿的倡议下，武庙也准备增设享供奉祭祀的武将。

但问题来了：都需要增设谁呢？

要知道在神州历史上，可是名将如繁星。

颜真卿不光字写得好，智商也高。在增设谁、设多少为宜等问题上，他专门搞了一套标准和流程，大致如下：

首先，由基层史官根据史书（正史）按照标准筛选，然后拟出一份名单。

其次，由大唐专家库的专家组织考证、论证，对名单进行二次筛选，形成一份基本名单。

最后，由大唐皇帝及朝廷重臣会商议定并确定最终名单。

大唐建中三年（782），经层层选拔，最终有六十四位武将脱颖而出。都有谁呢？春秋战国时期有范蠡等七人，秦两汉时期有王翦等十八人，三国时期有张辽等

八人，两晋南北朝时期有谢玄等十八人，隋唐时期有韩擒虎等十三人。

可为什么是六十四人，而不是八十八人或一百零八人呢？因为六十四这个数字暗符周易六十四卦的儒家思想（瞎猜的）。

别管公平还是不公平，这事反正就这么定了。

三国时期入选的八位名将是：张辽、关羽、周瑜、陆逊、邓艾、张飞、吕蒙、陆抗（排名分先后）。细分一下是这样的：曹魏两人，蜀汉两人，孙吴四人！

不过，需要说明一下的是：蜀汉的诸葛亮位列武庙十哲（级别更高）之八，也是三国时期唯一"上榜"之人。

对这份三国名单，先别说关二爷对排名有没有看法（历史上关羽是非常骄傲的），恐怕很多人都不会认可。

这能入选的是什么原因、什么标准？说好的"一吕二赵三典韦，四关五马六张飞"呢？张辽凭什么能当选？还是第一名？

暗箱操作？！到底有没有暗箱操作我们不知道，但大唐的武庙六十四将就这样定了。

后来，大宋立国，因为重文抑武，对大唐武庙十哲和六十四将的人选进行了调整。不过，别管怎么调整，张辽的位置很牢靠。

之后，大明立国，朱元璋废掉了传承了六百多年的武庙。张辽等将星们全都靠边站了。

再后来，大清立国，顺治帝封关羽为"关圣大帝"。接着，雍正帝封关帝庙为武庙。雍正说："一个武庙，弄什么六十四将七十二将的，太麻烦了。"

从此，中华大地武神，唯关二爷一人而已！

— 02 —

什么是好员工？简单来说，一个好员工起码要具备三条标准：正确的价值观、好人品、优秀的工作能力。

张辽是不是一个好员工呢？我们看看他的"履历"。

张辽字文远，东汉并州雁门马邑（今山西朔州）人。因有一身好武艺，青年时代他考进了雁门郡机关，成为"郡府公务员"（雁门郡郡吏）。

张辽的价值观——忠心爱国，愿意报效国家。

东汉中平六年（189），张辽因工作表现优秀，被并州刺史丁原招至麾下任偏将。同期被招录受重用的，还有一位青年才俊——吕布。

不久之后，张辽奉命入京师洛阳接受何进的领导。何进安排张辽到河北募兵，张辽募得千余人。

张辽的人品、能力——服从上级命令，听从指挥，工作能力强。

募得上千人队伍的张辽回京复命，结果却是上级领导何进被杀了。怎么办？张辽只好"以兵属董卓"。

有人会说："张辽不忠诚，怎么能投降董卓呢？"董卓这人确实很混蛋。但他毕竟没有篡夺皇位，名义上仍是汉臣。何进死了，袁绍跑了，皇帝弱小，国家大事总归要有人出头。张辽一个小偏将，人微言轻的，能做什么？

过了不久，丁原、吕布带着兵马也来了。接着，吕布也投靠了董卓并杀了丁原，还获得了丁原的所有资源。

有人又会说："张辽不仁义，就看着老领导丁原被杀吗？"

事实是这样的吗？当然不是！

第一，在丁原心里，吕布是心腹，所以任其为主簿（秘书长）。而张辽就是一名普通下级。

第二，张辽受调入京后，其职务隶属就转到了何进的府衙，与丁原不再是直接的上下级关系。

第三，张辽在京都的兵马是自己招的，驻地也是董卓分配的，与丁原、吕布所部不在一起。

第四，丁原是遭心腹吕布内部暗杀的，对外宣布死因时会有"官方正式通告"。

所以，具有相对独立性的张辽在此期间无所表现也很正常，无可非议。

再后来，"（张辽）还，进败，以兵属董卓。卓败，以兵属吕布，迁骑都尉。布为李傕所败，从布东奔徐州，领鲁相，时年二十八"。看明白了吧，这时的张辽刚二十八岁。此时他既不很懂政治，也非声名显赫的世家子弟，充其量就是一个

"职场小白"。

至于张辽为什么会依附吕布，主要原因就是他和吕布认识，而吕布又是堂堂正正的朝廷高官（奋武将军、温侯）。

所以，严格地说，吕布才算是张辽真正意义上的老板，而且，张辽跟着吕布一干就是小十年，并帮助吕布几乎成功创业。

吕布四处逃窜居无定所时，张辽跟着；吕布扬扬得意指点江山时，张辽陪着。这样的员工难道不是好员工吗？

张辽的综合评定——做人忠诚，做事能干，既懂合作又可独当一面，结论是优秀！

但很可惜，吕布却不是一个好的老板。

— 03 —

什么是好老板？简单来说，一个合格老板起码也要具备三条标准：有能力带员工成长，有意愿带员工发展，愿意和员工分享胜利果实。

吕布符合这三条标准吗？符合！

初平三年（192）到建安三年（198），是吕布的"公司"成长、发展、壮大的时期。这期间，吕布消灭张燕，击溃刘备、关羽、张飞，打败夏侯惇，震退纪灵，痛揍袁术，在江淮一带俨然成为新霸主。

张辽、高顺、陈宫等新老员工跟着吕布吃香喝辣、升官发财，小日子过得很不错。

但是，成功的老板仅仅具备这三条标准还远远不够。成功的老板还要同时具备知人善任、知事晓理的个人品质。在这方面，吕布就差太多了。

高顺给他提意见，他就免高顺的职；陈宫参与谋乱，他却不治陈宫的罪。

而且，作为公司老板，他今天是一个想法，明天却又是另一个计划。

底下的员工能说啥呢？一般的员工会说："反正都是老板定的，让我咋弄就咋弄，出了岔子，有老板。"

忠诚的好员工刚开始会深深忧虑，然后逐渐失望，最后无可奈何。而极聪明的好员工，也许就会计划着、准备着跳槽。

这种局面如果长期存在下去，公司就会出现两种极端：第一种，靠运气，可能会继续做大做强（概率很低）；第二种，不幸运，可能在遇到重大危机时就土崩瓦解了（概率很高）。

在建安三年（198）九月，吕布的"公司"迎来了重大危机——曹操来了！曹操干什么来了？不是找吕布喝酒打牌的，也不是找吕布洽谈合作的，而是决心团灭吕布的。

面对曹操的数十万大军，吕布害怕了。他想投降（心虚、自私的表现）。陈宫忍不住说："您是老板，底下的人都看着您呢，上来就投降？太窝囊了吧？"接着又说："敌人来了就打。您又不是不能打！我有办法对抗曹操！我计划……"吕布一想："对啊！我又不是没有打败过曹操，那就和曹操干呗！"（没思路、没主见的表现。）

转身吕布回到家见了老婆，并将此事告诉了她，他老婆说："你听陈宫的？陈宫可不是什么好人。"吕布一想："对啊！陈宫过去可是背叛过我。"（行事反复无常的表现。）吕布决定：我就在老巢（下邳）坚守，我只听我老婆的！

于是，在接下来的对曹作战中，吕布这边是"诸将各异意自疑，故每战多败"。然后，吕布的"公司总部"被"围之三月，上下离心"。最后，吕布"兵围急，乃下降"。吕布结局——"缢杀。布与宫、顺等皆枭首送许"。这一年是东汉建安三年冬十二月月初。

隔了几天之后，有点"独立团"性质的张辽所部，选择了投降。所以，吕布被杀时，张辽应该不在现场（《三国演义》里张辽骂吕布的桥段不可信）。证据有二：

①太祖破吕布于下邳，辽将其众降，拜中郎将，赐爵关内侯。（《三国志·魏书·张乐于张徐传》）

②前尚书令陈纪、纪子群在布军中，操皆礼而用之。张辽将其众降，拜中郎将。（《资治通鉴》卷六十二）

— 04 —

张辽为什么投降曹操呢？

首先，肯定是形势所逼。张辽如果不投降，就需要冲破曹军的包围圈。能否成功突围先不说，关键是冲出去了去哪呢？

其次，曹操有意吸纳人才。就连此战被杀的吕布、陈宫、高顺三人，曹操刚开始也是想收为己用的。可是，吕布太狡诈多变，陈宫是一心求死，高顺又愚忠冷傲，不得已只能把他们都杀了。但对吕布公司的其他员工，曹操有意打开"绿色通道"——招降，如陈纪、陈群、臧霸等。

基于以上，张辽选择了投降。

这是一个"双赢"局面。对曹操来说，收服了张辽，不但得到了一支"骑兵独立团"，而且为"公司"增添了一名优秀的职业军官。对张辽来说，加入曹操的"公司"，不仅让自己在今后有了正确的政治方向（曹操代表皇室），而且让自己在今后的发展上有了更大的上升空间。要知道，曹操打造的可是"帝业"。一旦帝业有成，得到的回报必然会超过霸业（刘邦和项羽就是例子）。

当然，这一切的前提是：好员工要遇到好老板。

建安五年（200）正月，袁绍对曹操宣战（官渡之战）。新员工张辽在新公司跟着新老板曹操携手新同事开始了新奋斗。

第一战是大兵团作战，曹军突袭袁绍的盟友刘备。此战，曹操麾下的众将不但杀得刘备溃不成军，而且还招降了大将关羽。

第二战，攻占被袁军先锋部队颜良袭击的白马（今河南滑县）。曹操将作战任务交给了时任中郎将（杂牌副团级）的张辽和时任裨将军（杂牌团级）的关羽。二人联手大破袁军并斩敌将颜良（关羽杀的，并因此封爵汉寿亭侯）。

此战之后一直到官渡之战全部结束，张辽的表现不是特别耀眼，最后论功行赏时，也只是升"裨将军"（杂牌团级）。

建安六年（201），东海郡（今山东临沂）的昌豨（原是土匪，后投靠吕布又投靠曹操）反叛。曹操派督军校尉（嫡系师级）夏侯渊带领张辽（昌豨的旧同事）前往东海郡讨伐昌豨。

在曹军的包围之下，昌豨缩在城里就是不出来，但曹军强攻东海郡又拿不下来，夏侯渊很郁闷。眼看军粮消耗殆尽，夏侯渊就打算撤军。好员工张辽说："将军，不可撤军。据部下观察，昌豨已经军心不稳，巡逻时，昌豨近来都会盯着我，似有话要说。我希望能和他进行一次谈判，劝他投降。"夏侯渊也没什么好主意，就批准了。

张辽只身赴险，经过谈判，昌豨果然投降了。对这次讨伐昌豨的结果，曹操是满意的。

好老板就是好老板。而且曹操也很会说话。曹操"责怪"张辽说："只身入虎穴，太危险了。你是高级将领，以后可不能这么干了。"

张辽听了曹老板这话，心中不觉涌起一股暖流，当即拜谢道："以明公威信著於四海，辽奉圣旨，豨必不敢害故也。"意思是：这次能成功，不是我张辽胆大贪功，而是老板威信高，朝廷威望高！

张辽说的这些话，确实有水平，也显示出他情商高。

不久之后，曹操就提升张辽为中坚将军（嫡系团级）。在接下来的三年里，张辽奉曹操之命一路追剿袁绍余党、安抚流民，其官职也变成了荡寇将军。

东汉时的武将官职和现代军队的官职不一样。那时候，凡是武职，都统称将军。就好比现代军营里将团长以上的军政领导都称为"首长"一样。

荡寇将军虽然是个杂牌将军，但实际上是真正的"少将"级别，且有资格单独领兵。级别上去了，张辽也正式授封都亭侯。之前的关内侯是曹操赐的。

二者有区别吗？有很大区别。

简单来说就是："赐"侯代表曹操个人（无正式官方编制）；"封"侯代表朝廷（有正式官方编制）。

那么，问题来了：曹操不就代表着朝廷吗（挟天子）？是的。但还是不一样。当时的东汉皇帝虽然没有实权，但还是名义上的天子。尤其是在外交和人事任命上，东汉皇帝仍是"最高权威"。

在这一点上，关羽的封爵最能说明问题。关羽一直到死，都承袭着汉寿亭侯的爵位。为什么呢？因为这个爵位甭管怎么说都是盖着天子大印的"红头文件"，要记入史册的。

张辽此番正式封爵，也意味着他在新公司的工作表现不错，新老板已经完全认可了他。不仅如此，在提升和凝聚团队力量上，曹操更是"妙招频出"。比如将士们作战回来了，曹操不但亲自出城迎接，还特意把张辽请上自己的专车同行。

通过这一行动细节，曹操不动声色地透露出几条重要信息：

第一，大家辛苦了，感谢大家的敬业奉献。

第二，革命不分先后，公司看重个人贡献，张辽就是典型。

第三，只要真心跟着我干，都有机会获得精神、物质、待遇的奖励——"三丰收"！

这是高超的领导艺术啊！十个吕布的脑袋捆在一起怕也弄不明白。

— 05 —

建安十二年（207），曹操决定从许都起兵北征乌桓（北方游牧民族部落）。张辽担心荆州的刘表偷袭许都，就建议曹操不要亲征。曹操没有直截了当地一口拒绝，而是说："张将军，你的建议很有道理，但不要担心这一点，原因是……"

张辽听完老板的分析之后，知道是自己多虑了。于是他轻装上阵，随同曹操开启了北征之旅。

如果说曹操不是张辽心目中认可的好老板，他有可能就不提出自己的意见了。同样，如果张辽不是曹操认定的好员工，也不会向他解释原因。

一个团队里面，如果能长期形成这样的良性互动局面，那么这个团队就会很强大。

当年八月，曹操带领先头部队一路快进先期抵达白狼山一带。没想到，他们却遇到了敌方主帅蹋顿带领的大部队。敌强我弱，撤退已经来不及了，为安全起见只能利用白狼山的地形固守待援。

曹操的先头部队主要是骑兵，总数约一万，将领有张辽、张郃、徐晃、曹纯等。而蹋顿这边几乎是全部家底，步、骑兵共约二十万人。

一万对二十万，即使曹军想固守待援也不容易。所以，曹军"左右皆惧"。怎么办？紧急关头，张辽挺身而出！

> 辽劝太祖战，气甚奋，太祖壮之，自以所持麾授辽。
>
> ——《三国志·魏书·张乐于张徐传》

在危机面前，曹操没有犹豫（但观察了敌情），当即批准了张辽的提议。而且，曹操还做出了一个惊人之举——让张辽持麾！

什么是"持麾"？持麾其实就是指挥。从表现上讲，就是把象征着领导权、指挥权的令旗和符节，交给他人。也就是说，白狼山拼死战，从曹操以下所有将士全部要听从张辽调遣。

这是一个领导对部下高度的信任和深切的重托！此战若败，不但曹操活不了命，大家也都活不了命，曹家的公司也完了。所以，曹军无论是为自己、为老板、为公司，都得豁出去了。

曹军这边已经人人打满了鸡血准备大开杀戒，而蹋顿那边还在乱哄哄地争吵着到底是先围还是先打。就在此刻，随着张辽的一声号令，一万名骑兵已经居高临下呐喊着冲杀下来。蹋顿一时间还没有反应过来，就稀里糊涂地被曹军刺于马下（一说是张辽所杀，一说是曹纯所杀）。

这下好了，刚开打乌桓主帅就死了。于是直接导致本来就缺乏军纪的乌桓大军更加混乱。

当时的战场状况到底有多惨烈，现在的我们已经不得而知。陈寿更是用了寥寥数语便为此战画上句号。

> 使张辽为先锋，虏众大崩，斩蹋顿及名王巳下，胡、汉降者二十馀万口。
>
> ——《三国志·魏书·武帝纪》
>
> 遂击，大破之，斩单于蹋顿。
>
> ——《三国志·魏书·张乐于张徐传》

经此之战，张辽的英雄本色开始在曹军内部以及天下各路诸侯里传唱。而且，此战之后，也奠定了张辽在曹魏集团武将里的名将地位。

不过，这只是张辽的开幕表演，与孙权的搏命之战，才是他真正的"封神之作"。

— 06 —

建安十三年（208），曹操兵败赤壁之后，作战重点就转到了西北一带。孙权见盟友刘备在往西川发展，自己也打算向江（长江）北动一动。其目标为曹魏集团辖下的扬州淮南郡合肥县（今安徽合肥市大部分）。

合肥是曹操经营了多年的南线战事桥头堡之一，军事地位很重要。所以，曹操就陆续在合肥建立了许多防御工事。

建安十四年（209），孙权亲自领兵第一次进攻合肥，结果无功而返。

建安十八年（213），曹操发兵征伐孙权不利，就留下张辽、李典、乐进三将计七千兵留守合肥。

建安十九年（214），孙权攻打皖城（今安徽巢湖）并很快攻克。

张辽预测孙权极有可能会进犯合肥，但眼下曹操无暇顾及合肥，只好先积极备战。

建安二十年（215），西北战事吃紧，曹操决定亲率大军西征张鲁。临行之前，曹操派护军（类似于军队组织部）薛悌送往合肥一份密信并注明"贼至乃发"。也就是要求这封密信一定要在孙权来犯合肥时才可拆阅，否则就用不着看。

这是什么意思呢？薛悌和合肥的守将们都不明白。

都说诸葛亮善于玩"锦囊妙计"，是不是曹操也想效仿一下呢？其实，曹操这样做也是无奈。西北战事吃紧急需大量用兵，但合肥也很危急，自己却无力增兵。

怎么办？曹操只能寄希望于孙权暂时不打合肥，更寄希望于合肥守将能自己想办法应对危机。

另外，曹操还有一个小心思：张辽、李典、乐进三将同在合肥，谁听谁指挥好呢？

从职务上来讲，张辽是荡寇将军，比李典的破虏将军高但比乐进的折冲将军低。

从工作年限上看，乐进最长，张辽、李典二人差不多。从亲疏关系上看，乐进从曹操入仕就是跟班。李典呢，父、兄两代都很早就为曹操的事业牺牲了，属于标准的"革命遗孤"。只有张辽加入阵营晚，但却最受曹操器重。既然如此，曹操直接点名让张辽负责合肥防务不就行了吗？曹操不想明着这样做。为什么呢？因为曹操担心乐进、李典二人不服张辽。

乐进不服张辽，是因为自己的职务高些，资历久些，会有点托大；李典不服张辽，是因为他与张辽有私仇（李典的伯父死于吕布、张辽之手）。

所以，曹操就故意搞了个"装糊涂"（够狡猾的）。其实他这是期待张辽能读懂自己，积极发挥才能。

该来的，一定会来。到了八月，孙权亲率东吴十万精兵冲向了合肥。敌人来了，张辽当着大家的面，拆开了密信，看到了二十一个字：若孙权至者，张、李将军出战，乐将军守，护军勿得与战。

这是曹操对合肥守军将领的一个明确的工作指令：张辽、李典负责打，乐进负责守，薛悌什么也不用管。

至于怎么打、如何守，曹操没说。

跟随曹操经历过白狼山血战的张辽，从这二十一个字里，读懂了曹操的心：打！要打！要先打！

这场景确实和当年的白狼山之困有点相似。当年一万对二十万，现在七千对十万，要想拯救合肥，只能靠自己！唯有血拼一条路！

张辽充满豪气地释疑解惑道："等救援不现实。曹公这是让我们在敌人未形成合围之前主动出击——'折其盛势，以安众心'。成败在此一战！大家有问题吗？"

乐进明白自己的任务是防守，就不表态。李典明白自己的任务是打，就表示赞成。

李典为什么会赞成呢？两个原因。

第一，自己的任务很明确，就是打，打不好会被追责。

第二，他公私分明，大事不糊涂，个人人品上乘。

怎么打？何时打？打得赢吗？李典心里没数，乐进则事不关己。

名将就是名将。为确保首战必胜，张辽效仿已故老战友高顺的"陷阵营"，连夜从军士中募集了一支八百人的敢死队。

次日凌晨，张辽、李典和这八百勇士吃饱喝足，披甲执戟，义无反顾地杀向了敌营。

关于这次突袭，陈寿在《三国志·魏书·张乐于张徐传》里，用了一大段文字进行了描述："平旦，辽被甲持戟，先登陷陈，杀数十人，斩二将，大呼自名，冲垒入，至权麾下。权大惊，众不知所为，走登高冢，以长戟自守。辽叱权下战，权不敢动，望见辽所将众少，乃聚围辽数重。辽左右麾围，直前急击，围开，辽将麾下数十人得出，馀众号呼曰：'将军弃我乎！'辽复还突围，拔出馀众。权人马皆披靡，无敢当者。自旦战至日中，吴人夺气，还修守备，众心乃安，诸将咸服。"

总之，此战把孙权搞得丢盔弃甲，狼狈不堪。

八百对十万，张辽这就赢了？是的，赢了。不但赢了，而且大大挫伤了孙权的锐气和自信。

这可信吗？可信！

第一，张辽此战是突然偷袭，且采取的是斩首行动，孙权怕了，更蒙了。

第二，张辽的八百勇士并不是和十万吴兵捉对厮杀，而是攻其一点，见好就走。其实，这就是现代战争中特种兵战术的成功应用。

孙权有十万吴军，作为主帅，身边肯定要有一个指挥部。而指挥部是情报、后勤文职人员居多，通常情况下，也就有千把人的亲兵护卫。指挥部外围虽然吴军多，但在通信设施不完善的古代，传递信息慢。也就是说，张辽直奔孙权的指挥部大砍大杀时，大多数的吴军并不知道具体情况。

所以，从这个方面来讲，吴军的安保工作本身就存在很大隐患。而张辽就是抓住了这一点。

俗话说"打败的鹌鹑斗败的鸡"。经此一役，孙权就有点蔫了。而合肥守军首战得胜之后，自然军心大振。

人这种高级动物也很奇怪，士气这东西有时候也十分神奇。

孙权回过神之后，整顿兵马开始围攻合肥。按理说，十万（保守点起码有七万）人围攻七千人的城是不该有问题的。可孙权打了十几天偏偏拿不下来。

这说明什么呢？说明吴军（习水战）到了陆地之后，由于没有水师陆战队，战斗力下降得厉害。而曹军（善陆战）利用自己的军事优势，短时间内可以对抗东吴"水军"。

士气低迷，战事不利，孙权只好选择撤退。可孙权没想到，张辽又带人追杀来了。更让孙权想不到的是张辽还成功地预测到了孙权指挥部要撤退的路线。

于是，便有了孙权命悬断桥边、张辽威震逍遥津、东吴小儿叱夜啼的传奇。

连续两次遭到张辽的追杀，孙权彻底被吓住了。以至于在此后的七八年里都在畏惧张辽。

黄初三年（222），孙权在得知张辽调防军海陵（今江苏泰州）时，对手下说："张辽这个怪物虽然在生病，但这家伙太厉害了，我们千万要提高警惕！"

不过，这一年，曹魏战神、特战先锋张辽经多方医治无效，不幸去世。

名将陨落，但其一生的传奇在神州大地会永远传唱。

为何关二爷打个樊城就能威震中华？

—01—

先上史料，确认可靠性。

《三国志·蜀书》中对关羽如此记载："（于）禁降羽，羽又斩将军庞德。梁、郏、陆浑群盗或遥受羽印号，为之支党，羽威震华夏。"

再看曹魏一方的记载。

《三国志·魏书》中对关羽的记载："羽急攻樊城，樊城得水，往往崩坏，众皆失色。或谓仁曰：'今日之危，非力所支。可及羽围未合，乘轻船夜走，虽失城，尚可全身。'宠曰：'山水速疾，冀其不久。闻羽遣别将已在郏下，自许以南，百姓扰扰，羽所以不敢遂进者，恐吾军掎其后耳。今若遁去，洪河以南，非复国家有也。君宜待之。'"

最后看看第三方——东吴的记载。

《三国志·蜀书·诸葛亮传》注引东吴大鸿胪张俨默记："羽围襄阳，将降曹仁，生获于禁，当时北边大小忧惧，孟德身出南阳，乐进、徐晃等为救，围不即解，故蒋子通言彼时有徙许渡河之计，会国家袭取南郡，羽乃解军。"

三方记载相互印证，足以确认所谓关羽威震中华并非关羽本传溢美之词，而是各方共识，且曹氏在中原的统治受到严重动摇，迁都退守河北已被提上议事日程。

—02—

解决了"是不是"的问题，接下来再探讨"为什么"的问题。

先看关羽北伐的战果。

依据《华阳国志》，知于禁七军约有三万人，大略符合东汉一军五千人的编制。再依据《三国志·魏书·曹仁传》及《三国志·魏书·武帝纪》，知关羽北伐之前，曹仁在樊城督有诸军，且曹操交予他的战略任务是讨关羽，主动进攻。

由此可以推断，曹仁荆州军团的兵力至少应与关羽大略相当。

末了，经过前期鏖战，不但战线被关羽逆推到了襄樊，秋八月水淹七军之后，这支总兵力至少六七万的曹军剩下了多少人呢？"仁人马数千人守城，城不没者数板。"

至于困守襄阳的吕常部，在整个战役中是"打酱油"的，连策应都办不到，估计兵力更为可怜。

结果一目了然，在襄樊战役中，关羽歼灭的曹军达到五万人以上。

"五万以上"多少，不清楚，但至少俘虏账单很明了——三万人，甚至由于俘虏太多造成了关羽的补给困难。

顺带感叹一下关羽的善待卒伍。由于汉末流行扣押军属为人质，投降成本很高，易言之，俘虏转化率很低。瞅瞅曹操在官渡战后是怎么对付袁绍降卒的？出现补给问题？不存在的。

—03—

在整个汉末三国史中，刨去账单云里雾里的赤壁之战，对敌杀伤规模相当的战役只有两个：官渡之战、夷陵之战。

想想这两场战役产生了什么战略影响，再看襄樊之役便不难理解了。

再算一笔账，曹操时期魏军总兵力大约二十几万。

（司马懿）迁为军司马，言于魏武曰："昔箕子陈谋，以食为首。今天下不耕者盖二十余万，非经国远筹也。虽戎甲未卷，自宜且耕且守。"

曹军一口气被关羽吃掉了四分之一到五分之一的兵力，还都是精锐的野战部队，而且襄樊之战并非独立存在，而是与汉中战役联动。主帅夏侯渊战死，曹操本人都几至大败的汉中战役有多惨烈，瞅瞅参与者徐晃跑来救火时带着一伙刚拉来的壮丁即可。

> 太祖遂自至阳平，引出汉中诸军。复遣晃助曹仁讨关羽，屯宛。会汉水暴
> 隘，于禁等没。羽围仁于樊，又围将军吕常于襄阳。晃所将多新卒，以羽难与
> 争锋，遂前至阳陵陂屯。
>
> ——《三国志·魏书》

如果汉中战役的歼敌规模与襄樊战役大略相当，则曹军在建安二十三年（218）到二十四年的战争中的损失将达到十万规模，前后几被歼灭近半。

更致命者，汉中战役结束于建安二十四年夏五月，这才三个月，窟窿还没靠拉壮丁裱糊齐活，又被关羽狠狠放了一次血。

于是，曹操的兵力紧张到什么程度？为了对付关羽，连远在合肥的夏侯惇、张辽诸军都给调了过来，不惜东除合肥之守，在淮南防线大唱空城计，真是标准的拆东墙补西墙。

— 04 —

毛泽东曾经说："存人失地，人地皆存。存地失人，人地皆失。"

曹军连遭重创，连淮南防线都无暇顾及，偌大的地盘又如何守得住？譬如荆州方向，造成威震中华的直接诱因是"梁、郏、陆浑群盗或遥受（关）羽印号，羽遣别将已在郏下"。

看看关羽前军打到了哪里：许都如果能有高塔建筑，估计能用上"望见×××尖顶"的修辞。

华夏欲不大震，可乎？

虽然，曹仁、满宠尚在襄樊困兽犹斗，但整个荆州防线已然失灵，连荆州刺史都降了关羽，遑论其他？

按照《吕常碑》的说法："或保城而叛，或率众负旌，自叩敌门，中人以下，并生异心。"荆州这个地方就剩他老人家一个忠臣了。

当然，曹仁坚守襄樊仍然有重大意义——襄樊若不失，关羽便不能大举北上，这样，挺进中原打到许都城下的就不是什么别将抑或临时收编的群盗了。

是的，曹操可以调集大军反击，但被关羽兵临城下的政治影响如何，捎带淮南、关中还要不要？

这就是满宠所言的局势——襄樊若失，"洪（黄）河以南，非复国家有也"。

— 05 —

按常理推断，建安二十四年（219）后的局面应当是曹操势力退保河北核心区域，刘备夺取关中，孙权全据淮南、中原捎带青、徐地区成为拉锯地。

一言以蔽之，一强二弱的局面将被打破，三足鼎立将成必然。

关羽立下如此丰功伟绩，也难怪受封大魏吴王，又加九锡。

遇到关羽前，我曹仁是以进攻凌厉著称的

— 01 —

曹仁表示，说出来你们可能不信，在遇到关羽之前，我一直是以进攻凌厉著称的。

> 别攻陶谦将吕由，破之。还与大军合彭城，大破谦军。后攻费、华、即墨、开阳，谦遣别将救诸县，仁以骑击破之。太祖征吕布，仁别攻句阳，拔之……军不利，士卒丧气，仁率厉将士甚奋，太祖壮之，遂破绣。……遂使将骑击备，破走之。仁尽复收诸叛县而还。绍遣别将韩荀抄断西道，仁击荀于鸡洛山，大破之。
>
> ……贼多，金众少，遂为所围……仁径渡沟直前，冲入贼围，金等乃得解……太祖讨马超……破超渭南。苏伯、田银反……破之。……侯音以宛叛，略傍县众数千人，仁率诸军攻破音，斩其首。

前文攻，后文接着就是破。士气不振？破。友军被围？破。敌军来援？大破。来一个打一个，来两个打一双。

你跑得不够快就要被斩，干脆利落，从不拖泥带水，就这么不讲道理。

《傅子》记载："曹大司马之勇，贲、育弗加也。张辽其次焉。"

— 02 —

所以曹仁表示：我这么一个剽悍、迅疾的骑将，怎么在你们的眼里，就变成了一个以防御见长、刀枪不入的重甲人形高达（机动战士）呢？因为撞上关羽了。

所战皆克、迅疾如风的大将军曹仁不是没有进攻过，《三国志》里写得很明白："初，曹仁讨关羽，屯樊城。"

然后，就没有然后了。

— 03 —

下一次在《三国志》里找到关羽与曹仁的对决，就已经是"仁人马数千人守城，城不没者数板。羽乘船临城，围数重，外内断绝，粮食欲尽，救兵不至"。

以前的那些"拔之、破之、斩之"呢？怎么上面还"讨关羽"，后面就已经开始"救兵不至"了？

即使之前被周瑜所围，曹仁仍然是"意气奋怒甚"，披甲上马，左冲右突，领数十骑救出牛金："矫等初见仁出，皆惧。及见仁还，乃叹曰：'将军真天人也！'三军服其勇。太祖益壮之，转封安平亭侯。"

被关羽所围，曹仁的处境就变成了："今若遁去，洪河以南，非复国家有也。君宜待之。"

——满宠打气道："您要是跑了，黄河以南必将全部沦陷，您可得好好想想。"

"仁激厉将士，示以必死，将士感之皆无二。"

——告诉大家打不过，这回我们死定了，要么被俘，要么就跟关羽拼了。

"徐晃救至，水亦稍减，晃从外击羽，仁得溃围出。"

——徐晃援兵到了，水势也稍稍退减，徐晃从外围攻击关羽，（向来侵攻如火的）曹仁才得以突围出去。

再回想"仁人马数千人守城，城不没者数板。羽乘船临城，围数重，外内断绝，粮食欲尽，救兵不至"。如果这不叫九死一生的话，真不知道什么样的处境才称得上。

一对一对阵时，进攻，无果，然后被围，冲都没法冲出去，搏命都没处搏，说围死你，就是围死你，利刃碰上了战锤，一点儿脾气都没有。

魏国第一将曹仁，夏侯惇的继任者，曹魏大将军，以骑兵见长，侵攻如火，战必胜，攻必取，所战皆克，武勇出众，意气奋甚。

脾气不太好的魏大司马曹仁，一生最广为人知的巅峰之战是：在谋士的助力下，面对关羽的进攻，没有撤退，决死不降，并且在友军的帮助下，成功突围。

就说这么多。

典韦能在三国武将中排第三，是因为这件事

《三国志》没有侠客列传，如果和《史记》一样也来这么一篇的话，曹魏的典韦、东吴的甘宁都是不二人选。

典韦的传记中说他"有志节任侠"。他本身就是一个江湖侠客，是一名有代表性的个人英雄主义分子。

— 01 —

典韦，陈留人，早年是在道上混的。

他的老乡老刘和睢阳的李永是仇人。这个李永曾经当过富春县令，是个大人物，在江湖上结怨不少。他回到睢阳，豢养了一支私人部队，保卫家园。李永出入时有警卫保护，家里戒备森严。

典韦受托，找李永索命。典韦乔装打扮一番，到睢阳，直奔李府。他把马车驾到李府旁边，车上载满鸡鸭美酒，装作送货等人。广亮大门一开，典韦搬着一大桶酒，身上藏把匕首闪了进去。他瞅准机会进到内院，遇到才起床的李永夫妻，在二人毫无防备之时，将其刺杀。

事后，典韦从容不迫地走出李家大门，回到车上，取出长刀、大戟，往来路走去。

李家人发现李永被杀，大声喊叫起来，家丁追出去，三五个人一齐围攻典韦，却让典韦两招放倒。

李永住在市中心，他被刺杀而死的消息传开来，整个睢阳都轰动了，李永的家人、朋友几百人全追赶上来。这些人看到人高马大的典韦，凶神般横着一对大铁戟

大步朝前走，没人敢上前阻拦。

他们跟着他，呐喊着，射几箭，丢几块石头，却动不了典韦一根毫毛。时有冒失分子冲上前去，挡不了典韦的一刀一戟，血溅三尺，横尸当场。

众人又不甘心，紧紧跟着。走出四五里地，来接应他的同伴赶到。典韦有了后援，这些人更拿他没办法了，眼睁睁地看着他们扬长而去。

典韦这一次深入虎穴，独自刺杀敌人的壮举，让其名扬天下。

典韦这种独行侠的风格，是不是让你想起《天龙八部》中的萧峰独闯聚贤庄大战天下英雄的举动？

计划细致、大胆，勇气冲天，也蛮横霸道至极。

他先采取智取，因为以李永府上的防守，强攻不行。斩首成功，力战脱生，靠的就是非凡的战斗力。

《侠客行》所谓："十步杀一人，千里不留行。"

— 02 —

典韦最喜欢的就是表现自己，不怕死，不怕累，唯威风不能折，面子不能丢。

他投奔到曹操军中，以一当百的勇武立刻使他成为曹操爱将。

有一次大营中高大的牙门旗让风吹倒了，好几个大汉一起都竖不起来，典韦走上前去，一只手就把旗杆擎住了。大旗高高飘扬，典韦在将士们的欢呼声中天神般矗立着，纹丝不动。这是个人英雄主义者——典韦最为享受的时刻。

像典韦这样膀大腰粗、气势如虹的战将，吃喝起来，那是大碗喝酒，大块吃肉，要好几个人端菜送酒，才能供给得上。

他是水浒梁山英雄们吃喝的祖师爷。他吃喝开来也确实不客气，旁若无人，饕餮神般将吃喝一扫而空。他的这一举动常让曹操看得大笑，给他点上一个大大的赞——壮哉！

曹军进攻宛城的军阀张绣，张绣主动归降，曹操设宴款待这批降将。酒过三巡，曹操起来给大家一一敬酒，典韦举着把大斧头跟在曹操后面。那斧头的刃，足有尺把宽，闪着幽幽的蓝光。轮到谁喝酒，典韦就瞪起一双牛眼，盯住那人的眼睛不放。张绣和他的部下，端起酒杯头也不抬地一饮而尽。谁也不去和典力士挑衅的眼光相碰。

估计张绣他们这顿饭吃得很难受，老有一种被人按着教训的味道。或许后来张绣又反了，也有一点儿这个原因吧？

典韦可不管这些，在他的眼里，除了曹操，其他人都不是东西。你敢对曹大人不敬，信不信我一下弄死你？

典大侠的忠诚、勇气该表现就表现，别人的感受和他无关。独行侠的特点是我行我素，放到球场上叫很"独"，不讲配合，不谈集体。只要我高兴，又能完成任务，就行！

— 03 —

曹操早期在山东一带创业，最为艰难的战事，应该是与吕布在濮阳的大战。双方你来我往，打了近一年的时间，曹操好几次在第一线冲杀，甚至受伤。

在这一阶段战事中，典韦表现得相当突出。

曹军偷袭吕布位于濮阳西边的一座营寨，从晚上打到第二天天亮，刚刚拿下寨子，吕布亲自率援军赶到。

天下无双的吕布率军队对上了第一线猛攻曹军。

吕布的骑兵是骁勇无比的精锐。曹操练出来的兵，纪律严明，英勇耐战。双方又苦战到午后一点多，依旧相持不下。士兵们的疲惫可想而知。

曹操募集敢死队，典韦率领警卫队几十人都上了。关键时刻，英雄们热血燃烧。敢死队队员穿上双重铠甲，丢掉盾牌，持长矛或大戟走向前线。

西面告急，典韦冒着箭雨一马当先，迎敌而上。他蹲伏在草丛掩体中，呼啸而来的羽箭让他不敢抬头，只能向后面的随从喊道："离敌人十步远叫我！"

箭一支支飞射而来，随从大叫："十步了！"

典韦还是要来个刺激的，又喊："离五步远再叫我！"随从可没有他那样拼命，立马叫道："敌人！五步！"

只见典韦大喝一声，从掩体内一跃而起，手中抓着十几支小戟，飞掷而出，一下一个，接连干掉十几名敌军前锋。冲在前面的吕布军吓得连滚带爬，跑了回去，曹军这才守住阵脚。天暗了下来，乘着夜色，曹军成功撤退。

典韦在这惊心动魄的一战中，勇武非凡。与敌人面对面进行肉搏战，正是狭路相逢勇者胜。

这一战真正体现了典大侠不但要干掉敌人，还要追求非常完美地干掉敌人的范儿。这一点是最难做到的，走钢丝般凶险。

普通士兵能杀死敌人完成任务，就是胜利。但典韦要做的是在危险中完成任务，这样才铁血，才漂亮。

他就像《第一滴血》中无所不能的兰博，从来都是用生命在刀刃上跳舞的英雄。

— 04 —

张绣投降曹操，曹操做了件顶不地道的事。

张绣继承的是叔叔张济的事业，曹操作为胜利者，对失败者不太尊重，和张济的妻子私通。这对张绣而言是极大的耻辱，所以张绣暗中筹划搞掉曹操。

张绣的计划周密，出招凶猛。他先对曹操说，部队要迁移，路过曹操大营，车少辎重多，将士们干脆戴上盔甲、刀枪行军吧？曹操答应了。张绣军全副武装，经过曹营，突然发起袭击，直扑曹操中军大寨，要来个斩首行动。曹军措手不及，仓促应战，许多人没来得及披甲拿刀就被撂倒了。

典韦得到消息，率警卫队杀到，奋勇挡在大寨门前，拦住了潮水般涌进来的张绣军。这批警卫战士，都是原来跟随典韦的侠客剑士，武艺高超，身手不凡。

所谓猛虎尚惧群狼，双方力量太过悬殊，张绣又是奇袭，才交战，曹军就先吃了个大亏。这注定是一场不可能完成的任务。

曹操大营多的是文书、参谋这些非战斗人员，曹操侄子曹安民、长子曹昂、次子曹丕这些人都在营中。只能靠典韦这一拨警卫人员挡着有备而来如狼似虎的张绣人马，他们才有时间逃跑。

典韦和手下人拼命死战，全部一个打十几个。情况越是凶险，典韦越是顽强。

他舞动大戟，横扫过去，十几支长矛一起折断，当真是神勇无敌。只是张绣军越杀越多，典韦的手下全部战死。他虽受伤十几处，却死战不退。敌军围住他，典大侠大戟打丢了，抓起两个敌兵挥舞着与敌人肉搏，杀得敌军不敢近身，终于伤重撑不住了，瞪着眼大骂，倒地而死。

这个巨灵神轰然倒下，敌人老半天才敢靠近。张绣军砍下他的头来看，无不心惊胆战。余威赫赫，虽死犹在。

典韦就这么英勇地战死了，曹安民、曹昂也死在乱军之中。但典韦赢得了时间，让曹操、曹丕死里逃生，躲过一劫。

很多年以后，曹丕称帝，在自己的一篇文章中讲到这件事。

当年曹丕才十岁，虽然因为生于乱世，早早就练就了骑射本事，宛城之战，机灵的曹丕逃得性命。但如果没有典韦率警卫用生命延迟了敌军的进攻和追击，只怕曹家父子都会在这一战中被团灭。

曹操爷俩都明白这是典韦拿命换来的机会。曹操把典韦的儿子带在身边，封为侍中。曹丕称帝，将典韦的儿子提为都尉、关内侯。这算是对典大侠舍身赴难的一个安慰吧！

宛城这一战，典韦是猛虎不敌群狼，注定没有归路。这一次他没有再创造奇迹，成为无数三国迷心中永远的痛。只有江湖爱好者摆的座次："一吕二赵三典韦，四关五马六张飞。"这个排位说明典大侠在群众的口碑中，永远位列三国猛士前几位。

典韦排第三，除了押韵，舍命保曹家父子应该是重要原因吧！

东晋第一虎将

— 01 —

晋穆帝永和十年（354），权臣桓温率军北伐前秦。此时的桓温志得意满，毕竟正月刚刚斗垮竞争对手，独揽东晋朝廷的大权，正是一展抱负的好时候。

因为桓温的缘故，桓冲等桓氏子弟都得以参战。初任鹰扬将军、镇蛮护军、西阳太守的桓冲遭遇前秦苻苌、苻雄、苻菁等率领的五万军队。桓冲部队几乎全军覆没，前秦丞相苻健拍手叫好。

眼看桓冲就要被敌人俘虏，此时只见一名少年跃马杀入，在乱军中左突右杀，无人能敌。桓冲近看才看清是自己的侄子桓石虔。前秦军队只能眼看到手的肥羊溜走了，苻健等人止不住叹息。

最终桓温的大军赶到支援，前秦军队退守长安城，附近郡县闻风而降。关中百姓箪食壶浆迎接，甚至有老人激动得热泪盈眶："没想到有生之年还能再看到官军。"

桓冲因功升任，都督南阳、襄阳、新野、义阳、顺阳、雍州之京兆及扬州之义成七郡军事。而年龄不足二十的桓石虔更是一战成名，威震三军。

《晋书》记载："从温入关。冲为苻健所围，垂没，石虔跃马赴之，拔冲于数万众之中而还，莫敢抗者。三军叹息，威震敌人。"

— 02 —

就在桓石虔名声大噪的时候，父亲桓豁还只是抚军将军司马昱属下的从事中郎。

361年，由于谢万无能，导致北方大部分沦陷。掌权的桓温突击提拔弟弟桓豁为都督沔中七郡军事，兼建威将军、新野和义成二郡太守。桓石虔跟随父亲到任。

一次围猎的时候，一只猛虎被射中数箭倒地不起，各位将领知道桓石虔勇猛，便怂恿其上前拔箭。桓石虔匆匆上前，从老虎身上拔下一支箭，惊得老虎猛然跳起。桓石虔也迅疾跳起，跳得比老虎还高，随后将老虎摁倒在地，然后又从其身上拔下一支弓箭才返回。军中无不叹服。

《晋书》记载："从父在荆州，于猎围中见猛兽被数箭而伏，诸督将素知其勇，戏令拔箭。石虔因急往，拔得一箭，猛兽跳，石虔亦跳，高于兽身，猛兽伏，复拔一箭以归。"

当年，在桓石虔的骁勇帮助下，父亲桓豁收复许昌，升任卫将军。

— 03 —

桓石虔兄弟二十多个，名字全部带一个"石"字，这背后有深刻原因。

桓豁早年听闻前秦国中有民谣"谁谓尔坚石打碎"。当时前秦是北方的强国，严重威胁东晋政权的安全，所以桓豁希望子孙能应验民谣，大败前秦皇帝苻坚的扩张势头。

《晋书》记载："豁闻苻坚国中有谣云：'谁谓尔坚石打碎。'有子二十人，皆以'石'为名以应之。"

桓石虔虽然没有做到，但是也不负众望。

太和四年（369），桓温第三次北伐，途中粮食耗尽，不料被慕容垂追杀，死伤三万余人。桓温将战败罪责推诿给大将袁真，袁真不服，随后勾结前秦、前燕在寿春谋反。桓石虔临危受命，以宁远将军、南顿太守职务率军平叛，攻占南城。

太和六年（371），桓石虔又大败前秦派来支援寿春的军队，缴获战马五百匹。不久，桓温在桓石虔的帮助下攻破寿春，此时袁真已死，儿子袁瑾和袁氏宗族全部被杀。可惜桓温最终没有成功篡位，加上桓温死后桓冲主动退让，桓氏宗族的权力开始衰退。

宁康元年（373），也就是桓温去世当年，桓豁升任征西将军，督荆、扬、宁、雍、交、广六州军事。

前秦进攻蜀地，桓豁手下竺瑶救援不力，加上梁州刺史杨亮及益州刺史周仲孙战败，益、梁二州被前秦军所攻占。

不久蜀人叛乱，东晋命令桓石虔进军巴蜀，桓石虔成功攻占垫江。蜀郡的动乱很快被镇压了，前秦调转力量与桓石虔交战，但是桓石虔以弱胜强击败了前秦宁州刺史姚苌。

— 04 —

太元二年（377），桓石虔的父亲桓豁去世，桓冲受到孝武帝和谢安的排挤，出任荆州刺史。碍于前秦威胁江表，所以谢安他们希望桓冲一家能够替东晋把守上游，所以还不敢太胆大妄为。

于是，前秦便躲避桓氏家族，不断骚扰淮南并攻破襄阳。东晋政权无奈之下只好晋升桓石虔为奋威将军、南平太守。

一方面前秦在试探性地进攻，另一方面桓石虔成为东晋新的希望。

三年后，前秦派都贵率阎震和吴仲等将领进攻竟陵，桓冲派桓石虔和桓石民兄弟率军迎敌，桓石虔身先士卒，终于逼迫敌军退回管城。

但是前秦蓄谋已久，绝对不会受到挫折就放弃。桓石虔决定以攻为守，夜袭管城。趁着夜色，晋军在桓石虔的带领下渡河，队伍全部过河才被前秦军发现。桓石虔力战不退，终于攻克管城，斩杀阎震和吴仲。

据说，此战斩杀前秦军七千多人，俘虏上万人，马牛羊上千头，铠甲三百多具。

《晋书》记载："石虔设计夜渡水，既济，贼始觉，力战破之，进克管城，擒震，斩首七千级，俘获万人，马数百匹，牛羊千头，具装铠三百领。"

此战之后，桓石虔加领河东太守。

— 05 —

此时，前秦皇帝苻坚已经决心消灭东晋，决战已经无可避免。

383年，桓冲带领十万军队开始先发制人北伐，收复襄阳。桓石虔受命进攻沔北诸城，接连攻下五座城池。

慕容垂命令士兵每人带十支火把，最终桓冲看到后心生畏惧，被前秦成功拖住。桓冲率军南撤，桓石虔负责殿后，不慌不忙地在武当设伏击败来援的张崇，带着两千多户老百姓返回。

《晋书》记载："石虔复领河东太守，进据樊城，逐坚兖州刺史张崇，纳降二千家而还。"

此战之后，桓冲举荐桓石虔为襄城太守并守夏口。

后来苻坚大举南下，也因为畏惧桓冲和桓石虔的荆州兵，不得已避开荆州而选择了豫州。

— 06 —

转年，桓冲去世，桓氏家族再次受到谢安等人打压。

原本桓温担任的江州刺史由豫州刺史桓伊出任，桓石虔因冠军将军职务，被任命为监豫州扬州五郡军事、豫州刺史。但是桓石虔还没有上任，便因为母亲去世被强制离职，他的职位由淝水之战的大功臣朱序担任。

三年后桓石虔官复原职，可是朱序将首府从姑苏迁移走了，桓石虔面对桓家的落魄，只好选择在历阳上任。不过桓石虔的威猛形象却永远留在了三军心中。

当年在东晋军中，只要有人高喊"桓石虔来了"，得了疟疾的人大部分会痊愈，可见军士们对他的敬畏。后来，"桓石虔来"便成为镇邪去恶的典故流传了下来。

《晋书》记载："时有患疟疾者，谓曰'桓石虔来'以怖之，病者多愈，其见畏如此。"

相比于桓温、桓冲，桓石虔没能挽救家族的衰败。但是桓温的儿子、桓石虔的堂弟桓玄却文武全才，成了东晋士族的掘墓人。

顺便提一句，桓石虔有个儿子桓振，也是一个只有匹夫之勇的吕布式人物，成为桓氏家族的最后一个悲剧"皇帝"。

有"关公再世"之称的南北朝第一猛将，是个失败者

— 01 —

573年，正值南北朝时期。南方陈国派老帅吴明彻率军北伐，目的是夺取淮河的控制权。

四月，陈国军与北齐援军在秦州相遇，双方摩拳擦掌，大战即将开始。

北齐军来势汹汹，前锋营的人都是大力士，人高马大，号称"苍头""犀角""大力"等，不用打，这绰号先吓死你。其中最出名的是一个西域胡人，神射手，弓硬箭长，百发百中。

陈国军听到这一帮人这么厉害，胆气先去了一半。吴明彻深知三军夺气的道理，只有灭了这支部队，才能提振士气，击败敌人。他把猛将萧摩诃叫来，鼓励道："如果能干掉这个胡人，敌军士气必衰，将军你就是关羽！"

萧摩诃说："给我指明这个胡人在哪，我必为元帅斩杀此敌！"

两军对阵，降卒指着那个胡人对萧摩诃说："就是他！"

吴明彻亲自倒了一杯酒给萧摩诃，萧摩诃将酒一饮而尽，飞马直冲北齐军阵营。那胡人也冲出阵前十来步，正引弓搭箭，萧摩诃手一扬，一枚铁铣 ——飞刀——闪电般击中胡人的额头，胡人应声而倒。

北齐前锋营十几个大力士冲出来，只见萧摩诃跃马挺枪，疾风骤雨般飞驰而过，拼杀数合，那十几人全部被他斩于马下！

陈国军齐声呐喊，斗志瞬时提升百倍，吴明彻趁机发起总攻，北齐军将士见萧摩诃天神般勇猛，无不丧胆，全线溃败。吴明彻乘胜前进，七月，拿下仁州，进逼淮南重镇寿阳。

吴明彻老元帅用兵高明，发现北齐人斗志不强，立即加大攻击力度，亲自披甲上阵，鼓舞士气，陈国军一鼓作气，攻克了寿阳。至此，陈国军成功地占领淮河两岸，不再北进。

北齐与宿敌北周打得不可开交，无暇南顾。南线暂时无战事。吴明彻、萧摩诃这一对将帅的完美组合，名震天下。

—02—

550年，南方是萧梁的天下，爆发了侯景之乱，大将陈霸先起兵讨伐侯景。十八岁的萧摩诃在这场乱战中横空出世，总是单骑出战，锐不可当。几经周折，年轻的萧摩诃被陈霸先的手下侯安都收为部将。南征北战几年，萧摩诃已成为勇冠三军的先锋猛将，斩将夺旗，英名远扬。

556年，北齐军杀过了长江，陈霸先率军在钟山与之对抗，他命人杀了上千只鸭子，将其和米煮成鸭肉饭，用荷叶包上，作为最后一餐干粮，与北齐军展开决战。

侯安都对萧摩诃说："你骁勇非凡，俗话说百闻不如一见，今天可要努力！"

萧摩诃笑道："一定让将军您看一看我的本事！"

双方交上手，仗打得非常艰苦，乱战中侯安都摔下马来，北齐军四处围上。千钧一发之际，萧摩诃一人一马，声如雷鸣，势如狂风，直冲北齐军，挡者披靡，杀开一条血路，硬是把侯安都救了出来。

南军陈霸先亲自上阵冲锋，人人奋勇，终于大胜。北齐军死伤无数，高级将帅四十六人被俘，士兵渡江逃跑被淹死的，尸体流到京口，把水面都遮满了。

这一仗打下来，南方稳定，陈霸先的实力更加强盛。

第二年（557）陈霸先替代梁朝，建立了南北朝南方最后一个政权陈国。

—03—

北周与北齐拼斗几十年，终于在577年，北周灭掉了北齐，一统北方。

南陈趁着北方还没安定，再次由吴明彻挂帅北伐，攻打军事重镇彭城，萧摩诃又是军锋。他故技重演，只率十二骑精兵，直杀进北周营寨，亲手夺下北周大旗，北周军胆破，望风披靡。主将梁士彦退入彭城，婴城固守。

陈国军的战船顺淮河到达彭城，挖开清河的水，困住彭城。陈国军将外围修成大堰，战舰林立，团团包围了彭城，形势大好。

北周军派大将王轨率军增援，王轨没有与陈国军正面交战，而是虚晃一枪，率军直接插到淮河与泗水的交汇处——清口，在两岸筑城，并在水里竖起大木头，又把上百个大车轮用铁链拴起来，沉入水底，要切断陈国水军退路。

这一招好毒辣，陈国军得到消息，大为慌张。萧摩诃急急忙忙对吴明彻说："王轨锁了下游水路，现在敌军在河岸筑城。趁他们还没完成工事，请元帅派我率军攻打，不让他们站稳脚跟，将水路保住，才是上策。要是敌军将城修筑成功，我们就只能做俘虏了！"

吴明彻百战百胜，名震天下，这些年自我膨胀。人一骄傲就特别听不进别人的话，加上那几天他背上的老毛病发作，痛得他坐卧不安，听了萧摩诃的话，焦躁起来，吹着胡子喝道："冲锋陷阵，是将军你的事！长算远略，是老夫我的事！"意思就是你少给我多嘴！

这话绝情，萧摩诃听完变了脸色，退下。

十天后，北周军下游的城修筑完毕，水路断了，形势发生大逆转。

— 04 —

北周看到局面好转，增援的兵力也不断到达。

陈国的将军们纷纷建议："准备撤退，先挖开围堰，靠着水势巨大，把船冲到淮河下游。"

萧摩诃再次请命："请元帅率大军先撤，我率精骑兵来回护卫，一定可以顺利撤军。

吴明彻明白自己贻误战机，就对萧摩诃说："老弟你这个计策，是不错。但我军步兵多，我是三军司令，必须率军殿后。你还是率领骑兵先走，不得延缓！"

萧摩诃连夜率八十精骑为先锋，骑兵全部出发。第二天，吴明彻破堰放水，船只顺水下行，到清口水势渐缓，被铁锁车轮拦住。北周军占领有利地形，步步逼近，陈国军全军崩溃。精锐部队三万及无数辎重装备都被北周军一口吞下。

只有萧摩诃等几个将军率数千骑兵逃回。

吴明彻成了俘虏，北周很敬重这个老帅，还封他为郡公。吴老将军忧愤羞愧，一世英名，毁于一旦！没多久便死了。

这次战争，南陈先胜后败，南北方原来势均力敌的平衡被打破了。北周军越来越强，连战连捷，南陈的局面越来越局促，丢掉了淮河防线，退守长江。

自古守江必守淮，困居江南的南陈，被灭是迟早的事了。

— 05 —

581年，后周权臣杨坚夺权，建立大隋国。国力蒸蒸日上，对南陈形成压倒性的优势。

582年，陈宣帝去世，陈后主陈叔宝继位，弟弟陈叔陵叛乱。关键时刻，萧摩诃出马，带领几百人，就把叛乱人马平定下来，斩了陈叔陵。

陈叔宝封萧摩诃为骠骑大将军，把陈叔陵的财产全部赏给他。

589年，隋军看到条件成熟，几十万大军全军进攻南陈，大将贺若弼渡过长江，进取钟山。

萧摩诃建议：敌军孤军深入，乘其立脚不稳，快速进击，一定能胜。但陈叔宝就是不同意。等到隋军主力过江，陈国军才摆出几路人马应战。

萧摩诃又得到消息，陈叔宝和他的妻子私通上了，他更是不想打仗了。几场战役打下来，陈国军全败，萧摩诃被俘。

萧老将军已快六十了，贺若弼见到闻名天下的勇将，要试试他的胆，喝令推出斩首！萧老将军面不改色，从容自在。贺若弼佩服，改容以礼相待。

陈叔宝也被捉了，萧摩诃请求贺若弼道："我是个囚徒，只希望见故主一面，死而无憾！"

见到陈叔宝，萧摩诃跪地大哭，又取来食物献上，告别而去。

隋文帝杨坚听说后，感慨道："真是壮士！一个人能做到这样，真是难能可贵！"于是封萧摩诃仪同三司，跟随杨坚第五个儿子杨谅到并州。

— 06 —

隋文帝对萧摩诃这类降将，总体不错。

萧老将军的儿子作乱，有关部门要追究他的责任，隋文帝说："一个年轻人，被人蛊惑利用罢了，和萧摩诃没有关系。"

萧摩诃郁郁寡欢地过着无聊至极的日子，不知会不会想起当年金戈铁马的战斗生涯？

604年，隋文帝去世，太子杨广继位，用杨坚的名义给杨谅诏书让他进京。

当年隋文帝和杨谅有约定：如果我用诏书征你进京，会在敕字旁另外加一点——这是暗号。

杨谅看诏书没有暗号，知道诏书是假的，决心不服杨广称帝，起兵造反。他很看重萧摩诃，问他的意见，本来萧老将军就心有不甘，虽然他已七十三岁了，还是赞同杨谅造反。只是此一时彼一时，杨广统治着整个强大的国家，区区一个并州，不是他的对手。

几个月的时间，并州兵就被隋军大将杨素灭了，萧摩诃被杀。

瓦罐不离井上破，将军难免阵前亡。

史上第一飞毛腿悍将，生前为国尽忠，遗体却叛了国

— 01 —

498年，北魏孝文帝拓跋宏准备南征，命尚书令李冲选拔能征善战的勇士。甘肃武都小伙杨大眼满怀信心地去报名。杨大眼是氐族人，他这个性十足的名字并不是绰号。他的爷爷杨难当曾任征西大将军、秦州刺史。李冲看到他的履历，也许就将他当成心血来潮的官三代，没有搭理他。所以，杨大眼初选就被刷下来了。眼看从军梦即将化为泡影，杨大眼急了，他当面请求李冲再给他一次表现的机会。随后，他拿出一根三丈长的绳子系在头发上，双脚如同汽车踩了油门一溜烟儿跑开，绳子被扯得像离弦的箭，连奔马都赶不上。在场的人都惊呆了，李冲感慨道："远古至今，从没听说过谁有这样的能耐！"于是当场任命他为野战军统领。

> 时高祖自代将南伐，令尚书李冲典迁征官，大眼往求焉。冲弗许，大眼曰："尚书不见知听下官出一技。"便出长绳三丈许系髻而走，绳直如矢，马驰不及，见者莫不惊欢。冲曰："自千载以来，未有逸材若此者也。"遂用为军主。

现今专家根据《魏书》中的这段记载，模拟了杨大眼的奔跑速度，再考虑当时的条件限制，最后得出的结论是：杨大眼的冲刺速度大约是9米每秒，堪称史上第一飞毛腿。

— 02 —

杨大眼入伍后如蛟龙得水，随孝文帝南征，一路斩关夺隘，连连攻下五座城池，天下人莫不震惊。

499年，身染重病的孝文帝（拓跋宏）驾崩，时年三十三岁。皇位由次子元恪继承（拓跋宏对北魏进行了汉化改革，将拓跋姓改为元姓），史称宣武帝。

南齐名将裴叔业因为不满朝政腐败，将所辖的寿阳拱手献给北魏。宣武帝大喜过望，派出十万人马前往接应，为防止意外，又令杨大眼先带两千人马入驻寿阳，确保安全后再让后继部队接管。杨大眼在这次协防中表现得很沉稳，宣武帝加封他为游击将军，出任东荆州刺史。

四年后，当地发生少数民族武装叛乱，杨大眼率部迎战，不到一个月就平定了叛乱。

从506年四月到第二年十月，南梁连续发起了几波北伐战争，宣武帝任命杨大眼为武卫将军，率军迎战。杨大眼一出手就斩杀敌将两员，歼敌七千人，俘虏数以万计，还将梁武帝萧衍的弟弟萧宏所部杀得只剩下几名随从。自此，杨大眼的威名传到了江南。

没见过他的人以讹传讹，说他"眼大如车轮"，是个嗜血如命的恶魔。遇到小孩不听话，父母就高呼"杨大眼来了"，小孩立马就不敢再哭闹了。后来南梁使者拜见杨大眼时，发现他不过是身形魁梧了些，相貌和普通人并没有两样，就感到非常好奇。杨大眼解释道："我的眼睛并不比别人大，只是两军对战时，我圆目怒睁，使得敌人不敢直视我。我的眼大，是用在精气神上，何必一定要像车轮那么大？"

杨大眼擅长骑烈马，每次作战都一马当先，所到之处摧枯拉朽，时人一致认为关羽、张飞重生也莫过如此。更可贵的是，个性如烈火的糙汉子，还有一颗柔软的心。杨大眼每次战斗结束后巡视军营时，看见士卒们受伤，总会心疼得流泪。士兵们非常感动，他的部队逐渐练成了一支无坚不摧的铁军。

—03—

507年正月，宣武帝令中山王元英与杨大眼率数十万大军围攻钟离城。钟离位于今安徽凤阳东北，是南梁的咽喉要地。梁武帝萧衍令大将曹景宗率军二十万，火速救援钟离城，一场大战就此拉开序幕。

钟离城内仅有三千守军，但他们凭借城高池深玩命抵抗。杨大眼命人轮番冲击，昼夜苦攻，却被对方杀掉上万人。如此对峙了一个月，宣武帝认为既然钟离城久攻不下，不宜再战，诏令元英班师回朝。但元英请求宣武帝再给他们宽限一段时间，定能取胜。就在这时曹景宗率领的援军赶到了，元英他们此时再撤军怕是来不及了。

事已至此，杨大眼只得率领一万多精骑主动出击，不料这一次的对手很强劲。曹景宗以壕沟、鹿角守住阵脚，再命三千弓弩手同时射击，杨大眼右臂中箭，所率部众死伤甚多。

时值三月，淮河暴涨，北魏军营陷入一片汪洋，军队只得在高处扎营，各营用浮桥相通。曹景宗再出高招，命人扎起竹排载满干草浇上油脂，纵火后顺风而下将浮桥全部烧断，随后又组织敢死队奋力冲杀。北魏军互相难以支援被分头击溃，死者十余万。杨大眼见败局已定，只能烧掉营地狼狈逃走。曹景宗乘胜追击，又俘虏了五万人。

几十万大军攻取一座小城，非但没有取胜还将人马损失殆尽，这是北魏建国以来第一次重大的败仗。宣武帝大发雷霆，将主帅元英贬为庶民，杨大眼也被发配到如今的辽宁朝阳做了边防兵。杨大眼身后的悲剧，就在这时埋下了伏笔。

—04—

两年后迫于内忧外患，宣武帝重新起用杨大眼，任命他前往江淮一带布防。杨大眼上任后在淮水上游开挖渠道，成功遏制了南梁的攻势，宣武帝见他确实有勇有谋，又命他前往少数民族聚居的荆州出任刺史。

荆州的这些异族人时而投降时而反叛，令朝廷大伤脑筋。杨大眼赴任后，将所有的部落首领聚集到衙门，然后叫人搬出一堆身穿青衣的草人（青衣是当地少数民族特有的服饰），待草人摆好后，杨大眼上马拉弓，百米外的草人应声而倒，将这些人惊得目瞪口呆。

随后杨大眼指着草人警告他们："尔等谁再敢叛乱滋事，我就把谁当成这草人射穿！"就在这时忽然有下属来报，所辖县内有一头猛虎祸害百姓多人，无人敢去制服。杨大眼听罢，不顾众人劝阻，只身潜入深山将猛虎生擒，然后当街将其斩首，并把虎头悬挂在城楼上。从此，当地再也没有发生过叛乱。

一年后，杨大眼病逝于任上，一代名将就此陨落。可惜他竟落得死无葬身之地的下场。这样的结局，还得从他被贬成边防兵说起。

— 05 —

杨大眼的老婆潘氏，是个色艺双全的女中豪杰。两人经常毫不避讳地在众人面前秀恩爱。潘氏曾经专程到前线探亲，杨大眼让她换上戎装和自己出双入对。杨大眼曾当着众将士的面得意地说："此潘将军也！"秀恩爱死得快。杨大眼被贬后，潘氏耐不住寂寞，在洛阳和儿人私通。杨大眼官复原职后得知此事，先将潘氏幽禁审讯，最后也不念及当年的情分了，一刀砍死了事，随后娶了一个年轻的老婆元氏。潘氏给杨大眼生了三个儿子：长子杨甄生、次子杨领军、三子杨征南。三人都是勇武善战之人，母亲被杀时三人在场苦苦哀求也无济于事，随即就对父亲心怀愤懑。待续弦元氏怀孕后，杨大眼将三个儿子叫到面前，指着元氏的肚子说："我死后，我的爵位都由你们这个还没出世的弟弟继承，你们几个荡妇生的儿子，从今天起就死了这条心，休想从我这拿走任何好处！"也不知道杨大眼怎么确定元氏怀的就是儿子。不过他赌对了，几个月后，元氏真的就生下了一个男婴。只是杨大眼永远不会知道。因为还没等儿子出生，杨大眼就在荆州撒手人寰了。

三个儿子护送他的灵柩回洛阳安葬，等离洛阳还有七里地时，三人故意拖延时间等天黑，然后闯入父亲在洛阳的故居，逼迫继母元氏交出杨大眼的财产。元氏咬紧牙关坚称不知道，三兄弟本想杀了她，看到她怀中的孩子又起了恻隐之心，就放过了元氏，撬开杨大眼的棺材，抱起他的尸身去投奔梁武帝萧衍了。

— 06 —

杨大眼生前为北魏效忠，死后遗体却投奔了敌国，实在令人唏嘘。倒是他留下的那个遗腹子，成年后传承了他的衣钵，不仅武艺出众更兼体貌雄伟，还和宣武帝的遗孀胡充华发生了一段缠绵悱恻的忘年恋。

最传奇隋朝大将：做过盗贼，日行五百里

— 01 —

南北朝江南陈国最后一任皇帝陈叔宝在位时，发生了一件奇事。

距离城都一百多里的南徐州官员，好几次状告替陈叔宝打御伞的奴仆，说他是南徐州一系列盗抢案件的主犯，请朝廷将其绳之以法。

朝廷的官员都笑了，有人说："这个奴仆每天早上都按时上班，兢兢业业地替皇帝撑着那把大伞，话不多，人老实。南徐州这么远，他飞过去抢东西啊？"

但南徐州的官员坚持说："好几个案件的被害人都指认主犯就是他。"

这下陈叔宝糊涂了，问大家："你们怎么看？"众人无非就是那句："其中必有蹊跷。"

一个聪明人出了一个主意，贴出一个这样的公告：有个公文要连夜送到南徐州，第二天必须赶回来。谁能办得到，赏金一百两。这个坑挖得刚刚好，简直是为嫌疑人量身定制的。

伞奴贪财，不知是计，出来应诏，拿着诏书，连夜出发。当晚就交到南徐州刺史之手，第二天天没亮，他就回来报到了。他被抓起来审问，倒是坦然认下了南徐州的盗抢案。

真相水落石出，南徐州的盗抢案，真的是伞奴所为。原来他经常下班后，晚上动身前往南徐州，爬过城墙，进城做了案再回来，第二天照常上班。这一来一回二百多里的路程，这家伙是跑着来去的，所有人都被惊住了。

伞奴身怀绝技，不但臂力出众，武艺惊人，还有一项绝活：每天能跑五百里，其速度和健马奔驰有一拼。

这是个人才啊，陈叔宝起了惜才之心，决定对他网开一面。结果只给他一个警告，没有追究刑事责任——下不为例。

伞奴叫麦铁杖。

— 02 —

麦铁杖原来的履历，参考《水浒传》中张横、张顺兄弟的营生就差不多了。

麦铁杖生性豪爽，喜欢酒和朋友，声称渔猎为生，其实打家劫舍。在江湖上行走多年，有钱就和朋友大吃大喝，分金散银，终于被陈国的官府捉拿，沦为奴仆。

他隐姓埋名，收敛性子，做着规规矩矩的执伞奴仆，作案也跑到一百多里的外地去。只是这一回还是露了马脚，陈叔宝特赦了他，他捡回一条命。

然而此时陈叔宝已自顾不暇。

589年正月初一，北方大隋筹备了好几年，终于对陈国动手。几十万大军分八路攻打陈国，三下五除二就灭掉了这个最后的割据势力，分裂近300年的南北朝结束。

此后麦铁杖加入隋军，在大将杨素手下当了一个侦察兵。

不久，江南豪强又叛乱，狼烟四起。杨素率军征讨。他知道麦铁杖水性好、武功强，经常派他泅水过江，打探消息。

常在水边走，哪能不湿鞋。麦铁杖有一次失手了，明晃晃的刀架在他脖子上，被五花大绑带走了。三十几个士兵押着他上路。士兵们吃午饭时，麦铁杖哀求士兵也给他吃一口，一名士兵给他松了绑。说时迟，那时快，麦铁杖一把抢过士兵的刀，把他砍倒在地。

只见他身形如电，跳跃腾挪，只一会儿工夫，把这三十多人全部斩杀精光。他还把这些人的鼻子全部割下来，包在一起揣进怀里，吃饱了饭，又游过江回到杨素大营。

看着一堆湿漉漉、血淋淋的鼻子，见多识广的杨素也惊住了。

— 03 —

几个月后战事结束，隋军班师回朝。杨素从来对部下的功劳记得清，请功也快。可这一回不知是有意还是无意，杨素没有上报麦铁杖的功劳。

杨素坐着马车，一路绝尘而去。可每到一个驿站，麦铁杖就出现在他身边。杨素感动了，将麦铁杖的功劳上报给朝廷，朝廷给他封了官，他成为大隋一名官员。

终究江湖上刀口舔血讨生活的日子不好过，麦铁杖还是渴望得到社会的承认，过上封妻荫子、光耀门楣的生活。可惜麦铁杖不识字，处理不了公文，一路升升降降，最后到底还是做了汝南太守，慢慢地熟悉了政务。

读书人看不起大老粗，他经常被人开玩笑。当然他的强项还是在战场上，他跟着杨素打突厥、平叛乱，多次身先士卒，立了大功。

领导都有几个直性子的部下，像《三国演义》中刘备爱张飞，《水浒传》中宋江宠李逵。这些粗人特别地忠心耿耿，眼里只有大哥一个人。

隋炀帝杨广也一样，非常喜欢这个没文化并耿直的汉子，把他提拔为右屯卫大将军，正三品，是众多卫队司令之一。

麦铁杖终于碰上个赏识自己的好领导，为感谢隋炀帝的知遇之恩，决心用上身家性命报效君主。

— 04 —

隋朝统一了全国，人心思定，加上隋文帝在位前期施政好，国家欣欣向荣，国富民强。

隋文帝去世后，隋炀帝继位。他好大喜功，是个能折腾的主儿——兴建东都洛阳，开凿大运河，巡视天下。

隋炀帝南巡时，一路行宫无数，光护卫的士兵、随行的宫人就好几万，沿途的州府为接待隋炀帝花尽心力。

后来，隋炀帝又举行规模宏大的西北边疆巡视。突厥人对隋炀帝毕恭毕敬，大大满足了他的虚荣心。不料东北的高丽却有点不听话，隋炀帝大怒，要平了高丽。

612年，隋朝百万大军第二次征高丽。麦铁杖自告奋勇当先锋，对别人说："男子汉大丈夫要战死在疆场上，马革裹尸。千万不能死在女人身边，用艾灸、瓜蒂这些来提神续命。"

大军到达辽河，建浮桥渡河。高丽兵列阵在对岸，长枪大戟，森森如林。

麦铁杖对儿子们说："今天就是我报效君王，奋勇杀敌的时候了。"而且他特别交代儿子们："如果我战死了，你们以后就可以富贵无忧，一定要在'忠孝'这两个字上努力，做到最好。"

浮桥还差丈余到达对岸，高丽集中兵力反击。麦铁杖率钱士雄、孟叉等勇士一跃上岸，与敌军死战。

浮桥靠不上对岸，后续部队跟不上，麦铁杖等数人以寡击众，逆势而战，非常吃力。虽然这几个人都勇冠三军，以一当百，但猛虎尚惧群狼，他们终于顶不住，全部当场战死。

隋炀帝得到消息，大为悲伤。下诏通报表扬麦铁杖，称他意志坚定，勇敢顽强，是大隋国的烈士。他虽然牺牲了，但他的功劳长存于世。而且隋炀帝派人赎回麦铁杖的尸体，为他举行了隆重的葬礼。在征高丽之战中，战败的大将宇文述等上百名高级军官，替麦铁杖执绳引棺，王公大臣也送行至郊外。

隋炀帝追赠麦铁杖为宿国公，给予了他极高的荣誉，又将他的三个儿子孟才、仲才、季才都封为大官，以慰麦铁杖。

—05—

麦铁杖是广东南雄人，岭南麦氏的很多人是他的后代。

南北朝时期，战乱不断，许多民间豪杰，抱团取暖，集结了乡民，装备了武器，组成军事组织，保卫家园。

民间传说，他本来姓何，不叫麦铁杖这个名字。在家乡拉起队伍，大家都显摆自己的本事。他将一条八十斤重的大铁杖，挥舞如风，气势逼人。所有人都慑服，大家就叫他铁杖，把他原来的名字倒忘记了。

后来麦铁杖南征北战，立下了大功，见到隋炀帝，隋炀帝问他有什么心愿？麦铁杖说自己饭量太大，每餐要吃常人好几倍的饭菜，从小到大没有吃过一餐饱饭，只希望皇帝陛下以后能保证他"日食斗麦足耳"！

隋炀帝听后开怀大笑，当然可以满足他这个要求，于是给他大批的钱和粮食，并且让他不要姓何了，赐他一个麦姓！让他天天有饭吃。

纵观麦铁杖的一生，从强盗到国家大将，算是鲤鱼跳了龙门，不过说起来都是为了吃上安稳的一碗饭。

朴素的传说有真正的道理，世间无如吃饭难！

门神秦琼：五度跳槽，六任老板

—— 01 ——

先扯一段闲篇。

《西游记》第十回《二将军宫门镇鬼　唐太宗地府还魂》中，有这样一个情节：君臣两个对弈此棋，正下到午时三刻，一盘残局未终，魏征忽然踏伏在案边，鼾鼾盹睡。太宗笑曰："贤卿真是匡扶社稷之心劳，创立江山之力倦，所以不觉盹睡。"

太子太师魏征与唐太宗李世民下棋，突然打盹，迷迷糊糊睡着了。魏征果真是心劳、力倦吗？非也。他办差去了，一梦斩龙，将泾河龙王杀了。

原来，泾河龙王公权私用，触犯天规，其罪当诛，玉帝就把监斩的差事交给了魏征。念及魏征乃李世民的手下，泾河龙王就托梦求他拖住魏征，只要过了午时三刻就好。

李世民当即应诺道："明天我请魏征下棋，缠住他。"焉料，魏征留着后手呢。他只打个盹的工夫，就魂灵出窍，飘乎乎上了剐龙台，把泾河龙王给办了。

这下，泾河龙王不干了，它阴魂不散，夜夜骚扰、唾骂李世民，说他是小人，说话不算数。惊惧之下，李世民急忙召开班子会议，询问这事该怎么办？

这时，一武将跨步出列，说道："老大，今晚你睡你的，我和尉迟恭给你站岗把门。那妖龙若再闹腾，看我俩不揍扁它！"

这位武将便是本领高强、骁勇过人的山东历城人氏秦琼，也就是秦叔宝。

李世民闻言大喜，准了。

— 02 —

唐太宗李世民为什么大喜，而非大愁？为什么准允，而非拒绝？一句话，他为什么那么信任秦琼？还成全他从此化身千家万户的守门神？

也许你会问，为什么这么多为什么？很简单啊，自隋至唐，秦琼屡炒老板，数度跳槽，绝对当得起"跳槽王"这一称号。

跳槽者，多给人不靠谱、不可信任的感觉。别说古代，即便如今，哪个老板会喜欢朝秦暮楚、跳来跳去的员工？别提"树挪死，人挪活"，一旦在职场腥了名声，挪到哪里都难活。在古代，跳槽可能轻则不受待见，重则会掉脑袋，小命不保。史上活生生的例子，俯拾皆是。

比如，战国时期的兵家总舵主吴起。吴起生于卫国，成名于鲁国，强悍于魏国，辉煌亦被车裂于楚国。

再如，三国第一豪横哥吕布。他不光跳槽，还克老板，并州刺史兼干爹丁原、河东太守兼义父董卓，全被他这个干儿子给干掉了。结果，袁术不敢要他，袁绍怕了他，刘备被他害得很惨。兜来绕去，最终吕布落到了曹操手里。

曹操爱才，史上有名，但想想吕布反复跳槽那些事，也觉得头皮发麻。为安全起见，曹操还是杀了他。

扯远了，再回来说秦琼。

— 03 —

尽管开篇典故只是神怪小说，不足为凭。但于正史中，唐太宗李世民也确实器重秦琼。李世民平定四方、坐稳江山后，拜其为左武卫大将军、翼国公，食实封七百户。

贞观十二年（638），秦琼病故，李世民追赠其为徐州都督、胡国公。

贞观十七年（643），为纪念一同打天下的文臣武将，李世民评选大唐劳模，隆重推出"凌烟阁二十四功臣"，秦琼位列其中。

以笔者之见，大破九姓铁勒、降服高句丽的薛仁贵；灭突厥、夷百济、定吐蕃的苏定方；随秦王荡平群雄、平定西南民乱的张士贵，以及博学多才的黄门侍郎褚遂良，其功劳应不在秦琼之下。但是，他们皆榜上无名。

接下来，让我们看看秦琼的跳槽经历，他是否对得起唐太宗的青睐之情。

— 04 —

秦琼的第一任老板是来护儿。来护儿出身于新野来氏，字崇善，江都（今江苏扬州）人，隋朝名将。大业年间，进拜左翊卫大将军，响当当的实权派。在评书里，他的江湖报号是"铁枪将"，听上去威猛无比。

秦琼也因生性勇悍，素爱打抱不平，赢得来护儿的青睐，收入帐下为将。

但说这年，秦琼的母亲不幸病故，来护儿特意遣人前往吊丧。下属很纳闷，问老板："员工家有丧事的很多，你为什么只高看秦琼？"来护儿正色道："秦琼有勇有气节，将来必前途无量，怎能当卑微之徒看待？"

据《新唐书·秦琼传》记载："始为隋将来护儿帐内，母丧，护儿遣使襚吊之。吏怪曰：'士卒死丧，将军未有所问，今独吊叔宝何也。'护儿曰：'是子才而武，志节完整，岂久处卑贱邪？'"

按说，古人多重信讲义气，这知遇之恩，当赴汤蹈火以报。可事实是，秦琼跳槽了，转投了张须陀。而除野史外，无论《新唐书》《旧唐书》，还是其他史料，均未提及跳槽缘由。

— 05 —

秦琼的第二任老板是张须陀。

张须陀（565—616），字果，弘农阌乡（今河南灵宝西北）人，一生纵横沙场，建功无数，堪称隋朝柱石大臣。

杨广三征高丽，耗费巨大，又赶上饥馑，民不聊生。张须陀私自开仓赈灾，可谓一心为民。在历史评价中，张须陀是一个比较正能量的人。

跟对老板，有福利。秦琼也正是在张老将军手下渐露锋芒，声名鹊起。

《新唐书·秦琼传》记载："俄从通守张须陀击贼卢明月下邳，贼众十余万，须陀所统才十之一，坚壁水敢进，粮尽，欲引去。须陀曰：'贼见兵却，必悉众追我，得锐士袭其营，且有利，谁为吾行者？'众莫对。惟叔宝与罗士信奋行。乃分劲兵千人伏莽间，须陀委营遁，明月悉兵追蹑。叔宝等驰叩贼营，门闭不得入，乃升楼拔贼旗帜，杀数十人，营中乱，即斩关纳外兵，纵火焚三十余屯。明月奔还，须陀回击，大破之。"

下邳之战，人困粮绝，面对十倍于己的强敌卢明月，张须陀决定使诈佯退，暗中派千人团奇袭敌营。可是，谁来带领这千人团呢？这可是个危险差事。就在众将大眼瞪小眼之际，秦琼一声断喝："我去！"结果，这一战立见奇效，杀得卢明月几近全军覆没。

秦琼自然也赚大了，官升正六品建节尉，秒上隋唐热搜榜。

一转眼，到了大业十二年（616），出事了——"从须陀击李密荥阳。须陀死，率残兵附裴仁基"。

— 06 —

616年十一月，张须陀率军讨伐瓦岗寨。谁想，瓦岗大当家李密毫无原创精神，居然照搬张须陀大败卢明月的路数——佯败诱敌，打伏击。张须陀身陷重围，大骂李密，力竭战死。

秦琼则强行突围，依附了据守虎牢关的河南道讨捕大使裴仁基。这次跳槽，对秦琼而言，实属无奈之举。

好在裴仁基也非等闲之辈，曾担任过隋文帝杨坚的带刀侍卫，平叛过蛮贼向思多，干败过吐谷浑，官拜光禄大夫，也算是个有实力的老板。

不过，说来简直是无厘头。短短半年不到，因同僚内讧，老板裴仁基与监军御史萧怀静不合，然后他带着秦琼等一众员工，集体跳槽到了李密的瓦岗集团！

你说，这算啥事？甭管啥事，反正瓦岗大当家李密非常开心，当即封秦琼为帐内骠骑，与程咬金等统领八千内军，待遇噌噌噌拔高了几节。

此事见《新唐书·秦琼传》："仁基降密，密得叔宝大喜，以为帐内骠骑，待之甚厚。"

至此，秦琼已换了四任老板。

别急，更热闹的还在后头呢。

— 07 —

这一年是时局动荡乱糟糟的大业十四年（618）。

三月，右屯卫将军宇文化及发动江都政变，杀掉了隋炀帝，拥立杨浩为傀儡皇帝，自称大丞相。

七月，宇文化及率军北归，与瓦岗军开打。

几番过招，瓦岗李密侥幸打败了宇文化及。他自以为老子武功天下第一，骄傲得不得了，甚至对冒死救他性命的秦琼都呼来喝去。

于是，秦琼的心凉了。心更凉的是李密。不久，李密便被江都宫监王世充抽冷子打得落花流水，家底丢光。

秦琼遭俘后，投奔了王世充，获封龙骧将军。

同样是短短不到半年时间。

（秦琼）与程咬金计曰："世充多诈，数与下咒誓，乃巫妪，非拨乱主也。"秦琼与程咬金商量说："王世充特别狡诈，多次跟下属诅咒发誓，简直就是老巫婆，不是能改变乱世的人。"

程咬金问："你想干吗？"

秦琼说："听说秦王李世民是个好老板，待遇高，有前途。走，咱们投他去。"

至此，秦琼五度跳槽，成为李世民的最佳员工，一直干到了退休。

— 08 —

来护儿→张须陀→裴仁基→李密→王世充→李世民，秦琼的老板着实一个比一个强。

如果说，李密骄矜自傲，王世充狡黠奸诈，秦琼瞧不上眼，跳槽也就算了。可来护儿于他有礼遇之恩，为何秦琼也离弃而去？没理由啊。而且张须陀，更是个重情重义、爱护员工的好老板。

《隋书·张须陀传》记载："密与让合军围之，须陀溃围辄出，左右不能尽出，须陀跃马入救之。来往数四，众皆败散，乃仰天曰：'兵败如此，何面见天子乎？'乃下马战死。"

张须陀身陷瓦岗重兵围困，又遭徐世勣、王伯当等顶尖高手车轮群殴，为救部下，他四度杀进杀出，最终力尽而死。如这般铁血柔情的好老板、好大哥，秦琼为什么没有两肋插刀，此仇不报非君子，还随裴仁基降了李密呢？

对了，"两肋插刀"的典故，还真来源于秦琼。"两肋插刀"实为"两肋岔道"。

说好的义气呢？说好的"忠臣不事二主"呢？

笔者有些晕。再回转前文。

唐太宗遭泾河龙王夜骂，秦琼与尉迟恭宫门镇鬼，乃民间典故，神怪之谈。而另一个事实是，唐太宗还真就这么干了。

据《旧唐书·秦琼传》载："十二年卒，赠徐州都督，陪葬昭陵。"

贞观十二年（638），秦琼病故。太宗追赠其为徐州都督，准允陪葬昭陵。

真心猜不到唐太宗是怎么想的。难道他就不担心秦二爷烦了闷了，再度跳槽而去，害他做鬼都不安生？

个中蹊跷，是非曲直，如何解得？既然捉摸不透，那便就此打住。

断指求兵、喋血孤城，这个非著名将军一战封神

时隔千年，这个故事依然令后人胸怀激荡。

即便透过厚重的历史硝烟，也无法掩饰那些闪耀着的人性光芒——忠义。

—01—

757年，只有数千人马的孤城睢阳，令手握重兵的叛军将领尹子奇坐卧不安。

当初大军所到之处，如入无人之境，京城长安和东都洛阳被攻陷，连唐玄宗都被迫逃往蜀中避难。十几万铁骑一路披靡，尹子奇眼看即将入主中原，却在睢阳这座小城面前踟蹰不前。

这座被称为江淮门户的小城，只有六七千守军，和十几万敌军完全不在一个等级上。真正让人可怕的是城中守将张巡。

张巡，蒲州河东（今山西永济西）人，一说邓州南阳（今属河南）人。进士出身的他精通兵法，在朝中素有名声。因为他不愿巴结宰相杨国忠，被贬到真源县，也就是如今河南周口的鹿邑县任县令。

"安史之乱"爆发后，叛军一路南下，睢阳成了阻止敌军南下的唯一屏障。睢阳县令许远深知能力有限，便将指挥权交付给真源县令张巡。大战在即，两人也顾不上朝廷法度，张巡将两地守军合集一处，清点下来还不足七千人。

即便如此，张巡也没打算坐以待毙，他派心腹雷万春和南霁云主动出击，以精锐兵力在宁陵县拦截敌军。这两位实力派猛人一出手，就杀得叛军尸横遍野，连睢阳城外的河渠都被尸体阻断了，敌将杨朝宗连夜逃走，睢阳之围得以缓解。

如此对峙了一年多，这期间张巡以突袭、诱敌、诈降等各种频出的手段，令叛军始终难以逾越睢阳半步。

坐镇的敌将尹子奇按捺不住了，他亲率十三万突厥骑兵，浩浩荡荡地杀向睢阳。旌旗蔽空，尘土飞扬，一场生死大剧即将上演。

战争的场面确实很壮观，奈何导演太不给力，连续攻城十几天，连城墙的青砖都没打下几块。气急败坏的尹子奇只得退军休整，随后再增兵到十八万人，一番强攻下守军终于顶不住了。当夜，城门洞开，一小队骑兵举着白旗走向敌营。

大喜过望的尹子奇，闻讯后赶紧披衣迎接，不料对面刀光一闪，几十名手持快刀的健儿纵马驰骋，杀得毫无防备的敌军如切瓜砍菜一般。等敌军回过神来，这伙人马早已一溜烟儿回到城中。这次夜袭的指挥者，正是张巡麾下的南霁云。

第二天，急于复仇的尹子奇再令大军攻城，张巡向敌军喊话，约尹子奇出来谈判。估计射程差不多了，伏在垛口下的南霁云，突然反手一箭，正中尹子奇左眼。如果张巡再狠点儿，提前将箭头淬了毒，或许就没有后面的悲壮故事了。

— 02 —

这一箭，让尹子奇成了独眼龙，却没能改变双方对峙的局势。

虽然连连受挫，毕竟对方是十几万人马，不说战斗减员，就是用不到七千人，没日没夜地砍几十万头猪，也能将人累得半死不活。

当年六月，满目疮痍的睢阳，城中守军能活动的只剩下一千多人。最可怕的是，树皮、战马、麻雀、老鼠都被洗劫一空，连守将张巡家的爱妾，也被充作军粮。

这桩血腥得毫无人性的杀妾事件，成了张巡人生中最大的污点。就在众人饿得奄奄一息时，一个小将站了出来，自告奋勇地请求出城借兵。

这个小将就是此前杀退杨朝宗、射瞎尹子奇左眼的南霁云。

南霁云的传奇，还得从他的出身说起。南霁云出身寒门，自幼习武的他在家族中排行第八，人称"南八"。他不仅使得七十二路枪法，还精通箭术，是远近闻名的武术高手。只可惜这时，他生活在国泰民安的开元盛世，空有一身武艺无处施展，只得以摆渡为生。

直到755年，范阳节度使安禄山纠结同伙史思明悍然起兵反唐。家国破碎之际，南霁云应征入伍，随后被上司尚衡派往睢阳主帅张巡麾下，助他守城。

这时的南霁云，已经是年过四旬的中年人了，但生活没有磨灭他心中的激情，和威名显赫的张巡一起做搭档，正好可以大显身手。为此，他拒绝了老领导尚衡派人赠送的金银。

人才，在任何年代都是稀缺资源，尚衡不愿将这颗明珠拱手相让。而张巡与这位勇武、豪迈的汉子一见如故，惺惺相惜之下，南霁云决定生死相随。他们的关系，大致相当于《亮剑》里的李云龙与和尚。

眼见睢阳难以坚守，张巡决定孤注一掷，他环顾四下后怆然道："如今谁人能出城求援？"他话音落后许久，众人面面相觑，竟无人应答。

敌军将睢阳城围得铁桶一般，连只麻雀都难以飞越，困守孤城固然难逃一死，可贸然出城，只会被乱箭射成刺猬。

就在气氛愈加沉重时，一个雷霆般的声音在人群中炸开："我愿出城！"众人回头，那人正是正气凛然的南霁云。

—— 03 ——

南霁云精挑了三十名骑兵组成敢死队，趁着月色一顿猛砍，随后马不停蹄地一路狂奔六百里，等到临淮时，才发现身边只剩三人。

临淮位于如今江苏省泗洪县，守将贺兰进明是进士出身，不仅擅长舞文弄墨，心机也相当深沉。

监军许叔冀不同意出兵，在他看来叛军人多势众，临淮的这点人马如去睢阳，无异于羊入虎口。南霁云听罢，立即提刀冲到他府上，吓得许叔冀闭门不出，直到贺兰进明出来才解围。

贺兰进明比许叔冀圆滑，他认为张巡以数千人马抵抗叛军一年多，不管结果如何，都将一战成名。如果这次真要派了援军，没准睢阳就守住了，那时名扬天下的可是张巡、许远，谁又会记得他贺兰进明呢？

　　不过，眼前这个叫南霁云的汉子，倒是难得的忠勇猛将，若是将他收为己用，倒可以成为日后的政治资本。

　　贺兰进明安排了一场丰盛的酒宴，再请属下的文武官员充当说客，劝说南霁云不再回睢阳，反正大家都是给李唐王朝打工，换哪个领导不是干活领工资？

　　南霁云这时才看清了这伙人的真实面目，他激动地起身怒喝道："我冒死出城，睢阳城中军士已经到了吃人肉的地步，这桌酒菜你们怎么还能咽得下？"说罢拔出佩刀，贺兰进明及一众人大惊失色。

　　南霁云轻蔑地扫视了这伙鼠辈一眼，随手一扬将一根手指削断。随后举起血淋淋的断指，向贺兰进明表明心迹，说道："此番我抱着必死的决心，希望大人早发援兵！"

　　不少人被他的英勇气概所震慑，贺兰进明却始终不愿出兵。南霁云深知，再等下去也是无济于事，只得黯然离去。

　　临淮城外有座佛塔，徒劳无功的南霁云深感生死渺茫，向佛塔射出一支羽箭，半支长箭没入青砖，箭尾犹然颤动不已。身后的三名随从惊愕不已，南霁云看着他们，厉声喝道："待叛军平定，我必杀贺兰进明，今以此箭为誓！"

　　当睢阳城内的守军已经绝望时，城外突然传来了厮杀声。但见一壮汉左右拼杀血肉横飞，身后的叛军无人敢追，只得眼睁睁地看着他将一群牛羊赶入城内。

　　三十人的敢死队，如今只剩南霁云一人。无法求来援兵的他，顺手将敌营中的一群牛羊赶入城中，也算为这支孤军送来了几天的军粮。满身鲜血的南霁云，告诉张巡援兵是指望不上了，众人听罢，决心与城共存亡。

　　当年十月，坚守了近两年的睢阳陷落，张巡及南霁云等三十六人被俘。

　　尹子奇对让他失去一只眼珠的南霁云倒是心生钦佩，一心劝他投降，南霁云沉默不语。张巡以为他心生投敌之意，赶紧冲他喊道："南八，大丈夫不过一死而已，怎能向不义之人屈服？"南霁云仰天一笑道："我本打算诈降寻机复仇，既然张公这般疑我，我怎敢不死？"随后被尹子奇怒杀。

　　包括张巡在内的三十六人，都因拒绝投降全部被杀，史称"三十六将"。

　　南霁云的忠勇事迹，从此一直广为流传。

　　到了北宋，朝廷敕封他为"二龙神君"，立庙祭祀，香火至今依然旺盛。

　　一代武侠宗师梁羽生在作品《大唐游侠传》里，还为南霁云浓墨重彩地写了一笔，并借主人公之口盛赞这位大唐奇男子："敢笑荆轲非好汉，好呼南八是男儿！"

　　民族危亡之际，那些挺身而出的人，有理由被历史所铭记。

天生重瞳，传说他用拖刀计斩杀李元霸

— 01 —

隋文帝开皇十九年（599），隋数路大军分道进击突厥。越国公杨素出灵州道，高颎出朔州道，燕荣出幽州道。

杨素带领军队到了扶风，地方官员在驿站摆下酒宴，犒劳军队长官。杨素带着参谋、警卫一行人入驻驿站。他远远看到一行人，其中为首的一个高大雄健的身影，让他猛地想起一个人。他立即派人上前询问，一会儿那人回来汇报："他是叠州总管鱼俱罗，因母亲去世，回老家冯翊奔丧，路过此地。"

杨素闻言大喜，就要与强敌交战，闻鼙鼓而思良将，这个鱼俱罗是不可多得的猛将，怎么能放他走呢？于是，他把鱼将军叫来，言明要他夺情报国，先打突厥要紧。

杨素权倾朝野，知人善任，是大隋国的顶梁柱，从来说一不二。鱼俱罗慨然应允，杨素给朝廷上书，讲明原因，鱼俱罗就跟着杨素出征突厥。

早在平定陈国和平定江南高智慧叛乱的战争中，鱼俱罗就在杨素手下效力，将帅配合默契。杨素知道鱼俱罗才堪大用，鱼俱罗知道杨素指挥有方。

大军碰上突厥，鱼俱罗率几十骑突袭。他怒目圆睁，声如霹雳，一马当先，直冲进突厥阵营中。他左冲右突，一根长矛挥舞如风，风驰电掣般在敌阵中来回冲杀，挡者无不披靡。

隋大军数路并进，大败突厥。

至隋文帝开皇二十年（600），突厥启民可汗归顺大隋，北方强敌已经没落。

鱼俱罗任北方边际丰州总管，镇守边疆。

— 02 —

鱼俱罗效力隋军多年，以英勇善战闻名，弟弟鱼赞也是个勇士，出生入死建立功业，是晋王杨广的贴身侍卫官。

杨广后来谋得太子位，隋文帝驾崩，杨广继位，就是隋炀帝。鱼赞因战功被封为车骑将军。

这些战场上白刀子进红刀子出的将士，或许是见惯了生死，有的人心肠特别硬，甚至于无情，鱼赞更是残忍。

他让侍从温酒，酒太烫或太凉，他就割断侍从的舌头。侍从烤肉火候不好，他就用竹签刺瞎侍从的眼睛。

这些消息传到杨广那里，杨广也不高兴，心想：哪有这样的人？

鱼赞的所作所为连累鱼俱罗也不受待见，有人说："弟弟这个样子，哥哥也好不到哪儿去！"

因为鱼赞是自己的旧部下，杨广没有杀他，只把他关起来了，而且把鱼俱罗叫来，教训道："你把弟弟带回家，自己看着办吧！"

鱼赞回家，明白自己得罪了皇帝，觉得活着没用，喝毒酒自杀了。

杨广估计鱼俱罗也被吓着了，只怕他不会安心。丰州是个要害地方，鱼俱罗本事又大，守卫边塞，打得突厥人叫苦连天，突厥人听到他的名字都不敢到丰州边界放牧。他是个危险人物，不能把他安置在那里。杨广将他调到安州任刺史，一年后，又调赵郡太守。

其实有一点杨广没明讲，他心中有点忌惮鱼俱罗，因为鱼俱罗是"重瞳子"——眼睛里有两个瞳孔。古人认为这是异象，圣人、王者才和别人长得不一样。比如，刘备的双臂过膝，两只耳朵很大，就是帝王之相；大舜帝、楚霸王项羽都是重瞳子，非同小可。

— 03 —

和平岁月，每年地方长官要到中央述职。鱼俱罗每次都带着赵郡的土特产到京城，想送给隋炀帝杨广，套套近乎。杨广不想要这点破东西，鱼俱罗觉得丢了可惜，就转手送给朝中的大臣、权贵。

将军梁伯隐是鱼俱罗的老朋友，鱼俱罗一到京城，就找他喝酒叙旧，感叹人生。作为一名地方大员，和朝中的权贵过于频繁地接触，是官场的大忌。这是拉帮结派、自立山头的开端！

看来鱼俱罗军事上是一把好手，政治上还是太稚嫩了。

御史任何时候、任何地点都在盯着要员们的举动，一看鱼俱罗触了线，立即上奏弹劾他：以地方大将身份，勾结朝中大臣。隋炀帝果然大怒，立即把鱼俱罗和梁伯隐都免职，回家当老百姓去吧！不过兵部的长官都知道鱼俱罗这人会带兵打仗，都记得他。

不久，益州偏远的越巂郡少数民族造反，鱼俱罗被征召，以白丁的身份，暂时代理指挥工作，率军前去镇压。仗打得还是漂亮，他又回到军队工作，参加第二次讨伐高丽的战争。

这时候是隋炀帝大业九年（613），杨广当皇帝后没有一年消停过，打了高丽两次，消耗了无数财物，死伤几十万将士。

隋炀帝又挖运河、赏突厥、巡视天下，被他折腾得没活路的百姓造反了。

江南人刘元进也是一个两臂过膝的"异人"。朝廷的征兵令到了江南，刘元进对大家说："前些年天下强盛，咱们父兄攻打高丽国，大部分还回不来。如今天下乱糟糟的，轮到我们去，那是一点活路也没有！"大家一合计，反了。

朝廷派鱼俱罗和吐万绪两个将领率军征讨刘元进。

— 04 —

朝廷的正规军打过来了，造反的平民百姓组成的乌合之众不是他们的对手，被打得七零八落。鱼俱罗、吐万绪都是百战名将，打这些农民军不在话下。但他们发现，敌人被打败了，被斩杀了一大片，过不了多久，又有人聚集到一起，这一回人马更多了。明明是天天打胜仗，可敌人越来越多。

吐万绪部渡过长江，攻打刘元进主力，连战连胜，杀了无数叛军，把刘元进一路追赶到建安郡（福建）。隋军也很疲劳，停军休整。鱼俱罗这一路，也是顺风顺水地打下一个个地方，可一转眼，刚投降的地方又反了。

用现代的话来说，隋军陷入了人民战争的汪洋大海。

鱼俱罗看出来：这仗不是一年两年可以打完的，是个不可能完成的任务，只怕天下大乱，没有一个尽头了。每个人都在替自己的未来着想，鱼俱罗也打起自己的小九九。

他的几个儿子都在洛阳、长安二京。如今到处是盗贼，道路隔绝，消息不通，以后怎么和孩子们联系呢？

鱼俱罗得到消息：因战争和灾荒，洛阳米贵得不得了。他立即派遣家奴，走水路，把一船大米运到洛阳卖了，买回大批贱价的金银宝贝，还顺道把孩子们都接了出来。

一个前线的总指挥，这个生意经算得太精明了！

隋炀帝杨广心急火燎地等消息，恨不得将军们一口气就把叛军吃掉，一看吐万绪停战休整，就不高兴了，恼火地将其撤职。他再得到鱼俱罗卖米赚钱，还偷偷把儿子接到南方的消息，心道："他这是要干什么？不把国法家规放眼里啦？"

他派出使者调查鱼俱罗，没查出什么问题，看来鱼俱罗有本事。

前面说过，杨广本来就不喜欢鱼俱罗，这个重瞳子，是皇帝的一块心病，不除掉鱼俱罗总是不安心。他再派大臣梁敬真为特使，把鱼俱罗抓起来，由他审理鱼俱罗贪污枉法案。

总有一类人善于揣摩上级的意思，上级想办而不好出面办的事，就由他们来完成，梁敬真就是这样的人。他给鱼俱罗安了一个罪名：鱼俱罗所部连吃败战，丧师辱国。他奏报朝廷，朝廷发下诏书：杀了鱼俱罗！鱼俱罗被斩于洛阳东市，家产全部充公。

梁敬真随即疯了，他总是梦见鱼俱罗变成鬼来折腾他，拖了十来天，一命呜呼。

— 05 —

鱼俱罗就这样死了？是的。

天下人都明白鱼俱罗是被冤枉的，但是只能靠演义来补。在隋唐各种话本中，鱼俱罗都是个狠角色。

《兴唐传》上说，鱼俱罗是大隋九老，和韩擒虎、贺若弼一样的开国元勋，后来不满隋炀帝的荒唐，告老还乡。

还有传说：鱼俱罗的徒弟宇文成都被李元霸打死了，他亲自出马替徒弟报仇，和天下第一条好汉李元霸交手，用拖刀计将李元霸斩于马下。他得意扬扬之余，放松戒备，被李世民一箭射死。

这些小说家言，特别精彩古怪，虽然与历史记载一比，离题万里。但反过来可以说明，鱼俱罗确实是大隋数一数二的悍将，不然，怎么会派他来砍了李元霸？

文人看似文质彬彬，实则内心狂野

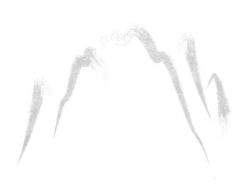

富二代唯一楷模，我推王徽之

— 01 —

有一年，王徽之要离开都城建康，刚刚上船准备出发。王徽之一行人坐在船上，突然见到人群攒动，有人惊呼："'江左第一'的大乐师桓子野先生来了！"

桓子野又名桓伊，是《梅花三弄》笛曲的最初创作者，据说曾得到东汉蔡邕制作的"柯亭笛"，擅长音乐演奏，名动当时。

王徽之很早之前便听闻桓伊大名，只是从未相识。

桓伊当时已经下船，在岸边准备上车，却听有人高喊留步。原来，王徽之请人向桓伊传话："听闻先生擅长吹笛子，不知先生可否为我吹奏一曲？"

桓伊何等人物，后来官居都督豫州之十二郡、扬州之江西五郡军事、建威将军、历阳太守，虽然当时还没有达到后来的职位，但已经是东晋官场赫赫有名的人物了。

桓伊得知对方是王徽之，大惊失色，立刻掉头下车，在岸边的板凳上为王徽之吹奏了一曲《梅花三弄》。他演奏完毕，王徽之也没有露头，甚至没有答话。桓伊便无奈地掉头回到车上。

《世说新语》记载："王在船中，客有识之者云：'是桓子野。'王便令人与相闻，云：'闻君善吹笛，试为我一奏。'桓时已贵显，素闻王名，即便回下车，踞胡床，为作三调。弄毕，便上车去。客主不交一言。"

— 02 —

王徽之是王羲之的第五子，曾经在东晋初年有"马家天下王家党"的传言，而且王徽之的姥爷郗鉴曾是东晋的太尉，是与王导平分秋色的人物。

当时东晋崇尚名士风气，含着金汤匙出生的王徽之自然不会把桓伊放在眼里。别说桓伊，就连当时主政的大司马桓温，也对王徽之无可奈何。

王徽之担任大司马桓温的参军期间，终日衣冠不整、蓬头垢面，对主管的工作不闻不问，桓温也只能包容他。

同事对王徽之颇有微词，大司马桓温劝解道："王徽之才华横溢，我们要对他宽容一些。"

王徽之不仅没有受到处罚，过几年反而升任车骑将军桓冲的骑曹参军。由于当时马匹是作战的主要工具，因此骑曹是军队中一个很重要的部门。但王徽之仍然不改旧习，对工作不闻不问。

桓冲实在看不下去了，便问王徽之："兄弟，你在军中的职务是什么？"

王徽之说道："没人跟我说过！但是我看衙门里经常有人牵着马进进出出，我想不是骑曹，就是马曹吧？"

桓冲又问道："那你管理的马匹有多少？"

王徽之又大大咧咧地说道："这你不能问我，得问我手下喂马的人。我从来没有问过，哪里知道马匹的数量？！"

桓冲最后问道："最近疫情厉害，你可知道死了多少马？"

王徽之哈哈大笑道："我连活着的马有多少都不知道，别说死了多少马了！"

桓冲见王徽之一问三不知，从此便再也不找他了。

《晋书·王徽之传》记载："又为车骑桓冲骑兵参军，冲问：'卿署何曹？'对曰：'似是马曹。'又问：'管几马？'曰：'不知马，何由知数！'又问：'马比死多少？'曰：'未知生，焉知死！'"

—— 03 ——

话说有一次，桓冲带着随从们外出视察各地，王徽之作为参军随行。不巧，走在半道上突然下起了暴雨。一行人只有主帅桓冲乘坐马车，其他人都是乘马而行。

王徽之下马一头扎进了桓冲的马车中。桓冲正丈二和尚摸不着头脑之际，王徽之对桓冲说道："你怎么能独自享有这么好的一辆车呢！"

桓冲早已习惯王徽之的不拘小节，便没有驱赶他。等到暴雨过去，王徽之说了声"谢谢"，便下车而去。在众人羡慕的眼光中，王徽之旁若无人地骑马继续前行，如同刚刚什么都没有发生一样。

《晋书》记载："尝从冲行，值暴雨，徽之因下马排入车中，谓曰：'公岂得独擅一车！'"

— 04 —

王徽之有一次来到吴中，听说当地有一个士大夫家中的竹景很别致，便坐着轿子径直前往那个士大夫家，也没有跟主人打招呼。

王徽之排闼而入，饶有兴致地欣赏竹景。士大夫听闻王徽之前来，便立即命人在家中洒水清扫，将家中布置一番，并安排酒宴等候王徽之前来。可是王徽之在竹园吟诵长啸，丝毫不理会士大夫的邀请。

主人本以为王徽之会在临走的时候向其道谢一番，可谁知王徽之径直便要出门。主人实在无法忍受，便命人将大门关了起来。王徽之由衷地对主人感到佩服，便欣然答应主人的邀请。最终，王徽之在主人那里尽情畅饮一番，才欢喜离去。

《晋书》记载："时吴中一士大夫家有好竹，欲观之，便出坐舆造竹下，讽啸良久。主人洒扫请坐，徽之不顾。将出，主人乃闭门，徽之便以此赏之，尽叹而去。"

— 05 —

由于政局动荡，加上王徽之本也无心留恋政坛，便辞职隐居山阴。在山阴县居住的日子里，冬日大雪骤停，夜晚透着月色格外明亮。

王徽之一觉醒来，命人准备酒菜，开始一个人欣赏美景。四下张望，心中浩然正气涌上，王徽之情不自禁地咏诵左思的《招隐诗》。突然间，王徽之觉得一个人没有意思，想起好友戴逵便在附近的剡县，于是立即乘坐小船连夜前往。

经过一晚上的行程，王徽之来到好友戴逵的门口，可是他没有进门，扭头便回家了。在乘船返回的路上，仆人不解地问他缘故，王徽之悠悠地说道："乘兴而来，兴尽而归，为何一定要见到戴逵呢！"

《晋书》记载："尝居山阴，夜雪初霁，月色清朗，四望皓然，独酌酒咏左思《招隐诗》，忽忆戴逵。逵时在剡，便夜乘小船诣之，经宿方至，造门不前而反。"

— 06 —

王徽之无心问政，因此得以善终。

话说王徽之死得也特别神奇，他与弟弟王献之感情深厚，在得知弟弟王献之去世一个月后因伤心背部崩裂而死。

相比之下，王徽之的儿子王桢之就颇具政治头脑。

后来，桓温的儿子桓玄主政东晋，对士族门阀大肆迫害。王桢之作为王羲之为数不多的在世孙辈，也难免受到桓玄刁难。

桓玄有一次大宴群臣，故意问王桢之："我和你七叔王献之这样的风流人物相比，如何？"群臣听闻，立即目瞪口呆，都放下酒杯思量如何作答。王桢之不慌不忙地说道："我去世的叔叔是一时的翘楚，阁下可是名垂千古的英豪！"桓玄听后开怀大笑，众人也如释重负。

《世说新语》记载："桓玄为太傅，大会，朝臣毕集，坐裁竟，问王桢之曰：'我何如卿第七叔？'于时宾客为之咽气。王徐徐答曰：'亡叔是一时之标，公是千载之英。'一坐欢然。"

魏晋顶流中的顶流，是个"傻子"

—01—

364年，建康（今江苏南京）城又一座寺院落成，于众生向佛的江南士民而言，这样的场景并不稀罕。稀罕的是这座寺院的开发方——一个叫慧力的和尚。他不知走了什么门路，居然拿到了官窑的再开发资格，几个月工夫，拾掇出一座寺院，取名"瓦官寺"。

可一顿忙活后，慧力和尚发现兜里快没钱了，手里的钱大概只够他们一个月的伙食，怎么办？一大帮师兄弟等着吃饭哪！

要不怎么说，人家叫慧力呢，他一拍脑门，想出一个对策：策划一个水陆法会，会上安排一个互动游戏，邀请社会名流、贤达上台敲钟，规矩向纳斯达克"看齐"——敲一下钟一万钱的赞助。

法会当天很热闹，围观群众众多，可没有几个敲钟给钱的。

几天过去了，慧力只筹到不足十万钱，连成本都差得远。这下慧力着急上火了，连吃大黄也不管用。

—02—

正在此时，一个约莫二十岁的年轻人，登门参观，见此窘境，微微一笑，一言不发，抬手便在功德簿上写下"捐钱一百万"！

哗！全场被点燃了！

慧力上下打量着这个年轻人，以为他非富即贵，哪知聊了几句，年轻人就坦白道："大师，抱歉，其实我也是个穷苦人……"

慧力听完差点没背过气去，说道："把这个人给我又出去。"

年轻人说道："慢！我的确没钱，但是我有办法帮你拉赞助。"

口出大言，必有猛料。只见他大摇大摆地在寺里逛了一圈，选中一块影壁，吩咐一声"清场"，他要在影壁上作画，口称一个月后见分晓。

他的要求着实怪异，但快要山穷水尽的慧力和尚也只好答应试试。

— 03 —

接下来的一个月，瓦官寺暂停接待访客。

年轻人每天爬上爬下，在影壁作画。待到第三十天头上，一幅巨大的居士图露出了真颜。

慧力仔细一看，说道："画得的确不错！不对！这眼眶怎么空荡荡的，合着'有眼无珠'啊？岂有此理！"

年轻人说："您别急，我要当众为他点睛。第一天点左眼，但凡看画的人每人捐10万钱；第二天点右眼，看画的每人捐5万钱；之后就随便给了。"

好狂的口气！

这种"众筹"募捐，之前没人干过，瓦官寺是独一份。也难怪慧力和尚心中犯嘀咕。正当慧力和尚愁眉苦脸，准备接受各界疯狂的板砖时，奇迹发生了！

这个年轻人好像有魔力，只在眼眶轻轻一点，画中居士的眼睛便顾盼生辉。之前还不屑一顾的围观群众，整齐划一地鼓掌，接着大把大把地往外扔钱，两天下来筹集了百万之巨。

慧力乐得合不拢嘴，这些钱够瓦官寺吃喝几年了，连称"我佛慈悲"。他还不晓得，这位有些狂的年轻画师，正是初出江湖的顾恺之！他创作的这一巨幅壁画，也是中国艺术史上第一幅《维摩诘像》。

为什么画维摩诘，这里有顾恺之的心机。在佛家典故中，维摩诘本是俗家出身，家财万贯，佛学造诣颇高，一方面享受着世俗生活，另一方面又心无恶念，纯净如水。这对于世间富人来说，有着强烈的心理暗示：信佛未必出家，施舍亦是功德。

04

顾恺之，字虎头，中国传统人物画领域公认的"第一人"。

为了说明顾恺之的画有多么传神，史书记载："顾恺之喜欢上了一个邻家女孩，挑逗她而女子不同意，顾恺之就把女孩画在墙壁上，再将一根棘针钉在女孩画像的心脏部位，女孩就害上了心痛病。顾恺之借故去探望，趁机表达了爱慕之情，女孩就答应了，他就暗中拔掉棘针，女孩的病也就好了。"

这可不是野史，记载在《晋书·顾恺之传》里："尝悦一邻女，挑之弗从，乃图其形于壁，以棘针钉其心，女遂患心痛。恺之因致其情，女从之，遂密去针而愈。"

算起来，顾恺之也并非默默无闻的小镇青年，他本是三国时吴郡顾氏一脉。当年孙策、孙权以吴郡起家，多亏当地大族鼎力支持，其中张、朱、陆、顾四家特别重要。后人一度总结出四大家族各自的家风：张文、朱武、陆忠、顾厚。一个"厚"字大有学问。这个"厚"可理解为：厚重、稳重、谨慎。

顾家的代表人物顾雍在东吴为相数十年，孙权对他又敬又怕。顾雍之后，顾家到了顾恺之这一代已经衰落，没有了炫耀的家族地位，"厚道"两字是决计无法安身立命的。为了求生，顾恺之开发出了"三绝"：才绝、画绝、痴绝。前两个好理解，唯独这"痴绝"，该怎么理解呢？

05

一开始，顾恺之在权臣桓温手下做参军，其实就是陪老板聊聊书画，朝九晚五，高待遇，无压力。

桓温这人好开玩笑。某次，有老广从岭南送来一批甘蔗，他拿出来犒赏下属，按照吃甘蔗的惯例，都会把最甜的甘蔗头冲向食者，唯独顾恺之面前那一盘，是甘蔗尾巴朝着他。顾恺之也不在意，将甘蔗抓过来就吃，"嘎嘣"直响。同僚们齐声大笑，有人问："顾参军，你这甘蔗甜吗？"顾恺之一阵傻乐，说道："刚开始不太甜，越吃到后面越甜，这叫渐入佳境！"（成语"渐入佳境"的来历。）

八年之后，桓温去世了。不到三十岁的顾恺之手足无措，他完全没想好以后的日子怎么过。他在官场上没混出名堂，只好在江湖上漂泊，靠着为权贵做肖像画，跻身名士之列。多年以后，他听说新任荆州刺史殷仲堪颇有来历，便有心依附。

当时殷仲堪也算奇人一个，因为照料患病的父亲，不慎被药物熏瞎了一只眼睛，于是他被视为天下孝子的榜样，连皇帝都刻意亲近他。饶是如此，他心头总有一个结：我明明也是可以靠颜值吃饭的，最终却落得个残疾，难道我就不能靠颜值吃一次饭？为此，他找到顾恺之，说道："哥哥，你不是擅长作画吗，把我这天灾变成网红脸吧？"

如实画吧，独眼龙的形象只会更糟。不然就是造假，也不合适。

箭在弦上，顾恺之来了招假痴不癫，当真抬起笔来，一顿操作猛如虎。当成品摆在殷仲堪眼前时，他十分认可，但对眼睛部分提出强烈质疑："好像眼睛上有脏东西，看不清楚，你这是在笑话我是独眼吗？"

顾恺之赶紧解释自己的画意："那并不是脏东西，而是故意留白。正如薄薄的云彩遮住了太阳（如轻云之蔽日），让人看不透也猜不着。此眼神大有深意，很适合您这种成功人士。"

这招叫作"飞白"，本是王羲之的拿手好戏，被顾恺之借来妙用。

经此一解释，殷仲堪茅塞顿开，转怒为喜，如获至宝，当即与人分享此画。靠着一张"网红照"，殷仲堪气质飙升，游走各处，风光无限，引起了政敌桓玄的嫉妒。

一场规模空前的群殴后，桓玄灭了殷仲堪，大权在握。

桓玄是桓温的小儿子，相比粗线条的父亲，桓玄极擅各种"文艺偏才"，尤其对书画作品爱不释手，一遇到有喜欢的，巴不得收为己有。

顾恺之正入了他的法眼，遂被桓玄收为幕僚，每日好吃好喝伺候着，渐渐地，顾恺之把桓玄处成了哥们儿。

— 06 —

一日，顾恺之需要外出几天，担心珍藏多年的一批书画无人照应打理，生灰起尘就不好了。思前想后，觉得还是老板实在，就将书画装入一个箱子，郑重托付给桓玄。桓玄心中大喜，面上装作若无其事，拍着胸口承诺绝对照管好这些书画。

十数日之后，顾恺之结束办差要回箱子，打开箱子却发现里面空无一物，便追问桓玄。桓玄一脸无辜地打起太极："恺之，你收藏的那批作品太牛了，不过你太不会保养了，我花了好多天时间来整理装裱，现在看上去更绝了，你要不要来我这儿参观一下？"

顾恺之也看出来了，老板压根儿就没打算将书画还给他。

前有连杀大臣、逼杀殷仲堪之鉴，顾恺之不仅不能强行索要，还要小心自己的小命，顾恺之只得以装傻应对。

每每有人上门请求观摩书画，他总是一副喜出望外的样子，说道："大哥，你晚来一步，我的那些画成了精，像神仙一般飞走了！"（妙画通灵，变化而去，如人之登仙矣。）

顾恺之装傻，桓玄不免起疑心，打算试他一试。桓玄口称"回赠"，扔了一片树叶给他，还特别声明这是一件遮盖在知了身上的"神物"，你可以用来修炼隐身术！

顾恺之乐呵呵地接过叶子，遮住双眼，问："主公啊，你还能看见我吗？"

桓玄回道："哎呀，恺之，你怎么一眨眼就不见了，你在哪儿啊？我看不到你了！"

桓玄随后向顾恺之撒起尿来试探。为了让桓玄彻底相信，顾恺之在一阵尿雨之下依旧淡定自若。演完这一出戏，顾恺之断定迟早会出事，便找个借口辞职，前往云台山定居。

— 07 —

人生最后十年，顾恺之再未拾起过画笔，他也不用再修炼自己的"痴绝"，而是放下一切，潜心修道，得以善终。

倒是那个桓玄，当真以为"老子天下第一"，数年后扯旗造反，死于非命。

顺便说一句，那幅让顾恺之名扬天下的《维摩诘像》，在瓦官寺的墙壁上存在了400多年，直到中唐，依旧粉丝无数。王维，表字"摩诘"，说法之一就是，他是顾恺之的铁杆拥趸，再加上他喜好丹青；杜甫也一度不远千里来到南京，只为一睹真迹，留下"虎头金粟影，神妙独难忘"的佳句。

若干年后，"会昌法难"爆发，唐武宗让人大肆拆毁寺院，勒令僧尼还俗，瓦官寺因虚耗资源太多，上了"拆迁黑名单"，《维摩诘像》被整体切割搬迁至镇江甘露寺，后又被送入长安，专供皇帝一人欣赏，世人再无缘得见。

晚唐，军阀混战，长安沦陷，四处烧杀劫掠，这幅画也失踪了。

— 08 —

顾恺之能够在乱世混成顶流（流量的流）并以六十二岁寿终，可见其工于心计，心明如镜。

桓温评价他："恺之体中痴黠各半，合而论之，正得平耳。""痴黠"二字，非常中肯。

鲁迅曾说："社会是一个大染缸，千奇百怪，无所不有。"

鲁迅最喜欢的诗人，竟是个"疯子"

据说，在鲁迅手书古人的诗文中，李贺是最多的一位。

史书上说，李贺长相很奇特。有多奇特？身瘦如纸，眉成一字，鼻子肥大，颚骨突出……

李贺是一个早产儿，从小体弱多病，比常人瘦小些。于是他爹给他取字"长吉"，希望他健康长寿。

—01—

李贺是神童，也是怪胎。这是所有和他一起长大的小伙伴的心声。

别人玩着泥巴，四处疯跑时，他把自己关在房间里读书，房间必须没有窗户而且黑暗、潮湿，不然他会受到打扰。零食、玩乐都诱惑不了李贺学习的心。

李贺天天闷在家里读书，也不出去玩。这让他的父母很苦恼。有一次，李贺的母亲用棍棒将他赶出书房，让他和别的孩子一起玩儿，锻炼他的社交能力。没想到，李贺一个人去了坟山墓地。趴在别人的墓碑上，研究碑文，念到精彩之处还哈哈大笑。

其实李贺努力是有原因的。李贺祖上也算是皇亲国戚，只是到李贺这代几乎已经没有关系了。

李贺的祖上是大郑王，也就是唐高祖李渊的叔父。只是到他这一辈，家道中落，实在是攀不了高枝。

李贺倒是有一个很出名的穷亲戚，就是杜甫——李晋肃（李贺他爹）的远房表弟。在李贺的年代，杜甫还没有名声大噪。所以靠不了别人，只能靠自己。李贺从小非常努力，就是为了光耀门楣，兼济天下。

—— 02 ——

当时的唐王朝已是日薄西山。"安史之乱"后，形成了藩镇割据的局面，很多节度使和唐朝皇帝对着干。

李贺就出生在这样的年岁里。他看着祖先打下来的江山，被节度使瓜分，内心渴望报效唐室，重振李唐的雄风。李贺的努力很快得到了回报，不到十岁便写得一手好诗。

当时的大文豪韩愈造访李贺家，亲自考察这个小孩。韩愈刚下马车，李贺便吟诵千古流传的《高轩过》，让韩愈大为赞叹后继有人。

有了大佬文坛前辈的赞扬，不到十五岁的李贺，已名满京华。

—— 03 ——

想报效国家，文人在古代只有一种途径，那就是科举。

李贺十八岁的时候携诗拜访了韩愈，自荐信就是《雁门太守行》：

> 黑云压城城欲摧，甲光向日金鳞开。
> 角声满天秋色里，塞上燕脂凝夜紫。
> 半卷红旗临易水，霜重鼓寒声不起。
> 报君黄金台上意，提携玉龙为君死。

韩愈读后大喜，两人相谈甚欢。

李贺本想借着韩校长的东风，进京赶考，打破唐朝最年轻进士的纪录，这时老家却传来急电——"孩儿速归，你爹辞世！"

李贺怀着悲痛的心情回家守丧三年。

李贺第二次科考又因为父亲李晋肃名字中的"晋"与"进士"的"进"同音，

犯了父讳，违反避嫌制度，被禁止参加最后的考试。这对李贺打击很大，他骑着毛驴黯然返乡。

人生总是这样，不知道明天和意外谁先到来。这时候韩愈拉了李贺一把，免费为李贺写了推荐信。有了韩愈的推荐以及李贺本来也是皇族后裔，李贺获得了奉礼郎这样的从九品芝麻官。

对这个没有实际权力且事务繁杂的职务，李贺很不满意，但碍于韩愈的推荐和好不容易进入的仕途，他选择了委身就任。他一待就是三年。这三年里，李贺写了很多诗，多是讽刺诗。此外他开始研究兵法，渴望有朝一日投身沙场，为国家血洒疆场。

— 04 —

元和九年（814），李贺终于下决心辞去让他烦躁不堪的奉礼郎，进入军队，在潞州张大彻的手下做幕僚。在那段时间里，他成了一位边塞诗人。他写下："大漠沙如雪，燕山月似钩。"

可命运又捉弄了他。他所在的部队一直遭受排挤，将帅请辞，行伍解体。李贺再度失业回家。

星辰之下，李贺背着行李，其实就是几本旧书，一步一咳嗽，瘦弱的身体颤抖着，看着越来越近的故乡，心头的念想越来越重，对自己的无能为力也越来越苛责。

这年他二十七岁。

— 05 —

李贺回到故乡，身边一些朋友经常邀请他去喝酒，但他都拒绝了，不知道是因为生活窘迫还是身体条件，他总觉得自己时日不多。

满头白发的他把自己关起来，就像小时候一样。在小黑屋里，他感觉自己可以看见这人间看不到的牛鬼蛇神、魑魅魍魉，听它们说笑。他想到幼时趴在坟头上看祭文，突然觉得一切都是注定，他在黑暗中哈哈大笑……

他写了很多关于鬼怪的诗。

他遨游太空："老兔寒蟾泣天色，云楼半开壁斜白。"（《梦天》）他下落黄泉："无物结同心，烟花不堪剪。"（《苏小小墓》）在生命的最后时光，他的诗中越来越多地出现"鬼""泣""血"等字眼："秋坟鬼唱鲍家诗，恨血千年土中碧。"（《秋来》）他常常觉得身体疼痛，又觉得虚无，回忆这二十年，他写道："我当二十不得意，一心愁谢如枯兰。"（《开愁歌》）

一切都在枯萎，只有地狱之花才会枯萎得那么迷人。阴间寒气逼人，无数恶鬼环绕，蓝色的鬼火忽明忽暗……这些意境太多次地出现在他后期的诗歌里。

后人总怀疑，李贺是否患有精神分裂症。这不重要，因为天才和疯子，也只是一步之遥。

816年，二十七岁的李贺走到了生命尽头。

—— 06 ——

不同于李白融放千里的豪情、杜甫附身黎民的壮怀、白居易故作癫痴的宏放，他的诗里写满了"凭啥""就不"。这是对命运和世界的不服，是从骨子里透露出来的"我命由我不由天"。同样被命运碾压，有的人坐着，有的人跪着，有的人趴着……但李贺却要"见买若耶溪水剑，明朝归去事猿公"，买把宝剑，练就武功，打死你！

米芾：既是书法大师，也是洁癖狂

相传，宋代有个石痴，遇到奇石要行跪拜之礼。他碰上喜欢的石头，还要抬回家里，像祖宗一样供着，焚香沐浴后才敢对着它烧香。石痴成亲时，新娘子知道他好石，新婚之夜送他一块"灵璧研山"。

他对"灵璧研山"一见倾心，重新沐浴更衣，焚香叩拜"灵璧研山"，把玩到半夜，才抱着石头入睡，完全忘了自己是新郎官。

后来，他还为这块石头写了不少文章，其中不少文章成了现在文学和书法研究的重要材料。

石痴叫米芾，是宋代四大书法家之一。

—01—

米芾祖上是宋朝的开国大将，本以为到了米芾这一辈可以备受重用，奈何宋朝抑武扬文。

拼文，米家拼不过当时的世家大族，尤其是苏轼一家。

米芾年轻时，还是很希望靠自己的实力去入仕为官、光宗耀祖的。但命运弄人，别人当官是经过科举考试，米芾入朝靠的是亲娘。因为他娘给宋神宗当过乳母，所以宋神宗给他开了后门，相当于免试录取为公务员。

这对一个想混口饭吃的人来说，求之不得，但对骄傲的米芾来说，就是天大的压抑。因为米芾骨子里是一个对自我要求特别高的人，他年少轻狂，本来就憋着一股劲儿要证明自己。

政途已经不可能满足他大展宏图的野心了，他对自己的那些要求，就只能放到生活里，放到书法上，放到石头上。

— 02 —

米芾玩书法很狂，不只写得狂，更口出狂言，说柳公权写的都是丑字。《海岳名言》对此可是有记录的："柳公权师欧，不及远甚，而为丑怪恶札之祖。自柳世始有俗书。"

批评完柳公权写字没格调，又调侃颜真卿写字太做作，起止和转折刻意得不得了，一点儿自然之趣都没有。而对于同样在朝为官的苏轼，米芾更瞧不上了。苏轼号称"诗书画三绝"，米芾不想跟他比诗歌，苏轼画画好不好米芾也懒得说，但米芾很看不惯苏轼的书法，说："苏轼那些字，那叫写出来的吗？那是'画'字。"

外人听来会觉得此人好大的口气，但仔细一想，颜、柳、苏的写字特点，也确实如此——既是优点，也是缺点。这些，学书法的人都了然于心，但还未超越前人就敢讲出来的，也就米芾吧。

你要问米芾你写得多好，敢这样批评公认好评的前人作品。他会告诉你，我写的那更不算什么，王羲之那一代的晋人写的才叫书法。

学过书法的人都知道，晋人的书法才是中国书法的高峰。真正的书法家，要先眼高，再手高。米芾狂，是因为书法在他心里是一件神圣的事。

既然米芾的目标是天际线，那他看谁写得都不够好，是很正常的。

眼高手低很容易，但眼到手到很难，难得的是米芾毕生都在不停地汲取前人的书法精华，不停地向他心中的天际线靠近。

— 03 —

米芾一辈子都在跟墨和水打交道。跟墨打交道的人，其生活干净不到哪儿去。米芾的超级偶像王羲之早年学书法，学到忘情处，一手抓饼，一手写字，吃完才发现自己满嘴墨水——原来，蘸墨蘸习惯了，连饼都是蘸墨吃的。

米芾比王羲之爱干净。米芾笔墨不离身，水也不离身，写一会儿，他就要洗洗手。刚开始他用水盆洗手，后来他嫌盆装水不如流动的水卫生，于是每回洗手都要差人拿满壶水从上倒下，他就着流水洗手。洗完手他还用手互相拍打，直至水干。因为他嫌毛巾脏，连毛巾也不用。

— 04 —

米芾对自己的要求很高，除了书法，在穿衣打扮上也是。在衣品方面，米芾是个彻头彻尾的唐服拥护者。好好的宋服不穿，他平时就穿浮夸的唐装，还穿全套。唐朝人戴高帽，米芾也戴。这样的打扮走在路上，比今天的T台秀还招人看。米芾觉得正好。

这样的着装要坐轿子，是不方便的，人一进去帽子就顶到轿顶了。米芾直接把轿顶给掀了，也许开创了敞篷轿车的原型。

外面的轿夫抬着轿子走，人们远远地只要看到一顶帽子在轿子上头摇摇晃晃，就知道轿子里面是谁。

— 05 —

说到穿衣，米芾真是有许多自己的坚持。他喜欢穿不一样的衣服上街，喜欢别人看他与众不同。

曾经有人特别当真，碰了他一下，这下好了，米芾从此再不穿那件衣服。如果那人问他怎么回事，他会很直接地说："上次被你碰了一下，衣服我怎么都洗不干净了，就扔了。"

古人衣服宽大，也不经常穿，更不经常洗。但米芾的衣服必须每天洗，什么衣服都无例外。

有一段时间，他担任太常博士，有时会主持朝廷的祭祀活动。祭祀规定要穿祭服，他倒好，自己当主持，却不穿祭服。这把皇上气得也不知道说什么了，直接罢了他的官。

后来皇上才知道，米芾不是狂到漠视规矩，只是他穿不了别人穿过的衣服。那件分配给他的祭服，他带回家洗了一遍又一遍，把祭服上的花纹都洗掉了，还是觉得有别人的气息。

— 06 —

当时的皇帝宋徽宗，跟米芾志同道合。宋徽宗虽然执政很一般，但诗词书画无一不晓。米芾当官能力也很一般，但文艺爱好玩儿得又精又专一。

他们真是确认过对的眼神，米芾想怎样都行。米芾在朝廷上很任性，别人都是坐着禀报事情，他就爱站着，宋徽宗对此没意见。

米芾累了，跟宋徽宗说："皇上，我要吐痰，让侍内拿个痰盂过来。"宋徽宗也依他。皇帝都是给别人下命令的，就米芾能给皇帝下命令，皇帝还乐呵呵地没脾气。

皇帝对米芾这么百依百顺，是因为他太喜欢米芾写的字了。米芾也知道自己把宋徽宗吃得死死的。

有一回，米芾看上宋徽宗一方砚台，他们俩都有收藏癖，遇到好物哪肯拱手让人？刚好宋徽宗想看米芾写字。米芾大笔一挥，一挥而就。收笔时，砚台上还留着墨，他一边往怀里揣砚台，一边跟宋徽宗说："皇上，您这砚台被我污染了，不如就送给我吧。"话刚说完，怕宋徽宗舍不得割爱，他揣着砚台就跑了。为了一方好砚台，他连洁癖都不顾，宋徽宗也拿他没办法。

还有一回，米芾又得到一方绝色好砚，宝贝得不得了，他的挚友说要来观赏一下砚台。如果是别人，米芾可以拒绝，但挚友他推托不掉。哪想到，挚友来时很不巧，书桌上没有水磨墨。挚友也是性情中人，见到好砚一激动，吐了一口口水来磨墨。挚友磨完墨瞥见米芾脸色不好，才想到米芾有洁癖。正尴尬得不知如何是好，米芾黑着脸说："算了，你拿走砚台，我不要了。"

这个场景是不是似曾相识？当年，他也是用了类似的套路，讹了宋徽宗一方尚方好砚。

他是爱干净多一点，还是爱书法多一点呢？估计他也不清楚。

— 07 —

米芾不只生活上有洁癖，连挑女婿他也自有一套洁癖挑选法则。

当父亲的，无论哪个时代，哪个国度，都希望女儿嫁个好人家，过上富足的生活。挑女婿的法则，万变不离其宗——高富帅。但米芾不是，高不高不重要，干净最重要，有没有钱不重要，干净最重要。

帮女儿挑了一圈女婿，米芾都不满意。直到有一天，一个姓段名拂字去尘的男子来求亲。米芾一听名字就很高兴："能起一个这样名字的人，家里一定很干净，气质差不到哪儿去。"他一拍脑袋就把女儿托付给了这位段去尘。

— 08 —

米芾在江苏安东县当过两年知县。虽然他当官看起来很吊儿郎当，但他做事还是很深入老百姓心里的。他任期满要离开时，老百姓要给他备礼送行，都被他拒绝了。

他喜欢写字，临走前都要把毛笔上沾的墨洗干净，他说："公家的东西一点不能贪，一滴墨也不行。"不只这样，临走前他还亲自检查行李，生怕家人暗中夹带老百姓送的礼物。

干净，是一种融进他骨子里的气质。干干净净做人，清清白白为人。别人看他成癫成痴，但那癫狂的外表下，有一个比谁都清醒、明白的灵魂。

— 09 —

到了晚年，米芾越来越洁癖，加上他又参禅悟道，更喜欢断舍离。

他临死前一个月，把家里的后事都交代清楚了，就是把自己的字画还有平时收藏的奇珍异宝都翻出来，堆在一起，一把火烧了。这些宝贝，好多是他当年死皮赖脸从别人那里"搜刮"来的。来时珍惜，去时不念。

跟毕生宝贝好好道别之后，他自己住进棺材里，不再吃荤，照常洗澡更衣，焚香静坐等待死神。相传七日后，米芾离世。临走那一刻，他举着拂尘自言自语："众香国中来，众香国中去。"语毕，拂尘一扔，合掌仙去。

质本洁来还洁去。米芾的人生，还真是大闹一场，而后悄然隐去。

卖了单位废纸买酒喝，他的一生被毁

—01—

我记得好像是初中课本里有一篇文言文叫《沧浪亭记》，是明朝人归有光写的，就是写"庭有枇杷树，吾妻死之年所手植也，今已亭亭如盖矣"的那位。《沧浪亭记》里提到了一个名字：苏子美。

归有光写的沧浪亭就是苏子美建的，苏子美在建好这座沧浪亭的时候，其实也写过一篇《沧浪亭记》。

苏子美建这座沧浪亭其实也算是很偶然的，最起码在他还在京城当官的时候，绝对不会想到自己会跑到苏州这个地方盖这么个玩意儿。

苏子美在他自己写的《沧浪亭记》里写得很清楚："予以罪废，无所归。"他是犯了错误被贬到苏州来的。而要说起苏子美犯错误的原因，就有点儿搞笑了：因为卖了公家的废纸聚餐喝酒被人告了。

—02—

苏子美就是苏舜钦，子美是他的字。

苏子美是个才子，词写得非常好，凭着写词，他有很多好朋友。他与当时的"文坛扛把子"欧阳修的关系非常密切，并且改革派领袖范仲淹也很赏识他。除此之外，苏子美还有一个非常显赫的身份——当朝宰相之一杜衍的乘龙快婿。

苏子美自身光环耀眼，又有一众大佬加持，想不混出个名堂似乎很难。实际上这时候的苏子美也正顺风顺水，正担任着进奏院的最高长官。进奏院是古代地方行政机构在京城设立的办事处，地方上的官员如果要到京城向皇帝汇报工作或者干其他的公务，一般都住在这里，其实就是我们平常理解的驻京办。

宋朝的进奏院是直属于朝廷管理的，进奏院的最高长官也是朝廷直接任命的，所有的办公经费也都是出自中央预算。另外，这里是朝廷协调和控制地方的重要机构，同时也负责编辑发布"邸报"。"邸报"是朝中大臣和地方官员了解最新时事的窗口，苏子美自然也就成了很多人争相结交的人物。

如果不出意外，苏子美在这个岗位上平稳地过渡一下，锦绣前程指日可期。然而，人生的事总是会有很多意外的。

1044年，赛神会（纪念仓颉的节日）这一天，也许是苏子美一生中最不愿意回忆的一天。

赛神会对于苏子美这样的知识分子来说，当然是个重要的节日，除了搞一些祭祀活动，按照惯例这一天还要搞个聚餐，喝喝小酒，唱唱歌，写写诗。

这一天有同事来跟苏子美请示："领导，今天下班去喝酒吗？"

苏子美点点头说："喝呀，当然得喝。"

可是聚餐得要钱，钱从哪里来？进奏院的办公经费是朝廷给的，但是不包括喝酒这一项！

不过苏子美根本没犹豫：按照往年的惯例来就行。什么惯例？卖废纸。

进奏院虽然没有实体支撑的创收来源，但是进奏院有一样东西非常多，那就是办公废纸，过不了几天就会攒一大堆。

往年的进奏院都是把这些废纸拿去卖了换钱喝酒，已经形成惯例了，从来没人觉得这有什么问题。既然没问题，苏子美当然也就这样办，手下的人还是很勤快的，马上就把过去的那些公文、信函拿去卖了。

苏子美看看手下拿回来的那点儿钱，好像没多少，咬咬牙道："干脆，我再添十两银子，咱们喝痛快一点儿。"

手下人一看，心道：领导都带头了，咱们也意思一下吧。（其余诸人也醵金有差。）

— 03 —

苏子美是一个喜欢热闹的人，既然要喝酒，光是一帮同事有什么意思？这些人天天见面，干脆再喊几个朋友来，大家一起乐呵一下吧。于是他就给几个朋友递了消息：晚上别安排别的活动，一起过来喝一杯。

接到消息赶来的人还不少，有在朝廷秘书处上班的王益柔、江休复、周延让、宋敏求，有在最高学府太学当教授的周延隽、刁约，有在建设部当司长的王洙等十来个人。

苏子美搞聚餐这事被一个叫李定的人知道了，这个李定是跟着太子混的（太子中舍人）。他虽然也有些才华，但是他是靠他父亲的关系混上来的，苏子美一向很看不起他。但是这个李定好像对苏子美平时的态度不以为意，听说苏子美这儿有宴会，便也想来凑个热闹，可苏子美一口回绝了：什么玩意儿，也不瞅瞅自己有几斤几两，这么高端的宴会能是你来的？

聚会很成功，大家喝得也很高兴——当然高兴了，为了增加气氛，苏子美还特意叫来了两个官妓吹拉弹唱。

大家都知道，知识分子平时都喜欢端着架子，总是一副拒人于千里之外的高冷范儿。但是，这些知识分子只要一喝酒基本上都会原形毕露——肆意、猖狂、放浪。苏子美这一帮人也不例外，喝到面红耳赤的时候，他们嘴上就没有一点把门儿的了，开始高谈阔论，对于时政、朝局各抒己见，唾沫星子满天飞。

王益柔还当场作了一首诗，其中有这么两句："欹倒太极遣帝扶，周公孔子驱为奴。"兄弟们，使劲喝，喝醉了让皇帝老儿来扶着咱们走，让周公、孔子给咱们当小弟。

不知道苏子美整了多少硬菜，直把这些人喝得都不知道自己是谁了。当是大伙儿都喝得"鸡子不认得鸭子"了，谁管他说了什么，还一个劲儿地鼓掌叫好。

在场的没有人知道，他们已经被人给告了。有人说是李定举报的，因为苏子美不让他参加聚会伤了自尊心，所以转身就去负责纪检监察的王拱辰（御史中丞）那儿举报了。他举报的理由很简单：以苏子美为首的进奏院全体人员借赛神会的名义公款吃喝。

王拱辰一听公款吃喝，这还了得？这事儿我得管。于是，他吩咐自己的手下刘元瑜等人在朝堂上弹劾参加聚会的那一帮子人。

当时宋朝的皇帝是仁宗，众所周知仁宗是一个特别仁慈的老板，一般来说，大臣们犯点错误他是不会太计较的，但是这一次仁宗接到弹劾奏章的时候却生气了，说："查，给我一查到底，不管牵涉到任何部门任何人都要给我查个底朝天。"

于是，一帮喝得连墙都扶不住的醉汉，刚刚回到家就被开封府的官差给擒拿了。

— 04 —

皇上亲自交代下来的案子，开封府当然不敢怠慢，当即就开始了调查。经过一番走访、查问之后，最终给他们定下的罪名有以下三个。

1.监主自盗

这一项主要是针对苏子美的：你有什么权力私自做主把公家的废纸给卖了？虽然是废纸，但那也是公家的，你就算卖了那也得交到单位财务那里去，你有什么权力拿着这些钱去喝酒？你这不是贪污公款吗？

2.燕集喧闹，近于宫门

一圈公务人员公然在皇城重地大吃大喝，什么叫皇城重地？那是政治、经济、文化中心，怎容你们这样胡来？你试着去天安门那搞一次烧烤看看？

这期间王洙还与那些官妓有一些过火的举动，最关键的是，那个叫江休复的还在服丧期间。古代，当官的父母去世，官员本人要守孝三年。江休复可是真够可以的，明明知道自己在服丧期间还敢公然参加这样的聚会，真不知道他是怎么想的。

3.放肆狂率，诋毁先圣

这应该是最致命的一条了。其他的那些罪名说实话都是可以解释的，再说按照仁宗的性格，也许心一软抬抬手就过去了。可是你们在公共场合对于先圣和当今圣上公然调侃，这是"大不敬"啊！说白了，这里面就属王益柔的错误最严重，是要掉脑袋的罪名啊！

　　王拱辰联合张方平几个人对苏子美的这件事展开了不遗余力的攻击，强烈要求仁宗把王益柔判处死刑。

　　当时朝廷里除了苏子美的老丈人杜衍是宰相，还有章得象和晏殊两位宰相，不过这两位宰相对于这件事都不怎么关心，没有表态。

　　杜衍倒是想为自己的女婿说话，可是又怕别人说闲话，也只好装哑巴，看仁宗怎么处理。而一向支持苏子美的范仲淹这个时候偏偏又出差了不在京城，只有韩琦等少数几个人为苏子美他们辩解：苏子美、王益柔这些人当然做得不对，可是这事儿好像轮不到他们来插手吧？现在西夏不断地在我们的边境骚扰闹事，国家还有更重要的事情等着他们去干，他们几个倒好，不说给老板分忧解难，反倒借着这一点小事为难苏子美、王益柔他们几个年轻人，是不是有点不合适？

　　仁宗之所以在历史上能留下好名声，就是因为他能听得进去别人的话。他听完韩琦这番话，也觉得应该给年轻人一个机会：人嘛，谁还没年轻过？年轻总是要犯错误的，以后国家还要靠他们呢。

　　于是，仁宗平息了一下怒火，说："算了，给他们改正的机会吧。"

　　虽然没有人被杀头，但是对他们的处罚还是很严厉的：进奏院一把手苏子美、二把手刘巽被"除名勒停"，王益柔等一帮人统统被降职到地方。

　　被降职赶出京城的都还好受一点，最惨的就是苏子美，"除名勒停"相当于开除了一切公职，大好前程就这样毁了。

— 05 —

　　苏子美当然不服气，心想这叫什么事儿啊？不就是卖了一点废品喝了一顿酒吗？怎么还把官给整没了呢？不行，我得申诉。

　　那时候的知识分子要告状或申诉不用请律师，因为他们自己对于法律知识都是相当了解的——律法是他们参加科举考试的一个很重要的科目。

　　苏子美针对王拱辰提出的罪名给自己辩解：说我"监主自盗"这属于适用法律不当，以前进奏院也卖废纸，为什么没人管？我只不过是"循先例"，再说卖废品的钱我又没装到自己的口袋里，怎么能称为"盗"呢？就算这罪名成立，也不能把我"除名勒停"。因为律法里明明白白写着"私贷官物有文记准盗论,不至除名,杖九十"。就算是我偷了公家的东西,打我九十大板就行了,把我的官职给撤了,你们这是不尊重法律。

而对于其他和他一起喝酒的朋友,苏子美也没有忘记为他们辩解。反正苏子美说到最后就一个意思:这件事是有人故意搞鬼,故意借机陷害报复,他们针对的其实不是我,而是我们力主搞改革的这些人和我老丈人,目的就是把我们搞倒搞臭,来实现他们的卑鄙目的。

不只是苏子美自己觉得冤枉,就连他的好朋友欧阳修、范仲淹等人也觉得冤枉,一直到苏子美去世后欧阳修还在为他喊冤,他和苏子美的观点一样:这根本是个阴谋,这就是朋党之争。

说实话,苏子美冤不冤?确实有点儿,不过如果现在咱们反过来想一想,如果我们是当时的大老板仁宗,我们会怎么办呢?

大概也会处理他们吧?

你说这是阴谋,有人陷害,你拿出证据来,你一个精通律法的知识分子难道不知道"谁主张谁举证"吗?你拿不出证据,光在那嚷嚷有什么用?作为监督检查的御史,人家接到举报来调查你,不是很正常的吗?这能算是阴谋吗?要怪也只能怪你倒霉,你要不去卖废纸,不拿着卖废纸的钱去喝酒不就没事吗?

再说了,你拿着卖公家财物的钱邀请你的朋友喝酒,这就是公务用餐而非私人聚会了。反倒是你苏子美说的"循先例",那只是你们自己认为的先例,并没有在律法上写着。

人家说你"监主自盗",说你贪污公款,好像也是有道理的吧?再说王益柔对于先贤不敬这可是在场的人都听到的,你们自己也承认了,这"大不敬"的罪名是妥妥地跑不掉的吧?没有砍他的脑袋就算便宜了,还有什么好说的?

对于苏子美的申诉,仁宗这一次并没有大发慈悲,而是冷冷地说:"上诉无效,维持原判。"没办法,最高领导人这样说了,那就谁也没办法了。苏子美只能满腹愁绪地来到苏州闲居,并且在这里修了一座沧浪亭,写下了《沧浪亭记》。后来,他一直郁郁寡欢,才四十岁就离世了。

就连他的老丈人杜衍也因为这件事被罢免了宰相,降职到兖州去当知州了。平心而论，这件事到底有没有阴谋的成分在里面，我们不知道，但是看苏子美老丈人的下场，又仿佛真的有些说不清的东西。

杜衍在宰相的位子上只坐了一百二十天，之后各种倒霉，直到去世。仁宗"庆历新政"的推动人之一就是他，可惜这项政策没坚持多久就废了，这也是北宋的一大憾事。

最后说说苏子美多爱喝酒。

一天，杜衍准备劝劝女婿少喝酒，走到窗边听到苏子美在读《汉书·张子房传》。苏子美朗诵到张良刺杀秦始皇不成时，大叫"惜乎夫子不中"，说完喝了一大杯酒；再读到张良遇到刘邦，又大叫"君臣相遇，其唯如此"，再来了一大杯酒。

见此，杜衍不再劝他，因为"有这样的下酒物，一斗实在不算多也"。

多近妇人的张先：八十娶十八

　　北宋仁宗赵祯一朝，绝对是个人才济济的时代。王安石、欧阳修、范仲淹、晏殊、柳永、沈括、苏洵家爷仨……随便一位，要么政治搞得好，要么文章、诗词写得棒，要么是科技达人，一个个响当当的腕儿。

　　这一拨人来个集体合影，张先很难站上C位，只能贴边露个脸。也许你会问，张先是谁？

— 01 —

　　读过"心中事，眼中泪，意中人"这句词吧？这就是张先写的，且因此句词张先被世人称为"张三中"。

　　"云破月来花弄影""娇柔懒起，帘押残花影""柳径无人，堕絮飞无影"，是不是张口就来？这些也是张先写的，故张先又被人称作"张三影"。

　　"鬼才"贾平凹说："人可以无知，但不可无趣。"

　　张先就是一个有趣的人。张先（990—1078），字子野，乌程（今浙江湖州）人，与柳永、晏殊、秦观、李清照等同为宋词婉约派代表人物。

　　天圣八年（1030），张先赴京殿试，名列二甲。在此届考生中，有写过千古名篇《醉翁亭记》的欧阳修，他跟张先为同榜进士。入仕后，张先历任宿州掾、吴江知县、嘉禾判官。

　　皇祐二年（1050），在礼部刑部尚书晏殊的特殊关照下，张先被提拔为通判，相当于现在的县处级副职。

　　折腾一辈子，他的政绩实在乏善可陈，这差不多就是张先做过最大的官。不过，在官场之外的情场，"张三中"却如鱼得水，那叫一个逍遥快活。

— 02 —

据传，张先年轻时便不走寻常路，喜欢上一个小尼姑。他是真心喜欢这个小尼姑，几乎到了茶饭不思、一日不见如隔三秋的地步。甭管有事没事，也不管别人冷眼白眼，天天往尼姑庵里跑。跑得勤了，难免要出事。

很快，庵中老尼姑便觉察出了不对劲。暗中一瞥，不由得在心里叫了声"糟糕"。这小伙子不烧香不磕头，也不祈福发愿，敢情是奔着女弟子来的。不行，庵门净地，岂可轻贱？

老尼姑心想必须拆散他们！在狠狠地训斥小尼姑一通后，老尼姑将其关进了池塘中的阁楼里，严令其闭门思过，不准外出半步。老尼姑本以为此举会断了张先和小尼姑的来往。但她万没想到，这日深夜，她正在打禅，突然从池塘中的阁楼中传出"扑通"一声响。

不是好动静。老尼姑想了想，急急地赶过去。上岛，入阁。老尼姑前脚甫一跨进门，恰恰瞧见张先正在脱衣服。千万别想歪，方才那声响，是张先偷偷划船过来，船不慎触底倾翻，他掉进了池塘，不仅湿成了落汤鸡，还灌了一肚子水。

张先已不止一次趁着夜深人静，偷偷划船来与小尼姑幽会了。老尼姑听罢，勃然大怒，将张先骂了个狗血喷头，毫不留情地将他轰出小岛，又将小尼姑转往外地庵堂，生生来了个棒打鸳鸯散。

虽不胜眷恋，却难牵手。张先情郁于中，遂作一首《一丛花令》：

伤高怀远几时穷。无物似情浓。离愁正引千丝乱，更东陌、飞絮蒙蒙。嘶骑渐遥，征尘不断，何处认郎踪。

双鸳池沼水溶溶。南北小桡通。梯横画阁黄昏后，又还是、斜月帘栊。沉恨细思，不如桃杏，犹解嫁东风。

— 03 —

私会小尼姑，把偷摸之举写得如此唯美，除却张先，好像也真是没谁了。尤其"不如桃杏，犹解嫁东风"一句，不知美哭了后世多少有情人。即便在彼时，这首词也深得欧阳修喜欢。

一日，听闻张先登门，欧阳修顾不上穿戴整齐，倒穿拖鞋径奔而出，边迎边笑道："'桃杏嫁东风郎中'到了，快请进！"

"倒履迎客"从此成为文坛上的一段佳话，亦给张先又增一雅号——"桃杏嫁东风郎中"。

年轻时渡水幽会小尼姑，年老了，张先也没消停。

史载，张先在杖朝之年（即八十岁），依旧春心不老，将一个十八岁的小妾纳进了门。他兴奋之下，赋诗一首：

> 我年八十卿十八，卿是红颜我白发。
>
> 与卿颠倒恰同庚，只隔中间一花甲。

而此桩美事，很快传到了好友苏东坡耳中。苏东坡心道：这老家伙，妥妥的老牛吃嫩草。你等着，我这就送你一份贺礼。同在诗词圈，情趣相投，苏东坡所送贺礼非金非银，而是和了一首诗。其诗曰：

> 十八新娘八十郎，苍苍白发对红妆。
>
> 鸳鸯被里成双夜，一树梨花压海棠。

梨花者，白发翁也；海棠者，美娇娘也。一个"压"字，则道出了诸般儿童不宜。此诗虽遣词精巧，但流于冶艳，让苏东坡活活背上了"三俗"这口大黑锅。好在经考证，在苏轼所有诗集中，均未收录此诗。其最早出自清康熙年间的笔记小说《在园杂志》，跟苏轼没一毛钱关系。

背锅的还有张先。那首"卿是红颜我白发"，亦属贴牌货，同样出自清代笔记小说，当不得真。不过，必须得当真的是，八旬张先娶十八小妾，的确千真万确。此后，张先竟令小妾四度中招，诞下两男两女。

据传元丰元年（1078），张先以八十八岁高龄去世，小妾哭得肝肠寸断，死去活来，郁郁寡欢几年后也香消玉殒。

— 04 —

毋庸置疑，宋朝最为繁荣的时代，便是仁宗一朝。时和岁丰，河清海晏，百姓安居乐业。及至仁宗驾崩，大宋朝野莫不哭号，举国哀痛。

《宋史》记载："京师罢市巷哭，数日不绝。虽乞丐与小儿，皆焚纸钱哭於大内之前。"

身处这样一个时代，从政能力一般的张先，却也生活优渥富足，诗酒风流。留恋青楼，驻足勾栏，在香脂红裙下聊聊诗词撩撩闲，自然也是常有的事。

且说岁至老年，张先寓居杭州，经常为官妓作词，却把同为官妓（营妓）的龙靓美女给忽略了。

龙靓，史上确有其人。北宋诗人陈师道在《后山诗话》中记载："杭妓周韶、胡楚、龙靓，皆有诗名。"

龙靓美女也喜好诗词，于是递给张先一首诗索词：

> 天与群芳千样范，独无颜色不堪夸。
> 牡丹芍药人题遍，自分身如鼓子花。

张先读罢，顿时明白了龙美女的心思，当即回赠一阕《望江南》：

> 青楼宴，靓女荐瑶杯。一曲白云江月满，际天拖练夜潮来。人物误瑶台。
> 醺醺酒，拂拂上双腮。媚脸已非朱淡粉，香红全胜雪笼梅。标格外尘埃。

营妓索词，这又是文坛上的一段趣话。

— 05 —

行文将尽，再补一桩趣事。

张先不仅诗词写得工整清丽、婉约有致，画也画得好。

宋熙宁五年（1072），八十二岁的张先致仕家居，因怀念老父，遂挥毫泼墨，创作了一幅《十咏图》。

王朝更迭，辗转流传，《十咏图》被藏入清宫，慈禧亦爱不释手。后来，清王朝覆亡，废帝溥仪将其偷出宫，与大批书法名画、珠宝珍玩藏匿于天津静园。

1932年，日本关东军司令部中将参谋吉冈安又将这批文物运至长春。

1945年8月，日本投降，溥仪窜逃，文物遭哄抢。张先的《十咏图》落到了一位李姓老人手中。一转眼，到了1992年。李姓老人已年逾古稀，情知不久于人世，便想把《十咏图》留给后人。可是，他身后有七个子女，该传给谁呢？总不能撕成七份，一家一份吧？干脆，卖掉变现，分钱比分画容易。打定主意，老人便带画去了一家很有名的古董行。老板见状，赶紧联系权威专家前来做鉴定。专家说这画是真迹。结果一出，文物局的工作人员也到了，愿意出高价买下此画。

"高价……是多少钱？"老人迟疑地问。

文物局的人说："一万。"

老人说："一万？我跟他们开价是八百万，一口价，不讲价。"

没谈妥，老人不卖了。

又过了三年，在北京的一次拍卖会上，经激烈竞价，最终，国家文物局以一千九百八十万元买下了《十咏图》！

这位苏门学士用穷证明：有些人，喝水都长肉！

— 01 —

诗人在大众的感观中应该是身材颀长、玉树临风、偏高偏瘦的。这估计是受才子佳人故事的影响吧，大家以为帅哥、俊男是诗人的标配。

事实上不是这样的，曹操是大诗人，却是个小矮子；杜甫的画像是个干瘪老头。

下面讲的这位诗人，是北宋赫赫有名的"苏门四学士"之一——张耒，也就是张文潜。他是一个大胖子，号称"肥仙"。

同为"苏门六君子"的陈师道有一句诗单道张耒的胖："张侯便然腹如鼓，雷为饥声汗为雨。"

大肚便便的文潜老兄，没走两步就汗如雨下，肚子饿的时候发出的那个声音响得和打鼓一样。

黄庭坚更是促狭鬼，直称"六月火云蒸肉山"。

可以想见大夏天，满面通红的张文潜，抖着一身肉，热汗腾腾、气喘吁吁的狼狈相。这实在是雅不起来。

黄庭坚称呼张耒为"布袋和尚弥勒佛"。宋代已经有布袋和尚的传说。张文潜虽然平常比较安静，但内心深处豪爽而又幽默，表面上他像苏轼的弟弟苏辙一样内敛；其内心却和苏轼有投机处，爱开玩笑，团团一张大肉脸，和庙里的弥勒佛有七分神似。

黄庭坚在赞扬他文章的同时，还损了他一下："形模弥勒一布袋，文字江河万古流。"这样一个胖子，给人丰衣足食的印象。

可是张耒的一生，很长一段时间都在低级公务员队伍里混，父母妻儿一大家人，入不敷出，连吃饭都成问题。后期因政治问题，被一贬再贬，更是几个月吃不上肉，但他依旧胖。可见，现代人节食减肥的招数是没用的，有人只喝水也长胖。

很多胖子尿酸高，痛风是常态。张耒也没有幸免，到了晚年，痛得更厉害。

张耒喜欢吃螃蟹，大家都知道患痛风的人是不能吃海鲜的，但张耒就吃螃蟹，管他事后怎么痛，嘴巴先痛快再说。他找到个大杯子，剔出螃蟹肉，满满地装上一杯，吧唧吧唧吃个精光。

这样的人，做朋友一定好玩。

— 02 —

张耒是一个神童，出生时手掌上的纹路看着像个"耒"字，所以取名张耒。他十三岁时，诗文就很出色。而且他是世家子弟，其祖父、外祖父都是当官的，他的外祖父和晏殊、范仲淹这些大咖是好朋友，他的父亲也是进士。这样家族出来的人物，天生有优势，加上自己聪慧，想不出名都难。

长辈们四海宦游，他跟着走四方。他十七岁写了《函关赋》，其中有"业无高卑志当坚，男儿有求安得闲"的雄壮语句。一时万人传诵，名声大噪。

十八九岁时他到陈州跟着外祖父李宗易游学，碰上了他生命中重要的人物之一——苏辙。苏辙是当时文坛上响当当的人物，和父亲苏洵、哥哥苏轼号称三苏，三苏诗文影响巨大，当时有"苏文熟、吃羊肉；苏文生，吃菜羹"的谚语。当然苏轼更是出类拔萃，名响千古。

苏辙时任陈州学官，李宗易和苏辙是朋友，张耒得以认识苏辙。张耒将文章拿给苏辙看，苏辙很是认可，觉得此子可教。

宋神宗熙宁四年（1071），苏轼到杭州任通判，到陈州看望弟弟，一逗留就是两个月。张耒见到了仰慕的巨星，也见到了苏氏兄弟非凡的才华与高尚的操守。他倾心敬佩，自然在心里就把自己列为苏家弟子。

苏轼看了张耒的文章，大为慨叹："你的文章和子由（苏辙）很像嘛！"

宋神宗熙宁六年（1073），二十岁的张耒考中进士，担任临淮县主簿，走上仕途。

张耒与二苏常有书信来往，熙宁八年（1075），在密州任职的苏轼重修了一个旧台，苏辙取名"超然台"，苏轼写下《超然台记》，有超然物外、快乐人生的意思。

苏轼请朋友们给超然台写诗作赋，张耒也得到邀请。张耒没有辜负苏轼的期望，写出洋洋洒洒的《超然台赋》，用曲折迂回的笔法，肯定了"自以为超然而乐之"的观点。苏轼对其大为表扬，说："汪洋澹泊，有一唱三叹之声。"

张耒从此被世人目为苏门学士。

苏轼对别人说："像黄庭坚、秦观、晁补之、张耒这些人，世人还没认识到他们的才华时，我苏轼先知道了。"

这就是"苏门四学士"的来由。

— 03 —

张耒工作后，当权的是变法派的王安石，苏轼、苏辙都不太同意王安石的变法，因此他们在朝中不吃香。

元丰二年（1079），苏轼因为"乌台诗案"被贬到黄州。作为苏轼门下的著名才子，张耒的日子当然也好不到哪里。

张耒工作的前十来年，在安徽、河南一带担任县尉、县丞这一类的小官，副县长是典型的九品芝麻官。他的工资不高也不低，养家糊口刚刚好。但他一直调来调去，加上父母和第一个妻子相继去世，花销加大。他家境越来越差，生活相当拮据。

他给朋友写信发牢骚：我一个人带着一家老小，行走四方讨一口饭吃，真不知道最后会到哪儿去。这日子过得憋屈，别人进士出身，有的早就出将入相，十几年了，自己还一直是一个副县级，原地踏步。

但人一辈子总有一段时间走好运。元丰八年（1085），宋神宗去世，年幼的哲宗继位，由高太后掌权，保守派司马光当政，苏氏兄弟重新被起用。张耒也有了出头之日。

次年，张耒、黄庭坚、晁补之三人都参加了由苏轼命题的太学学士院考试。他们得到提拔，张耒到了京城任职，先后担任著作郎、史馆检讨等。不久，秦观也来了京城，苏门四学士汇聚一堂，盛况空前。朋友们一起工作，吟诗作赋，游山玩水，快乐得如在天堂。

每有好的文章诗词写出来，天下人抢着诵读，一时洛阳纸贵。大画家李公麟的《西园雅集图》记录了苏轼等二十二人聚会的情形，张耒也在其中。

人逢喜事精神爽，享受轻松、快乐的时光时，张耒特别幽默。他和晁补之读朝廷新任命文书，看到苏辙由中书舍人转为户部侍郎，基本算平级调动。晁补之说："子由这个调动，果肉还是不离核。"张耒笑道："总比你强。你是枝头干。"有一种像李子的水果，熟了不摘马上就枯干。张耒笑话晁补之在同一个官职上干了好多年都没有升迁。

秦观被一个姓贾的官员弹劾，张耒说："以前贾谊写《过秦论》，现在这事又发生了。"大家闻言大笑。

王安石写过一本《字说》，其中有不少牵强附会、不合情理之处，文化人都质疑。

有一天张耒问大臣张方平："司马光为什么说王安石不懂事？"

张方平说："去读一下《字说》，你就会明白。"

张耒说："我读过，《字说》十之二三都没道理吧？"

张方平笑道："你也有十之七八不懂事！"

— 04 —

人生有上就有下。

元祐八年（1093），高太后去世，哲宗亲政，再次起用新党变法派，保守派受到全面打击，苏轼被贬到遥远的海南岛，苏门弟子也全部被清洗贬黜。

次年，张耒在润州任上迁宣州，绍圣四年（1097）被贬黄州酒税监督——第一次到黄州，再贬复州。宋徽宗继位，提拔张耒回黄州任通判——第二次到黄州，再提拔为颍州知州。

不久，张耒得到苏东坡回中原的消息，欣喜若狂的张耒写诗庆贺：

> 今晨风日何佳哉？南极老人度岭来。
> 此翁身如白玉树，已过千百大火聚。
> …………

不料乐极生悲，很快传来苏东坡半路去世的消息。悲伤的张耒在颍州拿自己的工资在寺院举办祭祀，上峰大怒，再次将其贬到黄州——第三次到黄州。

作为被放逐的臣子，张耒不能住国家宿舍，也不能借住寺庙等，他只好在黄州柯山边、荒山野岭之地租房子住。野草丛生，满目荒芜，再加上食不果腹、衣不蔽体，当真是三月不知肉味，怎一个惨字了得。

幸好张肥仙骨头硬，为了不带累别人，拒绝了太守替他买地种菜的好意。

他的同门师弟潘大临也在柯山，两人相互鼓励，相互安慰，度过了这段艰苦的日子。

张耒遂自号"柯山"，以示闻道于苏轼，恪守不移。后来他还编了《柯山集》。

坏消息一个接一个，先是秦观客死滕州，儿子扶柩归来，张耒临江设奠。接着又传来黄庭坚的死讯。

直到崇宁五年（1106），皇帝除去一切党禁，五十好几的张耒才回到故乡淮安。

张耒的文学创作遗留下来的非常多，全宋诗词录其诗三十三首、词六首，算是对这个天才的最大肯定。

范仲淹：大宋第一狂人

　　有这么一人。他与晏殊、包拯、欧阳修同朝为官，他比王安石、司马光大十多岁，他是北宋著名的改革家、文学家、教育家。他精通音律及古琴，是写过棋史的围棋高手。他研究医药，是书法绘画的妙手。他又是经验丰富的旅行家，一生游历过南北方很多地方；他祖籍邠州（今陕西省），生于河北正定，居住于苏州吴县。

　　他写下"不以物喜，不以己悲""先天下之忧而忧，后天下之乐而乐"。

　　他弘扬良好的民风，勤俭节约，是北宋的一代名臣；他也是全国青年都景仰的士大夫，后学苏轼对他敬若神明，他说范公的功德"不待文而显，其文亦不待叙而传"。

　　他就是北宋狂人范仲淹。

— 01 —

　　范仲淹出生于989年，这一年是宋太宗端拱二年。

　　他的父亲范墉曾担任武宁军节度掌书记，属于机要秘书。两年后，他的父亲去世，家境艰难。母亲为了养活他和他姐姐，改嫁到山东长山（今山东邹平）一户朱姓人家，范仲淹不得不改名朱说。继父朱氏在湖南的安乡县、长山县等地宦游，范仲淹跟着他辗转于各地。朱氏的几个儿子不待见范仲淹，变着法子欺负他，好在他一心向学。

　　1008年，范仲淹入长白山醴泉寺读书。为了躲开朱家人，他在寺庙一待就是三年。有一天，范仲淹回家，看到朱家兄弟生活很奢侈，便劝诫他们能节俭一些。朱家兄弟没有理解范仲淹的用心，很不高兴地说："我们花的是我们朱家的钱，你管不着！"

范仲淹在一次意外的情况下得知母亲改嫁的往事，这下彻底打击了范仲淹，伤心的他下定决心离开此地去外地求学。1011年，二十三岁的范仲淹告别母亲，来到北宋四大书院之一的应天书院求学。应天书院所在的应天府大有来历，它是宋太祖赵匡胤的发迹之地。1006年，宋真宗升宋州为应天府。范仲淹来应天书院后的第三年，也就是1014年，宋真宗亲自驾临应天府，升应天府为南京。宋真宗是谁？他是宋仁宗赵祯的父亲——赵恒。

范仲淹来到应天书院以后读书异常勤奋，朱熹曾说范仲淹"五年未曾解衣就寝"。

范仲淹兜里没钱，又心疼母亲。在书院的五年中，他过着不堪回首的生活："夜或昏怠，辄以水沃面。往往馇粥不充，日昃始食。""其起居饮食，人所不堪，而公自刻益苦。"夜里昏昏欲睡，他用凉水洗面。他每天只煮一锅粥，放在一边，饿了就着咸菜吃粥。他喝了几年的冷粥。

苦其心志，饿其体肤，堪称宋代典范。在这样的环境下，范仲淹养成了浩然之气。同学给他好吃的、施舍钱财，他一概拒绝。他说："我已经习惯了喝粥，担心一享受美食，日后就咽不下粥和咸菜了。"

艰苦的求学生涯不仅丰富了范仲淹的学识，更是磨炼了他的意志品质。

— 02 —

1015年，范仲淹二十七岁。这一年他要参加科考，考中就得以进入仕途。考试前，读书人流行去寺庙烧香祈福，求神灵保佑，考试及第。范仲淹跟随同学去了寺庙祈求金榜题名。当时，寺庙有一算命先生，据说很灵。

范仲淹问算命先生："您帮我看看，我将来能当宰相吗？"

算命先生看了一眼范仲淹，说不能。

范仲淹接着问："做不了宰相，能当看病的大夫吗？"

算命先生说："你不是想当宰相吗？怎么又改大夫了？"

范仲淹答道："不为良相，便为良医，我想济世救民。"

算命先生觉得他的志向很了不起，大大赞叹道："有此心，真宰相也！"结果，这一年他考中进士，在都城东京皇宫见到了皇帝。他踏上仕途后，接着迎娶了副宰相李昌龄的侄女为妻，婚姻为他搭建了一个社交平台。

几年后，李氏为他生下了范纯仁，范纯仁后来被人称为"布衣宰相"。

— 03 —

初入官场的范仲淹人微言轻，但他清醒地认识到北宋王朝政治上的各种弊端。

范仲淹仕途的第一站是到广德军任司理参军，五六年后到泰州西溪镇监管食盐仓库。

在做九品芝麻官的时候，他结识了滕子京和青年才俊富弼。

1025年，时任兴化县令的范仲淹带领百姓治理水患，践行为官是为民的态度，重修了捍海堰，很多流离失所的百姓也重新返回家乡，百姓田地和盐场得到保护。

1026年，范仲淹的母亲去世，范仲淹为母守丧。1028年，范仲淹上书朝廷，提出自己的改革想法。范仲淹这次上书引起了宰相王曾的注意，他很欣赏范仲淹的才华，要求晏殊推荐范仲淹进入朝廷做官。这是庆历新政的先声，但王相并没有理会范仲淹的改革想法。

1034年，他主政苏州，为治水患，在苏常一带察看水情，有感写了一首《江上渔者》，反映渔民辛劳，表达自己对劳苦百姓的同情。

江上往来人，但爱鲈鱼美。

君看一叶舟，出没风波里。

— 04 —

刘太后垂帘听政，朝廷为她庆生。他大胆上书刘太后，认为官家（皇帝）是九五至尊，不应该率领文武百官为太后祝寿行跪拜礼，这些事应由宰相代皇帝行礼。没过多久，范仲淹又上书，请求刘太后还政于官家。

1036年，范仲淹受不了朝政的腐朽，呈给仁宗一份《百官图》，把官场隐秘的利益链条亮了出来，矛头指向了吕夷简及他提拔的数十人，一时引起京城官场的"地震"。

范仲淹对时弊多思考，多次谏言，得罪了不少权贵，吕夷简等人反扑范仲淹。欧阳修、余靖、尹洙、蔡襄等人力挺范仲淹，双方斗争激烈。最终结果是范仲淹先后被贬三次。正直的官员被贬，虽败犹荣。

范仲淹第一次被贬，官场的朋友们把他送到东京城门外，赞他坚持自己的态度，他不畏权贵，虽然被贬，但"此行极光荣"。后来他再被贬，也有朋友安慰并称赞他"此行愈加光荣"。他第三次被贬，还有朋友继续安慰他，说"此行尤为光荣"。三起三落的范仲淹听后笑道："仲淹前后已是三光了！"

面对三起三落，范仲淹豁达乐观的态度就像他曾写的《野色》一样：

> 非烟亦非雾，幂幂映楼台。
>
> 白鸟忽点破，夕阳还照开。
>
> 肯随芳草歇，疑逐远帆来。
>
> 谁谓山公意，登高醉始回。

范仲淹说："宁鸣而死，不默而生。"

与士大夫共治天下是"祖宗之法"（赵宋王朝自建国伊始为谋求长治久安而创设的一系列制度法规）中的一个重要内容，宋代崇文抑武、鼓励士大夫参政议政，客观上塑造了这一时期宽松和开明的政治氛围。

仁宗期间，大批名臣涌现朝堂，范仲淹率先开北宋士风，这股风在北宋一起就是百余年，苏轼就是在这股强劲的士风兴起之时出生的。

— 05 —

范仲淹的刚正给年轻的仁宗皇帝留下了很深的印象。仁宗亲政后，召范仲淹回京。此时，朝廷上下直接或间接地攻击刘太后垂帘听政时所行政事的人越来越多。

范仲淹非但没有借机报复刘太后，反而规劝官家说："太后受命于先帝，保护您十多年，一些小的过失当遮挡的要遮挡，要保全太后的名声。"

仁宗听后很感动，下令不许再议论刘太后垂帘听政时的政事。从此，仁宗更加敬重范仲淹的人品，范仲淹成为他心目中主持改革的最佳人选。

1038年，李元昊称帝，建西夏国，西北告急。

1040年，五十二岁的范仲淹被仁宗调往陕西，出任知延州，担任边防副司令。上任后，范仲淹实施整顿军队、修改制度、训练士兵、修筑工事和要塞以及节省边境财政支出等措施。

经过范仲淹的一系列改革后，北宋朝廷边防实力增强，军队战斗力也加强了。同时，范仲淹作为将领，爱护士兵，对于前来归附的各部羌人少数民族诚恳接纳，信任不疑。因此，西夏军队不敢轻易侵犯他所统辖的地区。

戍边期间，范仲淹还写了一首《渔家傲·秋思》，来记录这段征战生活。

　　塞下秋来风景异，衡阳雁去无留意。四面边声连角起，千嶂里，长烟落日孤城闭。

　　浊酒一杯家万里，燕然未勒归无计。羌管悠悠霜满地，人不寐，将军白发征夫泪。

宋夏开始议和，仁宗迫不及待地将五十五岁的范仲淹从西北前线调回京城，授予他掌管兵权的枢密副使之官，孤立西夏，迫使西夏向宋称臣，达成议和。

不久，仁宗罢免了吕夷简的宰相之位，重组了执政班子。此时，范仲淹身边围着欧阳修、尹洙、富弼等人，范仲淹倡导的改革，就此拉开了序幕。

—— 06 ——

庆历三年（1043），范仲淹与富弼给仁宗呈上了《答手诏条陈十事》，提出十项改革主张：明黜陟、抑侥幸、精贡举、择官长、均公田、厚农桑、修武备、减徭役、覃恩信、重命令。这十项措施再一次触动了许多官僚的既得利益，真正赞成、拥护新政的官员屈指可数。

学者钱穆先生在《国史大纲》中说，前五项是肃清吏治，后三项为富民强兵，最后两项赏罚分明。

随着新政的推行，反对范仲淹的人越来越多，不时有各种声音传到仁宗那里。其中，最让仁宗不安的是范仲淹结交朋党。

仁宗曾问范仲淹："自古以来结为朋党的都是小人，难道君子也会结党吗？"

范仲淹答："臣在边境时，看见既有勇于作战的人相互结党，也有怯懦避战的人相互结党。在朝廷也一样，正人君子和奸邪小人各有党羽。如果一心向善的人结为朋党，对国家有什么坏处呢？"

范仲淹直接承认了自己结交朋党，仁宗对他有了不满。

庆历五年（1045），反对范仲淹的声音越来越激烈，仁宗改革的信心逐渐下降。在这时期，范仲淹依然接受了好友巴陵郡太守滕子京的邀请为重修岳阳楼写了一篇千古绝唱的《岳阳楼记》，以"不以物喜，不以己悲"的古仁先贤为榜样，发出"先天下之忧而忧，后天下之乐而乐"的誓言。这种境界曾激励了一代又一代的仁人志士，可以说，范仲淹是北宋第一励志狂人。

就在这一年，北宋外部局势有所缓和，仁宗经过反复权衡，最终罢免了范仲淹、富弼和支持新政的宰相杜衍。短暂的"庆历新政"宣告失败，范仲淹也因此被贬到邓州。

仁宗朝以宽松开明著称，却又暴露出国家行政施为滞缓的问题。或许可以说，这种一体两面的特点，是北宋开国以来政策基调发展造就的结果。"庆历新政"的出现与夭折，正与此有关。

范仲淹离京前，与好友欧阳修小聚，在酒席上，感慨无限，写了一首《剔银灯·与欧阳公席上分题》，表达改革失败后自己内心的苦闷。

昨夜因看蜀志。笑曹操孙权刘备。用尽机关，徒劳心力，只得三分天地。屈指细寻思，争如共、刘伶一醉。

人世都无百岁。少痴騃、老成尪悴。只有中间，些子少年，忍把浮名牵系。一品与千金，问白发、如何回避。

在邓州，范仲淹创办了花洲书院，经常去书院讲学，还写了一首《定风波·自前二府镇穰下营百花洲亲制》，表达自己与民同乐、乐观豁达的人生态度。

罗绮满城春欲暮。百花洲上寻芳去。浦映芦花花映浦。无尽处。恍然身入桃源路。

莫怪山翁聊逸豫。功名得丧归时数。莺解新声蝶解舞。天赋与。争教我悲无欢绪。

邓州时光是范仲淹一生中最快乐的几年：一首诗，一盘棋，几杯小酒，一群好朋友。

庆历之后，社会上仍然涌动着变革的思潮。翰林学士欧阳修针砭时弊称："国家自数十年来，士君子务以恭谨静慎为贤。及其弊也，循默苟且，颓惰宽弛，习成风俗，不以为非，至于百职不修，纪纲废坏。"

范仲淹的原配李夫人去世早，继娶聂夫人也未能长寿。第三任妻子张氏本是范家侍女，在侍婢中比较慧丽，比范仲淹小三十二岁，这也是范仲淹最美好的邓州时光。

1050年，六十二岁的范仲淹创办"范氏义庄"。范氏家族以科举而兴，又靠荫补、婚姻关系等手段使家族获得了进一步的发展，创置和经营"义庄"使这一家族在两宋时期久盛不衰，维持了较为长久的世家大族地位。

由此，范仲淹开启了宋代慈善事业的一个新时代，对后人从事慈善事业，也有深远影响。这在中国历史上是独一无二的，足见范仲淹深广的智慧。

1052年，朝廷命范仲淹去颍州为官，当时范仲淹已经病重，仍然带病去颍州，途经徐州时逝世，终年六十四岁。范仲淹生前不经营家产，去世后全家老少七十余人只能住在官舍里为他守丧。

朝廷加赠范仲淹为兵部尚书，谥号"文正"。他被埋葬后，仁宗亲自题写了墓碑，叫"褒贤之碑"。

梁启超曾说："五千年来历史中立德立功立言者只有两个人——范仲淹和曾

国藩。"

　　范仲淹用一生践行了"先天下之忧而忧，后天下之乐而乐"的人生态度，揭开了宋代历史上富有生气的篇章。正如朱熹对范仲淹的称赞："本朝人物第一人。"

伍

女人千千万，风情各不同

这六个女人经历的意外，改变了汉朝的国运

— 01 —

刘邦人到中年还只是一个泗水亭长，这时候沛县来了一个大富豪——吕公。

据说吕公为躲避仇家，因与沛县县令关系很好，所以躲到当地避难。吕公到沛县后便摆酒设宴，邀请沛县当地有头有脸的人，主簿萧何给吕公做账房，可见宴会级别之高。

单身汉刘邦也来凑热闹，进门高喊"贺礼一万钱"，其实一个子也没带。吕公见刘邦气度不凡便将他请到上座，但萧何劝说吕公将刘邦轰出去。吕公笑而不语。

吕公宴会后单独留下刘邦，提出将女儿吕雉嫁给他。吕公的妻子不同意，认为刘邦不过是一个无赖。但吕公认定了刘邦，便做主将女儿嫁给了刘邦。

刘邦理直气壮地吹牛，不想竟然平白无故得了一个媳妇。就这样，刘邦拉开了汉朝的戏剧幕布。

《史记》记载："酒罢，吕媪怒吕公……吕公曰：'此非儿女子所知也。'卒与刘季。吕公女乃吕后也，生孝惠帝、鲁元公主。"

— 02 —

魏王豹夫人薄氏的母亲崇信相面，相士说："薄氏将来能生个天子。"

于是，魏豹背叛了汉王刘邦，随后却被汉军击败后杀死，薄氏也被纳入汉宫充当杂役。

本来薄氏的命运就这么终结了。谁知，宫中管夫人、赵子儿是薄氏的故交，当

年三人曾经相约"谁先富贵，不要忘了其他人"。

有一天，刘邦带着管夫人、赵子儿到成皋台游玩，她们见到故友薄氏正在做杂役，两人不禁优越感油然而生。一路上，两个人议论当年的约定，嘲笑薄氏下场的凄惨。没想到她们的谈话被刘邦听到了，刘邦在心里对薄氏起了怜悯。当天晚上，刘邦便将薄氏带回宫中宠幸，践行了两位夫人的诺言。谁知薄氏就此有孕，后来她生下一个男孩，叫刘恒，也就是后来的汉文帝。

三个女人的玩笑，改变了汉朝的命运。

《史记》记载："汉王坐河南宫成皋台，此两美人相与笑薄姬初时约。汉王闻之，问其故，两人具以实告汉王。汉王心惨然，怜薄姬，是日召而幸之。……幸生男，是为代王。"

— 03 —

吕后执政以后，觉得后宫妇人太多了，便下令给每位王侯赏赐五名美女。宫女窦氏特别希望能够回到家乡赵国，便找主事的宦官求情："我家是清河的，一定把我放到回赵国的队伍里。"主事的宦官得了好处，愉快地答应了。窦氏满心欢喜地等着回家乡，不料结果公布：自己竟然被送到偏远的代国。原来宦官收礼太多，根本记不清每个人的需求了。窦氏哭天喊地，大骂宦官收礼不办事。但是现在已经无可挽回了，她只好带着情绪来到代国。好在代王刘恒很喜欢窦氏这种美女，很快窦氏便被专宠，后来生下两男一女。

刘恒继位之后，窦氏长子刘启便被封为太子，也就是后来的汉景帝。

宦官犯错，改变了汉朝的命运。

《史记》记载："家在清河，愿如赵，近家，请其主遣宦者吏'必置我籍赵之伍中'。宦者忘之，误置籍代伍中……至代，代王独幸窦姬，生女嫖。孝惠七年，生景帝。"

— 04 —

燕王臧荼的孙女名叫臧儿，嫁给了同村王氏，生了两个女儿。由于家族败落，臧儿便将大女儿早早嫁给了金家，不久臧儿的大女儿生了一个姑娘。

有一天，臧儿带着两个女儿上街买东西，顺道为女儿算命。算命的说："你两个女儿都是大富大贵之人。"臧儿后悔莫及，有心将两个女儿送入宫中选美。臧儿便找来女婿，强迫其与大女儿离婚。

金家很生气，不同意离婚。臧儿便偷偷带着两个女儿来到长安，参加了选秀。最终，她两个女儿都被太子刘启（汉景帝）相中，选入太子宫。长女后来生了个儿子叫刘彻，也就是汉武帝。小女儿也很受汉景帝宠爱，生了四个儿子。

《史记》记载："臧儿长女嫁为金王孙妇，生一女矣，而臧儿卜筮之，曰两女皆当贵。因欲奇两女，乃夺金氏。金氏怒，不肯予决，乃内之太子宫。"

— 05 —

汉景帝有一次喝了酒，来了兴致，召程姬侍寝。程姬恰巧来了月事，身体不方便，但是又不敢拒绝醉酒的汉景帝，便安排侍女唐儿代替自己侍寝。于是，宦官便将唐儿送到了汉景帝房中，汉景帝酩酊大醉不能辨人，以为是程姬，便宠幸了。

不久，唐儿有了身孕，后来生下一个儿子，取名刘发。汉景帝不喜欢唐儿，加上其身份卑微，因此刘发便被分封到了偏远、贫穷的长沙，而且他的封地比其他兄弟小很多。

不过刘发非常聪明，趁着进京给父皇祝寿的机会，亲自献舞。刘发用手握住袖角，扭扭捏捏地摆动肥胖的身躯。见此，其他兄弟们哄堂大笑，汉景帝看了好奇地问缘由。刘发不紧不慢地说道："臣国小地狭，不足回旋。"汉景帝心领神会，便将三个郡封给刘发，长沙国一跃成为大国。

刘发的子孙昌盛，而且生活富裕，其六世孙，便是东汉开国皇帝，光武帝刘秀。

《汉书》记载："景帝召程姬，程姬有所避，不愿进，而饰侍者唐儿使夜进。上醉不知，以为程姬而幸之，遂有身。已乃觉非程姬也。及生子，因名曰发。"

— 06 —

汉景帝最早册立长子刘荣为太子，汉景帝的姐姐窦太主希望女儿陈阿娇能做皇后。于是，窦太主便托人去向太子的母亲栗妃求亲，栗妃生性善妒，讨厌窦太主在宫外给汉景帝网罗女人跟自己争宠，便严词拒绝了。从此窦太主与栗妃结仇，两个人经常互相攻击。

刘彻的母亲王夫人瞅准机会，主动与窦太主交好，希望刘彻能迎娶陈阿娇。窦太主来到宫中看望年幼的刘彻，故意逗刘彻说："想娶媳妇吗？你看这一百多美女有没有喜欢的？"刘彻连连摇头。

窦太主又指着女儿问道："你看阿娇姐姐好不好？"

刘彻喜笑颜开地说道："好，如果阿娇姐姐嫁给我，我就造一座大大的金屋子让她住。"

窦太主便告诉汉景帝刘彻和阿娇结亲的事情，汉景帝开始不允亲事，可窦太主不停地撺掇并夸奖刘彻，最终汉景帝改变了主意。

后来刘荣被废，加上窦太主的努力，侄儿兼女婿成为皇太子的最佳人选。

窦太主后来因为女儿被废，还曾经义愤填膺地说："如果不是因为我，刘彻根本就当不上皇帝。"

《武帝故事》记载："指其女阿娇好否，笑对曰：'好，若得阿娇作妇，当作金屋贮之。'长主大悦。乃苦要上，遂成婚焉。"

与她相比，武则天也要甘拜下风

—01—

510年农历三月十四，北魏宣武帝元恪迎来了他的第二个儿子——宠妃胡充华诞下的皇子元诩，也是他现存的唯一的儿子。宣武帝坐拥六宫佳丽，子嗣却这般稀少，倒不是元恪的生理出现了障碍，而是因为他爹孝文帝立下的一项奇葩制度。

孝文帝拓跋宏崇尚中原文明，在国内大力推行汉化改革，不仅将祖姓"拓跋"改为"元"，连服饰、生活习性也全都照搬汉人。就连汉武帝杀钩弋夫人这么没人性的故事，孝文帝也大力追捧。为此立下祖制：为防妇人干政，皇子一旦成为皇位继承人，母亲就必须立即被处死。

在这样"子贵母死"的残酷制度下，后宫没人愿意生儿子，生女儿既安全也能保全富贵。如果生了儿子，儿子成了太子，自己连命都保不住了，要这太后的虚名有何用？儿子就是催命符，太不划算了。

纵观北魏一朝，先后有八位太后因儿子成了牺牲品。但这一次，胡充华却逃过一劫。

—02—

胡充华，又称胡仙真，也称胡承华，自幼生得美艳绝伦，更兼才思敏捷，是一位美貌与智慧并存的实力派。

如果不是宣武帝元恪的召见，出家为尼的她没准儿会为佛教事业的发展做出巨大的贡献。

入宫讲经的胡充华，被元恪一眼相中，就留在了宫中。没多久胡充华就发现自己怀了龙种，和其他妃嫔第一时间设法堕胎不同，胡充华向天下宣布了自己怀孕的消息。

然后她当众对元恪说："依据祖制，儿子为储君，母亲应当被赐死，但臣妾却宁可让皇家有继承人而不愿贪生！"

不知胡充华是母爱泛滥还是另有所图，但这些话最终感动了元恪。所以元恪无论如何也要设法保全胡充华的性命……

— 03 —

512年，元诩被立为皇太子，生母胡充华也被晋升为贵妃。至于那"子贵母死"的祖制，早已被宣武帝废除。三年后，宣武帝驾崩。六岁的元诩毫无悬念地登基称帝，改年号熙平，史称孝明帝。

因皇帝年幼，胡充华开始以皇太后的身份垂帘听政。她每天批阅奏章，亲自决断重大案件，对百官的考核也公正严明，一时朝纲整肃，内外无不臣服。

有时，人一旦失去制约，人性就会被权力吞噬。随着政权的稳定，大权在握的胡充华开始暴露出人性的阴暗面。

— 04 —

崇尚佛教的胡充华，深信佛法能减轻罪孽，为此她以倾国之力广建寺院，其规模之宏大为历代之最。如今河南洛阳著名古迹龙门石窟，便是她执政时发起的工程，仅此一项就动用劳工八十多万人。为让佛光普照皇宫，她下令在宫外修建永宁寺，寺内僧房多达千余间。

在这样的示范作用下，全国寺庙猛增到三万多处，出家者有二百多万人。据后世统计，北魏极盛时的人口，也不过三千五百万人。

作为全国最显赫的贵妇，胡充华在吃喝玩乐方面更是出手阔绰。有一次她前往嵩山采风，随从多达数百人，玩儿到尽兴时她下令打开国库，令臣妇、妃嫔、公主们随意领取。物质层面的挥霍已经到了无以复加的境地，紧接着胡充华便将兴趣转向了男人。毕竟她还是一个正值青春年华、有着生理需求的漂亮女人。

—05—

胡充华的第一个目标是小叔子清河王元怿。元怿是孝文帝的第四子，宣武帝元恪的异母弟弟，身形魁梧，风度翩翩。他很快成了胡充华的猎物。不论大事小情，胡充华都要召元怿入宫商议，时间一长元怿就明白了：皇嫂这是看上自己了。一身正气的元怿起初是极力拒绝的，怎奈抵不过熟妇的风情，最终还是与她出双入对，俨然夫妇。胡充华如此奢淫无度，引起了朝臣们的不满。

520年，御林军统领元义勾结宦官刘腾发动政变，假传圣旨将清河王元怿赐死。再将胡充华幽禁在北宫中的宣光殿，连皇帝元诩也不能见。元义、刘腾掌权后，比胡充华更为不堪，两人终日沉湎酒色，宫内防护空虚。胡充华趁机反击，依靠亲信将元义、刘腾杀掉，随后再度临朝摄政。

—06—

元怿死后，胡充华又相中了她父亲的部下郑俨。她将郑俨晋升为中书舍人，每天双宿双飞。时间一长，郑俨深感体力不支，于是又引荐了好友徐纥、李神轨替代自己。

虽然男友众多，但胡充华只钟情郑俨一人。而郑俨已有家室，偶尔也需要回家。为防止郑俨变心，胡充华每次都命令心腹跟着他，只允许郑俨和老婆说话，不准两人有肌肤之亲，拉拉手也不行。

霸占别人的丈夫，还如此理直气壮，实在是彪悍得后无来者。郑俨由此开始恃宠而骄，大肆排斥异己，为北魏的灭亡埋下了祸根，这是后话了。不过，若是论及恩宠，以上这几位和下面这人相比，简直就弱爆了。

— 07 —

北魏名将杨大眼的遗腹子杨白花（又名杨华），武艺超群，相貌俊美，颇有英雄气概，深得胡充华的喜爱。身强体壮的杨白花令胡充华难以自拔，胡充华经常召他入宫侍寝。杨白花不是攀附权贵的小人，他深知自古以来秽乱后宫者，必将祸及满门，于是在一个月黑风高之夜，他带着亲眷和部队逃往南梁。

父亲杨大眼死后，尸体被三个异母哥哥当成投名状献给了南梁，如今，他也不得不以这样另类的方式叛国。这可能就是人在江湖，身不由己吧。失去了挚爱，胡充华痛心不已，这个半老徐娘的太后此时少女心泛滥，还写了篇流传千古的情诗《杨白花歌》。

> 阳春二三月，杨柳齐作花。春风一夜入闺闼，杨花飘荡落南家。含情出户脚无力，拾得杨花泪沾臆。秋去春还双燕子，愿衔杨花入窠里。

言外之意就是，情人，你快回来吧，我们还一起双宿双飞，做快乐的伴侣！为了扩大影响，能让情郎感受到自己如火的热情，胡充华还命乐官们将这首诗谱成曲子，再命皇家乐团一起列队演唱。只是令胡充华朝思暮想的杨白花终究没有回来，倒是她的儿子孝明帝元诩此时已经成年。面对毫无廉耻的亲娘，他终于出手了。

— 08 —

太后胡充华把持朝政，朝堂一片污浊，各地义军此消彼长，朝廷派军镇压也屡次惨败。孝明帝眼见政权风雨飘摇，便决心亲政。但皇权面前无亲情，胡充华不肯交权，经常借同党之手将儿子的近臣诛杀。双方势同水火，矛盾一触即发。

528年，孝明帝的宠妃潘氏生下一名女婴，胡充华却对外宣称潘氏生下的是皇子，并以此大赦天下。孝明帝忍无可忍，发密诏令镇守晋阳的大将尔朱荣，率军南下进兵洛阳，胁迫太后交权，没想到密诏还没发出就被人告发。大惊失色的胡充华，赶紧召来情夫郑俨、李神轨等人商议，随即使出一条毒计：毒杀孝明帝，并拥护他的女儿——前几天刚生下的女婴即位。

这场闹剧只过了一天就被人识破，随后胡充华又生一计，宣布皇位由远房皇侄——三岁的元钊继承。这样将天下人当猴耍的手段，引起了举国愤慨，此前差点就接受密诏的尔朱荣趁机兴兵作乱，扬言要追查孝明帝的死因。

— 09 —

尔朱荣的大军一路南下。胡充华人心丧尽，所属军士纷纷临阵倒戈，眼见大势已去，便自行削发为尼，想靠佛祖庇护逃过此劫。

528年四月，尔朱荣率军攻入洛阳，用竹笼将胡太后和三岁的幼主元钊盛装，再抛入黄河淹死。民间将这种刑罚称为"浸猪笼"。接着，尔朱荣做了一件让后人唾骂的事。除掉灵太后和幼帝后，考虑到自己在朝廷的根基尚浅，怕今后不好控制朝局，便想用诛杀立威。随后他将文武百官、皇室亲眷两千多人赶到黄河边全部斩杀。这就是惨烈的"河阴之变"。

尔朱荣没想到的是，他的暴行随后遭到了天下人的围攻。两年后，尔朱荣被人砍成乱泥。

— 10 —

后来，北魏王朝被分裂成东魏和西魏。尔朱荣麾下的一批悍将，开始粉墨登场。那是一个更为混乱的时代。

中国巾帼英雄第一人

南北朝期间，北方东魏权臣高欢去世，大将侯景不服新主子高澄，起兵造反，一路被赶到南方。

南方的梁武帝收留了侯景，后来侯景又造反了，把整个南方搅得天翻地覆，致使繁华的江表地区变成人间地狱，梁武帝被困饥渴而死，南方大乱。

岭南始兴太守陈霸先起兵讨伐侯景。各地有兵有地盘的头面人物都心怀鬼胎，各有小算盘，开始丛林乱战，一不小心，便死无葬身之地。

这一年是550年。

—— 01 ——

南梁高州刺史李迁仕，派人召高凉太守冯宝议事。冯宝就要出发时，妻子拦住他说："刺史没有原因不会召见太守，他一定是想谋反，诈你前去，逼你和他一起干。"

冯宝问："凭什么这么说？"

妻子说："前一段时间，朝廷征召李刺史援助京城，他称病没有去。近来他打造兵器，召集人马，现在来找你，就是要扣押你，然后征调我们的人马。你不要去。"

总之一句话，不要轻举妄动，等一等。

果然几天后，李迁仕造反了，派将军陈平虏率军进入赣石，与陈霸先的部队抢占要地。

形势明朗，是敌是友分清了，即可进行下一步计划。

妻子对冯宝说："陈平虏率军北上，和官军交战，一时回不来，李迁仕就没什么可怕的了。你如果亲自去，一定会引起争执，你可以派人用好话骗他，就说'我不敢来，派我的妻子前来'，再送上大笔财货，他一定得意忘形，这样便可以一举将他拿下。"

李迁仕听说冯宝的妻子带队前来，果然放松了警惕。冯宝的妻子率领人马，说是给刺史送财物，用于赎罪。

大家肩挑车拉，到了李迁仕寨前，李迁仕没有一点儿防备。谁料冯宝的妻子率人亮出兵器，突然袭击。李迁仕大败，丢了寨子，狼狈而逃。

另一边陈霸先也击败了陈平虏，冯宝的妻子在赣石见到了陈霸先，回来对冯宝说："陈将军是个英雄，一定能平定叛乱，咱们要支持他。"

这些可以看出冯宝的妻子不简单。

冯宝的妻子小名叫百合。

—02—

高凉地区，自古是俚族的地盘，俚族人耿直守信，勇敢尚武，常居住在山洞里，耕田射猎，勤劳能吃苦。中原王朝统治岭南，拿俚人也没什么办法。因为俚人来去如风——"贪而来者，如风雨莫御；掠而去者，如鬼神莫追"，官兵根本对付不了他们。

百合是俚族的大酋长，势力非常大，手下有十万余人马。

俚人还保留着母系社会的传统，女人在家里的地位非常高。

南越各族好勇斗狠，彼此攻杀。百合家在当地势力很大。她还没出嫁时，就劝家人不要挑动内斗，团结各族，使周边人民免于战火，有勇有谋，很得人心。传说她曾得异人传授功夫，武艺高强，精通兵法，深得族人爱戴。

从冯宝祖父以来，好几代都是高凉太守。冯宝的父亲发现百合很了不起，就让儿子冯宝娶了她，汉俚联姻成佳话。这一年，百合十七岁，其实已经是俚人大首领。

本来政府官员都管不住彪悍的南越各族，经常发生争斗。如今冯宝是朝廷任命的官员，妻子百合是南越人中的大首领，强强联手，夫妻俩一起处理政务，管理民众，高凉一带渐趋文明安定。

—— 03 ——

陈霸先平了侯景之乱，声望日隆，于557年替代了梁，建立陈朝。在这节骨眼上，冯宝去世，岭南大乱。百合智勇双全，以强大的实力和卓越的手段，怀集百越，联系中央，稳定住了岭南局面。

百合派他九岁的儿子冯仆率各族首领，到南康拜见陈霸先。陈霸先非常高兴，即令冯仆为阳春太守。

570年，陈朝的广州刺史欧阳纥谋反，扣住冯仆为人质，要逼百合上贼船。百合明确表态："两朝君主，我都是忠贞第一，决不会因为一个儿子，对不起国家。"她迎接陈军入境，一起对欧阳纥进行讨伐，迅速平定了叛乱。

顺便说一句，大书法家欧阳询就是这个欧阳纥的儿子。

百合居功至伟，陈朝封冯仆为石龙太守，封百合为"石龙太夫人"，出行的随从护卫队规格和刺史一样。岭南族人称她为"圣母"，唯其马首是瞻，以保境安民。

早在梁朝，百合就上书朝廷，请于海南设崖州，得到朝廷的允许，使从汉代开始脱离中原六百多年的海南重归中原统治。百合教化百姓，传播新知，使海南文化、经济各方面都大为发展，为唐宋之后海南的开发，做出了巨大贡献。

—— 04 ——

历史的车轮滚滚向前，589年，百合六十八岁，再一次迎来了大变化——第三次改朝换代。

这一年大隋朝灭掉了陈国，大将韦洸率军南下，被挡在南康，前进不了。隋军统帅是杨广，他让投降的陈国皇帝陈叔宝写了封信给百合，并带着当年百合贡献给陈叔宝的"犀杖"为信物，指示百合归降隋军。

百合率百越酋长上千人，大哭了一天，决定归顺朝廷。她派自己的孙子冯魂迎接韦洸，隋军这才得以顺利进入岭南，统一全国。隋朝廷封百合为宋康郡夫人。

不料没多久，因隋政府的政策不好，南方叛乱再起。番禺头领王仲宣反了，岭南很多酋长跟着他一起反了，南方又乱成了一锅粥。百合果断出兵，派孙子冯暄率军出战。冯暄和叛军头目关系不错，拖拖拉拉，就是不动。百合大怒，把冯暄关起来，另派孙子冯盎出征。冯盎一路扫平叛军，一直打到广州，击溃了王仲宣。

百合亲自出马，披甲上阵，率精兵卫队，护卫着隋朝使者裴矩，巡视岭南州县，所到之处，各族酋长都出来迎接，全部表示效忠大隋朝。岭南再次迎来和平。

裴矩回到朝廷，把百合的事迹报告给隋文帝杨坚，杨坚惊诧之极，大为赞赏。冯盎、冯暄（因为祖母的功劳，不追究他的错）都被封为太守，追封死去的冯宝为谯国公，百合为谯国夫人，开府，可以调动岭南六州和各部落的人马。独孤皇后专门赐给百合首饰和一套漂亮的宴服。

后来，百合又清除了贪官番州刺史赵纳，以朝廷特使的身份巡视岭南，进一步安定团结了岭南地区。

朝廷将临振县（海南三亚）作为百合的"汤沐邑"。

— 05 —

每一年年终大会，百越首领都会参加。百合把梁、陈、隋三朝赏赐的财宝从三个仓库中搬出来，摆在宴会大堂上，让大家观赏。她对子孙和头领们说："我侍奉三朝皇帝，只有一片诚心。这些东西都是忠心的报答，你们一定要忠于天子，爱国爱家！"

一直到601年，百合以八十岁高龄去世。

对了，百合叫冼英，一说冼珍，又称冼夫人。

另外，关于冼夫人的年纪，还是有争议的，王兴瑞在《冼夫人年表》里说，冼夫人生于512年，仁寿初逝世，大抵九十岁。

就冼夫人出生地的问题，广东专家召开了研讨会，据近来考古发现，一致认为冼夫人是广东省茂名市电白区电城镇山兜丁村人，现在当地已经建起了纪念馆。

冼英死后按俚族风俗，归葬故里山兜之原，隋朝赠谥号为诚敬夫人。

冼夫人历经三朝，十个皇帝，却能审时度势，顺应潮流，全心全意地维护国家统一、民族团结，不肯称王割据。在南北朝的战乱中，岭南维持了很长一段时间的稳定和发展，冼夫人是一个真正对人民有大贡献的人。

公道自在人心，民间百姓已经把她当成神来祭祀，称为"岭南圣母""南天圣母""海南保护神"等。如今全世界纪念冼夫人的庙宇、纪念馆有两千多座。

周恩来总理评价她："中国巾帼英雄第一人。"

唐朝名妓中，这九位特别红

国际大都市长安布局严谨，有两市一百零八坊。坊为住宅区，独成体系，宛若小城，相似行业的人往往群居一坊。其中最为香艳的当属平康坊。平康坊在唐传奇中频频现身，比如李娃初遇荥阳生就在平康坊的鸣珂曲。"鸣珂"二字也颇有意思，"珂"为玉器，"鸣"为玉器碰撞的声音，"鸣珂"两个字放在一起，非常具有画面感，贵人身上佩戴的玉器叮当作响。因此"鸣珂里"本指贵人居处，但平康坊里的鸣珂曲却是妓女群居的地方。

年轻士子们一朝登第最先来到的地方便是平康坊，就像孟郊《登科后》写的：

> 昔日龌龊不足夸，今朝放荡思无涯。
>
> 春风得意马蹄疾，一日看尽长安花。

此时一日看尽的不是曲江苑的鲜花，而是平康坊的众花（有待考证）。才子们春风得意，骑着高头大马，三五成群，身上佩戴的玉器清脆悦耳，使得妓院一条街有了"鸣珂曲"的美名。

平康坊的妓女称为伎女更恰当，由于经常接待举子、进士等预备官员，平康坊的女性大多识文断墨、谈吐得体、风度宛然。比如一位叫薛涛的艺伎，她因和元稹有一段姐弟恋而盛名在外，甚至她的信纸都有专属名字——"薛涛笺"，不过据长期混迹于平康坊的公子哥说："薛涛在平康坊，不算稀奇。"

下面说几个案例。

—01—

天水仙哥姿容平常，常在酒席上做执行酒令的席纠，也就是《红楼梦》中刘姥姥进大观园，贾府举办宴席时鸳鸯所任之职。

席纠要求赏罚分明，谈吐大方，天水仙哥"蕴藉不恶"，温和沉稳，颇得士子推崇，声价益高。

浔阳江边来了位永宁相国的公子哥叫刘覃，才十六七岁，带着数十车的辎重，数十匹名马，刚刚登第，风光无两。

他仰慕天水仙哥之名，期望一睹芳容。中间人觉得他是只大肥羊，暗地里让天水仙哥以不同的借口推托，刘覃不断加价，终于天水仙哥同意某日赴约。事有凑巧，恰巧那日天水仙哥遇急事无法脱身，刘覃以为这是加价的借口，中间人贪图钱财也不告诉他实情，刘覃接着加价，但天水仙哥终究无法赴约。

刘覃很生气，找来主管平康坊的官员，送他两斤金花银，这个官员一不做，二不休，命人赶至天水仙哥家，将她塞进轿子，送到宴会场所。

刘覃掀开轿帘一看，只见天水仙哥蓬头垢面，鼻涕眼泪一大把，赶紧让轿夫把她送回去。

但是，为了这一眼，刘覃已花费百余金。这百余金换算一下，约合现在人民币四万元。四万元的天价仅仅看一眼，自此，天水仙哥稳坐出台费的第一把交椅。

—02—

郑举举的声望与天水仙哥相似，她知识广博，善于辞令，也常做席纠。平康坊中陪席的饮妓出众之人被称为都知，分管诸妓，负责对饮妓的召集调配，郑举举就是都知之一。

郑举举长相并不艳丽，但由于她说话诙谐得体，因此常被高官眷顾。比较高级的官僚圈经常邀请郑举举参席，很多举子都被郑举举的风采迷住。

在一次高官名流的宴会上，当时散骑常侍郑礼臣刚刚进入内廷做翰林学士，遇到人便不停地炫耀，在座的人都很厌恶他，但不好直接表明，宴席上大家都低头吃菜，很沉闷。郑举举看出来了，便说："学士的话太多了，翰林学士虽然身份尊贵美名扬，但如果是刘允承、雍章之流，也不能增加他们的身价。"席间宾客听完大喜，纷纷向郑举举敬酒。

一次，同榜进士们宴饮，郑举举生病未去，于是让同榜进士李深之做席纠。坐了很久，大家发觉状元刘崇鲁微微笑了笑。又过了一会儿，他吟出一首诗：

南行忽见李深之，手舞如蜚令不疑。

任有风流兼蕴藉，天生不似郑都知。

—03—

楚润能歌善舞，年轻时也是平康坊的翘楚，后来被长安捕贼官郭锻纳为妾，给她另辟住所。

郭锻公务繁忙，并且有正室，因此也就偶尔来一趟。这时楚润便有点不安分了，不过她的不安分也没有什么过分之举，不过是在居所的窗前弹弹琵琶，或是在巾帕上写写诗文送给老相识。

话说，有一天，润娘与郭锻在曲江边赶路，郭锻的轿子在前，润娘的轿子在后。润娘遇见老相识郑光业，掀开帘子打了声招呼，郑光业也派人传话。郭锻立即把润娘拉到大街上，用马鞭子抽打她，润娘哭声凄楚，周围围观的人把街道堵得水泄不通，传为奇谈。

郑光业不放心，第二天来到润娘窗前查看，润娘仍然坐在窗前弹琵琶，看到郑光业，仍然在彩笺上写诗相送，就像什么也没发生一样。

郭锻因其主管的业务，有很多地痞、流氓为他效力。他名为捕贼官，实为盗贼头，凶狠残暴，时人都很惧怕他，因而，他对润娘的淡定倔强非常诧异。

与润娘淡定的倔强相比，牙娘的倔强更直接。牙娘长得美，脾气大。

有个叫夏侯泽的人，考中进士甲科，同榜的都是有名气有身份的人，这帮人经常聚会。

有一次，大家齐聚在老师裴公瓒家里，只见夏侯泽脸上挂着彩，大家问他怎么回事，他生气地说："昨天被小女子牙娘抓破了脸。"原来，昨日在宴席上，夏侯泽喝醉了酒，调戏牙娘，牙娘一生气，就用指甲挠他的脸，结果夏侯泽被抓破了脸，伤得很重。

同窗听完笑得乐不可支，连老师裴公瓒听完都笑得久久直不起腰。牙娘的泼辣、倔强可见一斑。

— 04 —

杨莱儿其貌不扬，而且年纪也不小了，但她伶牙俐齿，诙谐幽默，机灵聪慧。她的居所陈设格调不俗，如读书人家，因此很受士子们推崇。

天水进士赵光远很年轻，与杨莱儿年龄悬殊，却对杨莱儿一见钟情。杨莱儿也爱慕他聪颖风流，两人都通格律，屡屡作诗相和、愈加情投意合、相知相爱。

赵光远参加科举考试前，杨莱儿早向宾客夸口，郎君必然一举成名。放榜那天，杨莱儿盛装在家等待消息，谁知赵光远落榜。京城有好事者从小道赶回来告诉杨莱儿：

> 尽道莱儿口可凭，一冬夸婿好声名。
> 适来安远门前见，光远何曾解一鸣？

杨莱儿不相信郑光远未中举，立即以嘲笑的口吻应声答道：

> 黄口小儿口莫凭，逡巡看取第三名。
> 孝廉持水添瓶子，莫向街头乱碗鸣。

杨莱儿机变如此，深情亦如此。但这段感情最终无疾而终，其后两人仍有赠诗，但他们也知道两人不会有结果，就不了了之了。

后来杨莱儿被富豪重金聘走，时人想见，但无从见之。

王苏苏也是个调笑的高手，要好的姐妹多，屋宇宽敞，来的士子也挺多，最爱来的是王致君的弟侄辈。有一次，有位叫李标的进士也跟着来了，李标喝多了，就在窗边题诗：

> 春暮花株绕户飞，王孙寻胜引尘衣。
>
> 洞中仙子多情态，留住阮郎不放归。

这首诗不能深琢磨，一琢磨就让人浮想联翩，非常轻薄。

王苏苏回过味来，立即在李标诗后续写一首诗：

> 怪得犬惊鸡乱飞，赢童瘦马老麻衣。
>
> 阿谁乱引闲人到，留住青蚨热赶归。

王苏苏诗中说道，这鸡飞狗跳的是谁来了？原来是个干瘪瘦的老举子。谁把这样的闲人引来的，把钱留下，人还是赶紧离开吧。

李标看了后，羞得满脸通红，立即驾车离开了。

— 05 —

武强人孙棨屡试不第，长期混迹于平康坊，留下的诗文基本上都和平康坊的妓女相关，当然也留下了一段情，不过是女孩子的自作多情。这个女孩叫福娘，字宜之。

孙棨常来应酬，便赠诗于她：

> 彩翠仙衣红玉肌，轻盈年在破瓜初。
>
> 霞杯醉劝刘郎饮，云髻慵邀阿母梳。
>
> 不怕寒侵缘带宝，每忧风举倩持裾。
>
> 谩图西子晨妆样，西子元来未得如。

福娘非常喜欢这首诗，请孙棨题于墙上，墙面没题满，又请孙棨再题，希望不是艳词丽句，有警诫之意。

孙棨应邀再题，福娘又续上自己的作品：

> 苦把文章邀劝人，吟看好个语言新。
> 虽然不及相如赋，也直黄金一二斤。

一来二去，两个人聊得越来越深入，但是在宴席高潮处，福娘常惨然悲切。问她原因，她总说怎么能在这条路上迷而不返呢？原来福娘身世坎坷，本是好人家的女儿，许配一人，那人诈称进京赶考，谁知到了京城那人把她卖到妓院。后来娘家兄弟寻来，终无计可施。

福娘在与孙棨的亲密交往中，以为找到了可以托付的人，于是把满腹心事写在信纸上：

> 日日悲伤未有图，懒将心事话凡夫。
> 非同覆水应收得，只问仙郎有意无？

孙棨的回复是这样的：

> 韶妙如何有远图，未能相为信非夫。
> 泥中莲子虽无染，移入家园未得无。

千载之后，人们都能想象出福娘看到此诗的心情。

福娘大哭，久久不说话。此后，两人情意变薄，后来二人偶然相逢，孙棨请求女佣传话想要再见福娘一面。

等孙棨登门时，收到了福娘的诗：

久赋恩情欲托身，已将心事再三陈。

泥莲既没移栽分，今日分离莫恨人。

在青楼中，薄幸才是正常的。

— 06 —

颜令宾举止风流，喜欢诗书笔墨，时贤推崇。最让人意外的是她身价虽高，但不追求金钱作为报酬，更喜欢举子们赠诗回报，据说她的箱子里装满了五彩诗笺。

可惜，令宾体弱，病重之时，觉得自己不久于人世，便写下一首诗：

气余三五喘，花剩两三枝。

话别一樽酒，相邀无后期。

她差人送至熟识的举子郎君处，然后准备瓜果酒菜等待，一些举子接信后陆陆续续赴宴，宴席到高潮时，颜令宾泪水涟涟，向在座宾客乞求哀词。等她死后，将要下葬的时候，她的假母接到书信数封，开始以为是助葬费，打开一看，发现是文人举子的哀词，老鸨一气之下，把这些在她看来一文不值的哀词扔到街上。

邻居中有善吹羌竹的乐工叫刘驼驼，聪明豪爽，能谱曲填词，便去路上捡起哀词数篇，教抬灵柩的人一起唱，歌声凄凉悲怆。

当时有传言，说颜令宾与这个乐工有私情，举子们知道这件事后都深以为耻。据说，此后日暮时分，在颜令宾的坟头边总有人悲切地唱着挽歌，不知道是不是这个刘驼驼，但肯定不是那些举子。

武则天为何心狠手辣？因为随她爹

武则天为何心狠手辣？这得从她爹武士彟说起。

—— 01 ——

隋朝开皇年间，天下安定，政治清明，经济发达，国家一片欣欣向荣的景象。

在北方并州的大森林里，木头的主人无比兴奋地看着自己的财富日益增长：一大片囤积的木头，还有不断长出的新树木。

两个穿着华丽的商人在林子中读书，他们读得非常认真，每读到忠臣义士的传记，都忍不住发出感慨：做人一定要出人头地。其中一个自称"厚材"，称自己的朋友为"枯木"。他们是并州的木材商人，厚材叫武士彟，枯木叫许文宝。

在儒家思想浸润的世界里，士农工商的四民排位早就确定，商人末位的地位，正是他们被这个世界瞧不起的真实写照。

开皇末年，年老的隋文帝杨坚在东都洛阳大修宫殿，这要消耗非常多的木材。武士彟、许文宝搭上了这班车，狠狠地赚了一大笔钱，完成了人生的原始积累，成功获得了人生的第一桶金。但他们的社会地位依旧不高。

在洛阳期间，武士彟不知道怎么得罪了权倾朝野的越国公杨素，也是洛阳大工程的官方总指挥。商人在权力面前不值一哂，杨素的一个眼神就足以杀死武士彟，完全是超级别的碾压。

幸好武士彟善于社交。他以金钱辅路，也认识朝中的权贵杨雄、牛弘等人，他们替武士彟说了好话，武士彟才保住一条命。

武士彟灰溜溜地回到并州老家，算是真正体会到了权力的无上力量。在大隋朝这个国度里，高高在上的官员，才是人生值得追求的梦想。

他虽已经是超级富豪了，但他下定决心，一定要从"富"转而为"贵"，这才是他努力读书的大方向。

—02—

时光飞逝，隋朝第二任皇帝杨广上位，开始大规模征兵。富翁武士彟相信这是走向高级地位的第一步，于是他参军了，成了鹰扬府的一名小队长。

大业十一年（615），杨广的天下业已大乱，盗贼蜂起。唐国公李渊被朝廷任命为山西河东抚慰大使，镇压当地的叛乱，成为武士彟的父母官。

李渊来往于汾州、晋阳一代，经常在武家休息住宿，和武士彟成为好朋友。武士彟得到一个行军司凯参军官职，主管武器装备，从属于副留守王威。

武士彟观察着天下大势和来往并州的大人物。不得不说他眼光独到，即使当时名动天下的瓦岗头领李密，武士彟也没有去他的部队参军。

武士彟意识到李渊的非同凡响，主动上门，倾心结交，甚至刻意讨好李渊。他说他曾经听到夜空中有人说："唐公为天子！"他还梦见李渊骑马上天，手摸着太阳和月亮！

于是，他献了一部兵书给李渊，把梦也告诉了他。李渊听后哈哈大笑，说："兵书是禁物，将来必有用。这种事情不要多讲，我明白你的好意，一定共同富贵。"

—03—

大业十三年（617），李渊、李世民父子看到隋朝大势已去，准备起兵。他们计划从晋阳直取长安，占领关中，号令天下。

副使王威、高君雅其实是隋廷派来监视李渊的。他们见李渊派刘弘基、长孙顺德等招兵买马，王威说："这两人都是高丽的逃兵，我们正要逮捕他们，他们怎么能出面招兵？"

武士彟表面上是王威的部下，劝道："他们都是唐公的门客，抓他们肯定会出事。"王威等人犹豫不决。

有人发现李渊府上甲兵很多，想告发，武士彟又为其遮掩，说："如今晋阳的兵将都是唐国公的人，王威、高君雅只是挂个名的副手，能成得了什么事？"

李渊终于动手，杀了王威、高君雅，以废除昏君、另立贤君为名，发兵杀向关中。

至十一月，李渊占领长安。第二年三月，皇帝杨广在江州被杀。五月，李渊登基为帝，建国大唐，改元武德。

武士彟捐出家产，全部充为军费，把身家性命都押上了。他紧紧跟着李渊，青云直上，被封为义原郡开国公，成为十七名"太原元谋功臣"之一，是大唐的开国元勋，享受免死一次的特殊待遇。

武士彟又做梦了，他说他很早以前就梦见李渊骑马入长安。李渊听完笑道："你本来还算是王威的党羽，但你阻止他们动手抓刘弘基等人，这功劳我也封你官回报你了。现在又编些荒诞不经的故事来讨好我？"

—— 04 ——

大唐帝国扫平群雄，一统天下。武士彟继续得到提拔，武德三年（620），官拜工部尚书，封为从一品的应国公。算是既富且贵的当朝新宠。但在讲究门第的隋唐，世家大族依旧看不起这个商人出身的暴发户，他还要继续努力。

武士彟非常敬职敬业，为官期间，家里两个儿子夭折，妻子相里氏去世，他都坚守岗位，没有回家探视。李渊也感动了，表扬说："这个人忠诚守节，去年儿子夭亡，今年妻子去世，他都没有提起，是个举世无双的好人。"于是，李渊亲自出面替他主婚，选中弘农杨家这个大世族杨达的女儿，嫁给武士彟。

弘农杨家是数一数二的高门，隋朝的皇族就是来自这个家族。武士彟是大唐开国元勋，配上这个女人，典型的强强联手，他终于登上了权贵的高峰，成为一个地地道道有权力、有门楣的体面人。

这个女人嫁给武士彟时，已是四十二岁的高龄剩女，据说她笃信佛教，本来是打算独身的，现在听从皇帝的命令，嫁给功臣为妻。

杨氏替武士彟生了三个女儿。

— 05 —

武家继续在大唐发扬光大，武士彟对人非常不错，如前面说到的生意伙伴许文宝，在他的帮助下也成了个大官。

武士彟多数时间在外州工作，几次都是担任善后工作。这和他善于理财、工于交际的本事是分不开的。

武德八年（625），有人告发镇守扬州的亲王李孝恭谋反，李孝恭被召到长安，武士彟接替他的工作。

贞观初年，利州都督李孝常谋反，被李世民杀掉，武士彟又一次出任利州都督。

这两次他都非常完美地完成了任务，让换掉最高长官的州郡很快安定下来，恢复正常运行。他是一个比较能干的官员。

武德九年（626），李世民发动玄武门政变，杀了太子李建成、弟弟李元吉，李渊退位为太上皇，李世民登上皇位，是为千古一帝唐太宗。

武士彟是李渊的好朋友，既不是太子李建成派，也不是秦王李世民派，这种中间路线的人物，李世民都以安抚为上。武士彟回京城述职，得到奖赏黄金二百两，继续到地方任职。

武士彟也要巴结一下新皇帝，找了一个机会，给唐太宗上书，请封禅泰山，这是秦皇汉武的气派，唐太宗谢绝了。

过了几年，李渊去世，武士彟深感痛苦，当年自己能从一个路人甲成为大唐的元勋级人物，就是攀上了这个贵人，世过时移，一切都成烟云。

武士彟伤心过度，大病。唐太宗派御医去给他看病，无效，同年也去世，享年五十九岁。

— 06 —

武士彟去世后，前妻的几个儿子估计对杨氏和她的几个女儿不太好，她们过得非常不舒服。

杨氏的二女儿聪明敏慧，知书达理，被唐太宗选入后宫，杨氏很悲伤。因为家里大人都明白，被选为皇帝的女人，绝大多数，也许十几年只见皇帝一面，更别说有机会为皇帝生儿育女。

但二女儿说："进入后宫，未必是件坏事！"

老母亲只是认为二女儿在安慰她，但二女儿的确不一样，不久，得唐太宗赐名为武媚。后来她成为中国历史上唯一一个女皇帝——武则天。

她改唐为大周，下令废掉原来隋朝大臣杨素后辈的所有功名，理由是杨素替隋炀帝杨广出力，抢走太子杨勇的位子，致使大隋朝二世而亡，这是大罪过。其实这是替武士彟出气。

她当上皇帝，追封上代人物，理所当然地把父亲封为大周的太祖皇帝，谥号是孝明高皇帝，后来又改为无上孝明高皇帝。

当年的木材商人武士彟，虽然用尽心机向贵族阶层进攻，但他绝对不敢想象自己会成为大贵族，被追封为皇帝，这个荣誉，实在是连想也不敢想。

武则天既有父亲的精明干练，熟悉人性的圆通，又有母亲杨氏的大气勇敢，敢作敢为的坚毅。

这个女皇帝，最终还是没斗过传统，退位还政于李唐。到唐玄宗执政时，武士彟的封位，降为太原郡王。

— 07 —

虽然没有当年把亲生儿子杀了献给齐桓公当肉吃的易牙手段恶劣，但武士彟也有一小拼。把外人看得比亲人还重，是严重违背人性的。

有所予必有所图，很明显他是在拿自己的儿子和老婆的性命当血酬、表忠心。由此可以看出武士彟这个人是个相当狠毒的角色，都说"女随爹"，所以武则天才这么狠吧！

隋唐第一奇女子，鲜为人知

—01—

581年二月甲子日，北周九岁的小皇帝禅位给隋王杨坚。杨坚戴着远游冠，接受玉册和玉玺，换上纱帽、黄袍。接着他到临光殿，再换上帝王在元旦时接见臣下的衮服和冕冠，大赦天下，改元开皇，建国为隋。

大部分文官武将都接受了这个事实，没话说。经过杨坚数年的经营，朝堂上下多是他的人，现在的禅让典礼，只是走个手续而已。

上柱国窦毅已经六十多岁了，回到家，和妻子襄阳公主宇文氏聊起这事，叹息良久，这世界变化真快啊！

窦毅的小女儿小窦，才十二岁，走进房间，抚着胸口，脸色恨恨，大声说道："只恨我不是男子汉大丈夫，不能解救舅舅一家，让其免遭大难！"说完她一头撞到床上去。

窦毅老夫妻吓得半死，赶紧上前把女儿抱住，掩住她的嘴巴说："你不要乱说，这会让我们灭族！"好说歹说，老两口才把这个倔强的小女儿安抚好。

窦毅不敢声张，快入土的人，还有什么想头，保住家族上下的性命才是最关键的事情。

从北魏到西魏，再进入宇文氏的大周王朝，窦毅经过多少战斗的洗礼和政治的倾轧。他娶了大周实际上的开国皇帝宇文泰的第五女襄阳公主，接着几个大周的皇帝都是公主的兄弟，这个家族从此无比荣耀。何况窦家是前朝的外戚，更要有自知之明，好自为之。

窦毅是见过世面的人，小窦小小年纪，出语不凡，他心中暗暗称奇，这个小女儿不简单。

— 02 —

北魏分裂为东魏和西魏，宇文泰是"西魏的曹操"，死后儿子宇文觉废掉魏帝，建立大周帝国。经过几轮争斗，宇文泰的第四子宇文邕登上了帝位，除掉权臣宇文护，大权独揽，是非常有建树的皇帝，后世称北周武帝。

那时天下形势是这样的：东魏被权臣高欢家族替代建立北齐，南方是梁、陈帝国更替。北方是强大的突厥，大家都想巴结它。

周武帝花了大力气，娶了突厥木杆可汗的女儿阿史那为皇后。当时可汗还在为女儿嫁给北周还是北齐犹豫不决，虽然许诺将女儿嫁给周武帝，但他又想反悔。刚巧大风暴袭击了突厥，吹毁了突厥人大量的帐篷，而且大风暴十几天都没停下来。可汗认为这是上天的惩罚，于是让女儿嫁给了周武帝。

周武帝并不喜欢这个政治联姻的皇后。但他非常喜欢小窦这个外甥女，让她在皇宫中生活。

小窦从小明艳照人，聪慧异常，刚出生就有一头漆黑的胎发，胎发遮住了脖子。三岁时，她的头发就长到了脚跟。多少小美女都巴望长大后长发及腰，真是不能望其项背。

一次周武帝和宇文家几个重臣一起聊天，小窦当时七岁，在边上听完，上前对周武帝说："如今四方战事不断，突厥最强大，舅舅应该以天下苍生为念，对皇后多加抚慰。只要借助突厥的力量，北齐和江南，就不足为患了！"在座的君臣听完都惊呆了，这是一个小孩能讲出来的道理吗？

周武帝站起来，严肃地说："你讲得太对了！"他立即接受小窦的建议，对阿史那皇后恩宠有加。

— 03 —

窦毅相信自己的女儿是非常之人，对妻子襄阳公主说："咱们这宝贝女儿，才貌双全，可不能随便许配给庸碌之辈，一定要替她挑选一个了不起的丈夫！"

窦毅要公开选女婿，朝野轰动。王公贵族的年轻子弟，纷纷上门求见，表演才艺。窦毅在大厅前竖起两面屏风，一左一右各有一只孔雀，窦毅和家里人暗中约定，每个人射两箭，谁射中了孔雀的眼，就是小窦的娇客。连续好多人都没有射中。

后面来了个长身玉立、潇洒大气的青年，他张弓搭箭，连发两箭，正中两只孔雀的眼睛，这是冥冥之中，上天注定的婚姻吧！窦毅立即把小窦许配给这个年轻人。

成语雀屏中选就是这么来的。

这个年轻人是唐国公李渊，关陇贵族中的佼佼者。李渊的祖父李虎是西魏八柱国之一，父亲李炳到李渊，袭爵位为唐国公。

小窦成年，就嫁给了李渊，夫妻恩爱非常，共生了四个儿子李建成、李世民、李元吉、李玄霸和一个女儿平阳公主。夫唱妇随，小窦幸福地生活在这世界上。

第二个儿子出生时，据说有两条龙在大门外嬉戏，三天后才飞走。有算命的人对李渊夫妻说这个儿子将来不得了。李渊以"济世安民"之义，替这个儿子取名为李世民。

—— 04 ——

小窦知书达理，大力辅佐丈夫，让他在政坛上一步步地往上走。

婆婆独孤氏是杨坚皇后独孤伽罗的妹妹，是一个性情彪悍的鲜卑女人，小窦的几个妯娌都怕她但不爱她。独孤氏生病，小窦几十天衣不解带地在床边服侍她，而且毫无怨言。消息传到独孤伽罗的耳朵里，她很欣慰，于是对李家非常好。

隋炀帝杨广继位，对李渊这个表哥有点提防。

李渊长得老相，满脸皱纹，杨广就给他取了个绰号"阿婆"。李渊回到家，脸臭臭的。小窦问明原因，笑着说："这是个好消息嘛，你是唐国公，'唐'就是'堂'，阿婆就是堂主嘛！"暗示将来大业在李唐家，李渊这才高兴起来。

—05—

小窦念念不忘替舅舅家报仇。

李渊长年在北方各镇府为将，有一批非常漂亮的马，高大雄壮，奔驰如飞。小窦对丈夫说："陛下（杨广）非常喜欢好马，你应该把自己的马献给他，一者破财消灾，二者免于猜忌。这种事情要主动点，才是棋高一着，处处有利。"

李渊不肯献马。杨广为此很不痛快。他的一个妃子是李渊的外甥女，杨广巡视靠近李渊的驻所，李渊生病没来参见。

杨广对妃子说："你舅舅怎么没来？"

妃子说舅舅生病了，杨广阴恻恻地问："病死了吗？"

李渊得到消息后大惊，急急忙忙把马献给了杨广，而且陪喝酒，自黑……

这可被动多了。

—06—

小窦文才出众，四个儿子和女儿在他们夫妇的教育下，都成为胸有大志的了不起的人物。贵族圈子里都知道小窦了不起，大将长孙炽、长孙晟兄弟都认为这样睿智的女子养育出来的子女一定非常优秀，长孙晟把女儿长孙氏许配给了李世民。

大业九年（613），杨广统治数年，征高丽，开运河，巡视天下，搞得国家乱七八糟的，眼看天下越来越乱，长孙家把正是豆蔻年华的长孙氏嫁给了十六岁的李世民。

也就在这一年，李渊嫡妻窦氏去世，时年四十五岁。李渊非常怀念贤惠、智慧的妻子，流着眼泪把妻子劝自己献马的事告诉儿子们，说你们的母亲是多么有先见之明。

大业十三年（617），李渊南征北战，被任命为太原留守、晋阳宫监，成为北方地区最高行政长官，治下精兵强将，人才济济。

他镇压农民起义，对抗突厥，声望越来越响亮，儿子李世民暗中结交英雄，收养士马，等待机会起兵反隋。

镇守马邑的军人叛乱，自称皇帝，李渊身为上级，必然会被追究责任。远在江州的隋炀帝杨广下令李渊前来接受审查。李渊、李世民遂举兵攻向长安，打着"废昏立明"的旗号，立代王杨侑为皇帝，打响争天下的战斗。

同年他们拿下长安，占领关中，号令天下。

618年三月，隋炀帝杨广在江都被叛军杀掉。五月，李渊让杨侑"禅位"，自己登上帝位，改年号为武德元年，建大唐帝国，追封嫡妻窦氏为皇后。李世民继位后，再追谥自己的母亲为太穆皇后。

— 07 —

那年，那个十二岁的小女孩恨恨地说："我要是个男子汉，一定替舅舅家报仇。"三十七年后，这个愿望实现了。

中国历史上最逆天的女主设定是谁？

要问历史上最逆天的女主设定是谁？我提名长孙皇后。她几乎囊括了小说女主的所有设定。

—— 01 ——

大唐女人很牛。比如，武则天是史上唯一的正统女皇，十四岁入宫，先跟太宗，赐号媚娘；后嫁高宗，加封天后。太宗和高宗可是亲爷俩。及至高宗驾崩，开创武周，一步步登临皇权之顶，掌控朝政长达半个世纪。

大唐女人很美。比如，杨玉环"渔阳鼙鼓动地来，惊破霓裳羽衣曲"，美到不可方物。本为玄宗儿媳，却被其纳入后宫，日夜笙歌。只可叹"安史之乱"，香消玉殒于马嵬坡。

大唐女人很毒。比如，韦皇后且不说与武三思勾搭成奸，居然还要以婆婆（武则天）为榜样。为上位做女皇，一包毒药送老公中宗归了西。

大唐女人很贤惠。比如，长孙皇后是中国历史上有传可寻的四百多位皇后中当之无愧最受好评的一位。短短三十余载芳华，却能千古留芳。

—— 02 ——

长孙氏，本名不详，小字观音婢，祖籍河南洛阳，源出鲜卑族。

老爹长孙晟，就是曾一箭双雕，惊掉突厥可汗沙钵略下巴的那位了不起的齐国公。

很不幸，就在长孙氏八岁那年，老爹去世。更不幸的是，同父异母的大哥长孙安业特别无情，把妹妹和小妈渤海高氏轰出了家门。

但不幸中也有幸运，长孙氏的舅舅高士廉非常喜欢这个小外甥女，怜爱之下，还促成了她与李世民的姻缘。

隋大业九年（613），长孙氏凤冠霞帔，嫁与李世民为正妻。

— 03 —

是年，新娘刚满十三岁，新郎方才十六岁。别看小两口年纪尚轻，却懂恩爱，彼此扶携。

见丈夫痴迷习武，长孙氏便取出老爹遗物——那柄射雕良弓送给了他，只喜得李世民通宵难寐。

但说这日，自幼便手不释卷的长孙氏正在看书，忽听宅门外传来一声惊呼："好大哦，快来看呀……"惊讶喊叫的是高士廉的妾室张氏。

原来，在长孙氏所住房舍外，出现了一匹高头大马，鞍勒俱在，威风俊逸。高士廉也觉新奇，便请人给占卜一卦。那卦仙儿一通掐算，禁不住连声啧啧，说："女处尊位，居于中正，这个小女子，将来贵不可言。"

对此占卜之事，新旧唐书均有记载。而《新唐书》中更为直接，直言此乃"后妃之象"。

> "后归宁，舅高士廉妾见大马二丈立后舍外，惧，占之，遇《坤》之《泰》。卜者曰：'……繇协《归妹》，妇人事也。女处尊位，履中而居顺，后妃象也。'"

果然，五年后，隋炀帝遭缢杀，唐国公李渊趁机逼迫恭帝杨侑禅位，宣告大唐集团正式开张。李世民功劳显著，获封秦王。夫贵妻荣，长孙氏亦受册为秦王妃。

放眼史上，在权位的魅惑下，手足相残者比比皆是，李渊的儿子们亦陷身其中。血腥残酷的"玄武门事变"上演了。

— 04 —

武德九年（626）六月初四，天色微明，李世民亲率王府八百将士，设伏于玄武门。而激奋人心的是，以往通常默默站于丈夫身后的长孙氏，在生死攸关之际，竟无比决绝地出现在了李世民身边。从身后到身畔，虽半步之距，却昭示了生死相随、不离不弃的夫妻之情之爱。

《旧唐书·长孙皇后传》记载："及难作，太宗在玄武门，方引将士入宫授甲，后亲慰勉之，左右莫不感激。"

成功狙杀太子李建成、齐王李元吉，又逼老爹退居二线后，李世民即位称帝，册封长孙氏为皇后。

— 05 —

长孙皇后聪慧贤能，善良大气，通晓古今，有思想、有主见、有情趣……每逢朝政大事，李世民必征求媳妇的意见。而长孙皇后总是谦虚推辞："妾以妇人，岂敢豫闻政事？"

李世民说："天下都是咱家的，政事也是家里事，媳妇说说呗。"

架不住李世民一再恳求，长孙皇后才就一些大事做些提醒，点到为止。长孙皇后的兄长长孙无忌跟李世民交情不浅，堪称铁杆大舅哥。在"玄武门事变"中，又誓死拥护和捍卫妹夫，表现非常抢眼。及至李世民坐稳龙椅，打算提拔大舅哥为相。而长孙皇后听说此事，竟一百个不同意，说："妾既托身紫宫，尊贵已极，实不愿兄弟子侄布列朝廷。汉之吕、霍可为切骨之诫，特愿圣朝勿以妾兄为宰执。"李世民不允。长孙皇后便私下告知大哥，要他麻溜地辞职。然而，长孙无忌偏偏不信这个邪。在妹妹去世后，长孙无忌出任左武侯大将军，领吏部尚书，并削尖了脑袋掺和立储政事，终遭许敬宗构陷，落了个削爵流放、自缢而死的悲惨下场。

也许长孙皇后是这么想的：宦海无边，波诡云谲，连父子兄弟都能屠刀相向，你一个大舅哥又算老几？距离权力中心越远，脑袋在肩膀上就站得越稳当。

贞观六年（632）的一天，李世民罢朝后，黑着一张脸，气鼓鼓地回了宫。

"这个乡巴佬真可恨。早晚有一天，我要弄死他。"李世民恨恨地说。

"老公，骂谁呢？"长孙皇后问。

"当然是魏征那老东西。"李世民哼道，"一张喷粪臭嘴，不分场合，就知道撑我。"

长孙皇后听罢，默默退回内房。等再出来，已换上皇后朝服，且行起了参拜大礼。

李世民见状，又惊又惑，说："媳妇快起来，你这是干什么？"

长孙皇后说："妾闻主圣臣忠。今陛下圣明，故魏征得直言。妾备后宫，焉敢不贺？"

李世民听得一阵脸红，心道："还是俺媳妇会说话，有见识。"

> 上尝罢朝，怒曰："会须杀此田舍翁。"后问为谁，上曰："魏征每廷辱我。"后退，具朝服立于庭，上惊问其故。后曰："妾闻主明臣直；今魏征直，由陛下之明故也，妾敢不贺！"
>
> ——《资治通鉴》卷第一百九十四

同样受惠于长孙皇后的还有房玄龄。

当时，房玄龄犯错，被李世民骂得狗血淋头，轰回了家。待到李世民气消，长孙皇后劝道："老房跟随陛下时间最长，为人谨慎，计谋也多。若无大错，希望陛下不要放弃他。"

李世民觉得有理，不久之后，便再次起用房玄龄。

> 时玄龄小谴就第，后曰："玄龄久事陛下，预奇计密谋，非大故，愿勿置也。"
>
> ——《新唐书·长孙皇后传》

唐太宗长孙皇后，小字观音婢，是观音亦女身也。

> ——《观世音经笺注》

长孙皇后小字观音婢，含义女观音菩萨。事实也是这样的，长孙皇后性情温厚，心地纯良，待嫔妃、宫女亦怜惜有加。一日，她陪李世民在后宫遛弯，见周遭诸多宫女，一个个老弱不齐，无精打采，便问她们几时进的宫？有的说，隋朝未灭，就已进宫。来时十一二，现今奔四十，从未受过宠幸。

长孙皇后听罢，心中不忍，就对李世民说："老公，你一人精力有限，哪用得了这么多人侍候？幽禁深宫，实在清苦，不如放一些出去，让她们各寻好日子去吧。"

李世民稍做思忖，点了头，说："挑出那些年长宫女，放归民间。"这一挑就是三千人。众宫女逢见长孙皇后，如遇活菩萨，一个个泪飞如雨，叩首谢恩。

贞观九年（635），长孙皇后避暑于九成宫，身染重疾。见久治不愈，陪护床前的嫡长子李承乾心急如焚，意欲奏请老爹大赦天下，并度人入道。

长孙皇后获知此事，坚决反对，说："死生有命，非人力所加。若修福可延，吾素非为恶。若行善无效，何福可求？赦者，国之大事；佛道者，示存异方之教耳，非惟政体靡弊，又是上所不为，岂以吾一妇人而乱天下法？"

李世民闻言，禁不住唏嘘长叹，涕泪交流。

细细品咂长孙皇后这段话，若非饱读诗书，颖悟睿智，又怎会有此等心胸？

— 06 —

作为女主，自然不能缺少一个宠妻成魔的老公。简单举几个例子。

1.李世民共有三十五个孩子，有七个是长孙皇后所生，占了五分之一。在长孙皇后去世后的十三年里，李世民只有一个孩子出生，足见二人感情至深。

2.长孙安业犯谋反罪，作为妹妹的长孙皇后，向李世民求情的理由是："他早年对我不好，陛下要是杀了他，天下人会说我得势报复他。"她不担心这事牵连自己，牵连家族，求情像撒娇，实锤李世民是一个宠妻狂魔。

3.子凭母贵。对犯下谋反大罪的皇子李祐，李世民毫不犹豫地将其赐死。而轮到逼宫失败的李承乾，他却沉默了，仅仅将其贬为庶人。意欲夺嫡的李泰也仅仅是从正一品降为从一品的郡王。李世民前脚发布政策——结婚不能铺张浪费，随后因为长公主的嫁妆被啪啪打脸。

4.很多人奇怪，为什么长孙皇后不忌妒后宫，还善待后宫？原因很简单，从记录里可寻一二。唐太宗的妃嫔，基本除了因为生育皇子而被记载一笔外，再无记录。对于集三千宠爱于一身的长孙皇后，这些无宠后宫，有什么值得忌妒的呢？

5.长孙皇后临终前说："妾之本宗……慎勿处之权要，但以外戚奉朝请，则为幸矣。"难道她不担心人走茶凉？不想家族荣耀？必然是因为老公对她和她的家族实在太好了。

6.贞观十年（636）六月，三十六岁的长孙皇后崩逝于太极宫立政殿。太宗李世民悲恸不已，遵妻为"良佐"，葬于昭陵，并于苑中修筑层观，以便眺望，慰藉思妻之苦。

有一次，李世民拉着魏征登上了层观。魏征说道："臣老了，双眼昏眊，看不见呀。"

"怎么没看见？那是昭陵啊。"李世民忙指给魏征看。

"臣以为陛下看的是献陵（高祖李渊陵寝），原来是昭陵啊。"

李世民听出来了，魏征是在提醒自己，不要只顾及思念亡妻，而忘了父亲。

> 文德皇后既葬，帝即苑中作层观，以望昭陵，引征同升，征孰视曰："臣眊昏，不能见。"帝指示之，征曰："此昭陵邪？"帝曰："然。"征曰："臣以为陛下望献陵，若昭陵，臣固见之。"帝泣，为毁观。
>
> ——《新唐书·魏征传》

也难怪，在以孝为先、夫不祭妻的时代，李世民如此张扬地思念亡妻，已严重违背了礼教祖制。思之再三，李世民终于下令拆掉层观，顷刻老泪纵横。

李世民堪称英雄皇帝。虎牢关恶战，压力如崩，他没落泪；手足倾轧，陈尸玄武门，也没落泪。可每每念及自己最爱的女人，却数度哽咽，甚至哭得稀里哗啦。

— 07 —

在中国现存最古老、最完整的封建刑事法典《唐律疏议》中，如是规定："伉俪之道，义期同穴，一与之齐，终身不改。"

少年结发，荣辱与共；情重如山，生死不弃。千百年来，唐太宗李世民和长孙皇后，一直都是官方（正史）和民间（野史）双重认证的恩爱夫妻。

南宋灭亡，这个馒头脸、小眼睛的女人是幕后推手

—01—

现在的女孩多以大眼睛锥子脸、细腰长腿为美。但在古代史上，有一个王朝，却高度崇尚粗腰壮腿、馒头脸小眼睛，外加一线小嘴。

如果你的脸能长成新出笼屉的馒头嵌三颗枸杞干果状——两颗作为眼睛，一颗作为嘴，再穿越回元朝，你就是皇后的最佳人选。

看过电影《蒙古王》吧？成吉思汗的择妻标准是脸要圆，圆如宽阔的湖泊；眼要小，小到眯眯眼。草原传说女孩眼睛大，邪恶会侵入其中，会被谎言蒙蔽，接着蒙蔽男人。

下面要说的是元世祖忽必烈的大斡耳朵，即大皇后弘吉剌·察必，其相貌如斯："丰颊高颧，眼睛细小，朱唇薄绵，微抿而似笑非笑。"

—02—

察必，出生于盛产美女的弘吉剌氏，老爹是部族老大、后被赐封为济宁忠武王的按陈。

按陈勇猛彪悍，平定西夏，断潼关道，取回纥撒马尔罕城，凡三十二战皆有功，且目光老辣，一眼认定忽必烈日后必前途无量，便毫不犹豫地将年仅七岁的女儿嫁了过去，抢先预定了大斡耳朵的位子。

斡耳朵，在突厥系蒙古语中意为突厥、蒙古等游牧民族首领所居官帐或宫殿，基本相当于汉族王室的三宫六院。

继承汗位后，忽必烈设有四大斡耳朵。大斡耳朵为察必皇后，第二斡耳朵为塔剌海皇后和奴罕皇后，第三斡耳朵是伯要兀真皇后和阔阔伦皇后，第四斡耳朵是八八罕妃子和撒不忽妃子。

跟影视圈评奖似的，除独一无二的察必皇后外，其余皆设"双黄蛋"。而察必这独一无二的正室荣耀，确是她用智慧、勇气和担当，甚至是生命拼来的。

— 03 —

十三世纪初，当日渐强盛的蒙古族挥舞弯刀，在草原上跑马圈地抢女人的时候，身为藩王的忽必烈，竟将目光投向了中原大地。雄踞草原只是小意思，我要一统天下。

志向在胸，忽必烈到处延请名士，很快拉起一个以汉儒幕僚为主的班子。班子成员天天之乎者也，给忽必烈讲智信圣仁义忠（六德）、孝友睦姻任恤（六行），说礼乐射御书数（六艺）、三纲五常正心诚意……

草原上的旧贵族则趁机找碴儿，组团向蒙哥告忽必烈的黑状："哥啊，你可小心你家老四。他整日与一帮汉人开小会，一准儿没安好心。"

蒙哥即元宪宗，是监国拖雷和唆鲁禾帖尼的嫡长子，与忽必烈、旭烈兀、阿里不哥为一奶同胞的亲生兄弟。但亲兄弟，明算账，况且涉及汗位，蒙哥自然起了疑心，于是派亲王阿蓝答儿，暗中彻查忽必烈。

世上没有不透风的墙。阿蓝答儿刚牵头组成调查组，察必便意识到事态严重，老公性命堪忧。要知道，阿蓝答儿与驻守蒙古国都城哈剌和林的阿里不哥私交杠杠的，且早就厌恶了忽必烈的那套汉化政策。

眼下，汗王下令查忽必烈，班子被拆是小事，闹不好，阿里不哥与阿蓝答儿会罗织罪状，直接弄死他！

— 04 —

这一年是1257年。虽时值初春，但蒙古草原冰未融、雪未消，阵阵北风呼啸穿行，寒彻骨髓。就在这样的严寒时节，身为忽必烈最宠爱的女人，察必毅然决然地站出来，带上女儿月烈赶往汗廷，冒死做了蒙哥的人质。

"弟妹，你这是干什么？"蒙哥打哈哈地问。

"大伯哥，我们娘俩愿以命担保，我老公绝无二心！"察必言之凿凿地说。

而此后不久，忽必烈亲自来谒见蒙哥。宫帐之内，哥俩重逢，禁不住相对泣下，哽咽失声。

忽必烈说道："大哥，你听我说……"

蒙哥回道："咱俩是亲兄弟，啥也别说了。来，干它一囊。"

浓浓杀机，就此烟消云散。不可否认，正是察必冒死为质之举，于无形中化解了蒙哥对忽必烈的猜忌、嫌怨，甚至敌视，让忽必烈躲过了杀身之祸。

退一步说，如果察必畏惧胆怯，只求自保，蒙哥必屠刀相向，兄弟相杀，又岂会有元朝的百年存在？

不过，历史最爱捉弄人，手足相残这一出悲剧，终还是咚咚锵锵开了场……

—— 05 ——

1259年，蒙古大汗蒙哥去世，殒命于合川钓鱼城。宗室诸王皆蠢蠢欲动，磨刀霍霍，欲取汗位。而此时，忽必烈正在鄂州前线，与南宋打得不可开交。

奉命留守哈剌和林、管理漠北千户军和诸斡耳朵宫帐的小弟阿里不哥，暗中命亲信阿蓝答儿调兵遣将，准备自立为汗。

关键时刻，又是察必明察秋毫，快马派出使者，拦住了阿蓝答儿："发兵大事也，太祖曾孙真金在此，何故不使知之？"

孛儿只斤·真金是铁木真的曾孙，忽必烈的长子。你阿蓝答儿抽调军队，为什么不告诉他？阿蓝答儿登时大窘，竟无言以对。

与此同时，察必又密派脱欢星夜兼程赶往鄂州军营给忽必烈报信儿："大鱼的头被砍断了。小鱼中，除了你和阿里不哥，还有谁呢？你快回来吧！"

阿里不哥和阿蓝答儿正到处拉拢人呢。你再不回来，可真就没你的份儿了。忽必烈闻讯，万分震惊，当即与宋军议和，然后匆匆北返，与阿里不哥争夺汗位。

对此事件，《新元史·后妃传》如是载："世祖伐宋，渡江围鄂州，宪宗崩于

合州，皇弟阿里不哥留守和林，其党阿蓝答儿等劝之自立，乘传发山后兵……后闻
之，密使人驰报世祖，趣班师。追世祖北归，事乃定。"

— 06 —

后来发生的事儿，就简单多了。忽必烈急速班师北返，于1260年春抵达开平
（今内蒙古锡林郭勒盟正蓝旗境内，多伦县西北闪电河畔），组织召开忽里台（蒙
古国诸王大会），宣布继承汗位，随之征伐和林，直逼得小弟阿里不哥一路逃到了
叶尼塞河中上游。

1264年，阿里不哥受制于忽必烈。1266年，阿里不哥病亡。至此，忽必烈彻底
坐稳汗位，开创元朝，史称元世祖。而能有如此伟业，察必皇后具有不世之功、荡
荡之勋。

毋庸置疑，若非她明察秋毫，洞窥时局，及时拦阻阿蓝答儿调兵，并密报忽必
烈，继承汗位的必是阿里不哥。而阿里不哥墨守成规，眼光只盯着蒙古草原那点地
盘，对南下并不感冒。由此可推测，南宋极有可能凭借钓鱼城天险，继续苟延残喘
下去，甚至养兵蓄锐，大举反攻，光复河山也未尝不能。

只可叹，南宋的运气太背，对手忽必烈拥有一位政治嗅觉极强、睿智果敢的老
婆。而这，也恰应了坊间那句经典之言：每一个成功男人的背后，必定有一个伟大
的女人。

哈剌和林，又称和林、和宁，是于草原深处克烈部或回鹘都城基础上创建的蒙
古帝国都城，元朝岭北行省首府，13世纪中叶世界的中心。

"天策桓桓控上游，边庭都付晋藩筹。河山表带连中夏，风雪洪蒙成北楼"，
说的正是曾盛极一时的哈剌和林。

蒙古窝阔台汗七年（1235），建都于此。故址位于今蒙古国中部后杭爱省杭爱
山南麓，额尔浑河上游右岸的额尔德尼召近旁，距乌兰巴托市西南约365公里。

忽必烈于开平自立为汗，并打败阿里不哥后，将政治中心南迁汉地，此地不再
是都城。及至元亡，北元又以此为政治中心，但在不断的内战中沦为废墟，湮没于
风沙。

长着一双狼眼的辽太后，乱！

—01—

辽朝霸道太后萧燕燕的二女儿，名叫耶律长寿女，下嫁于辽朝大将萧排押，生女萧氏。萧氏嫁给了秦晋国王耶律隆庆。耶律隆庆是谁？萧燕燕的二儿子。也就是老公是亲舅，婆婆是姥姥。

这关系是不是比较乱？而更乱的，还在后头呢。

—02—

1005年，萧氏与耶律隆庆生下第三子，名耶律宗允。

据元代刘诜《全辽文·耶律宗允墓志铭》载："王讳宗允，字保信，氏出国姓……故尚书令秦晋国王赠孝贞皇太弟讳隆庆，故齐国妃萧氏，考妣也。"

耶律宗允不仅出身高贵，十二岁即授贝州观察使，节钺昭义军，封长沙郡王，且"天赋粹臻，神资（姿）智略"。总之，耶律宗允是一个有品有才、貌若潘安的小帅哥。

女子生得俊俏标致，难免会被人惦记。美男子也不例外。这不，耶律宗允就被人盯上了。盯上他的，是有一双狼眼的女人。这双狼眼的主人，在整个辽朝史上，也是个鼎鼎有名的狠角色。她叫萧耨斤，耨是古代锄草的农具，斤是古代伐木的工具。连锄带砍，单瞧这名字够不够霸气？

再看《辽史·后妃传》中的记述："圣宗钦哀皇后萧氏，小字耨斤，淳钦皇后弟阿古只五世孙。黝面，狼视。母尝梦金柱擎天，诸子欲上不能；后后至，与仆从皆升，异之。久之，入宫。尝指承天太后榻，获金鸡，吞之，肤色光泽胜常。太后惊异曰：'是必有奇子！'已而生兴宗。"

萧耨斤门楣不高，颜值更低，面色黝黑，目光犹似恶狼。尽管如此，还是被辽圣宗耶律隆绪纳入后宫，安排到太后萧燕燕帐中当杂役宫女。不久，奇迹突兀降临。

— 03 —

一日，萧耨斤在给萧太后收拾床榻时，发现了一只金鸡。她将金鸡拿在手上，正翻来覆去地把玩着，萧太后回来了。心慌之下，萧耨斤不知该将金鸡藏于何处，索性大嘴一张，生生将金鸡给吞了下去。焉料，那金鸡居然是一颗抟制成鸡状、用以美容养颜的药丸，功效绝对神奇。只见萧耨斤的脸蛋、皮肤，宛如脱胎换骨般来了个大变样，顷刻光彩夺目，美艳动人。

《辽史》里就是这么记载的，信不信由你。

而作为奇迹的见证者，萧太后禁不住连声啧啧，说道："日后，你定能生下奇子！我儿呢？赶紧同房！"

转年，即开泰五年（1016）春，萧耨斤果然产下一子，取名木不孤，后改名耶律宗真。且如萧燕燕所言，荣登大宝成为辽朝第七任掌门，史称辽兴宗。

母凭子贵，萧耨斤获封顺圣元妃。从此开挂，那速度快得挡都挡不住。

扯得有点远，暂且打住，接着说小帅哥耶律宗允。按家族辈分，辽圣宗耶律隆绪是耶律宗允的大伯，顺圣元妃萧耨斤自然是他的伯母。伯母盯上亲侄，想干啥？

耶律宗允心下突突，尚未琢磨出个名堂，伯母萧耨斤便笑吟吟进了帐，说道："我的侄儿，恭喜贺喜，双喜临门。"

— 04 —

萧耨斤带来的第一喜，是封王。耶律宗允始封长沙郡王。经萧耨斤奏请儿子皇帝辽兴宗批准，特擢升其为韩王。

的确是喜事。

耶律宗允赶忙谢恩道："谢太后。"

此时的萧耨斤，可谓风光无两。

太平十一年（1031），在老公辽圣宗耶律隆绪大限将近之际，为防她陷害皇后萧菩萨哥，遂打破惯例，册封萧耨斤为法天皇太妃。谁知，萧耨斤贪心不足，竟私藏遗诏，自立为太后，还从儿子手里窃取大权，变身辽朝一把手。

萧耨斤笑道："叫太后多见外，还是叫伯母吧。"

耶律宗允问："伯母，你说的第二喜是？"

萧耨斤答："洞房花烛娶娇妻呀。"

耶律宗允又问："谁家的女子？"

萧耨斤说："我大姐。"

耶律宗允一听，顿觉胸中翻涌，当场吐血。也难怪他吐血，耶律宗允出生于统和二十三年（1005），萧耨斤则出生于乾亨二年（980），比耶律宗允整整大了二十五岁。她大姐，《契丹志史》称秦国夫人，比耶律宗允大远不止二十五岁。而且，这个秦国夫人艳名远扬，绝非省油的灯。

年轻时，秦国夫人嫁于宗室漆水郡王耶律宁为妻。后来，耶律宁遭难，被金兵掳走，下落不明，生死未卜。但秦国夫人耐不住寂寞，帐中男子走马灯似的来来往往，换了一茬又一茬。

见耶律宗允皱眉不语，萧耨斤的嘴角浮上了一丝冷笑，说："我的侄儿，怎么，不愿意？"

"伯母……太后，不。"耶律宗允赔笑回道，"年龄不是问题。只是我已有妻子，感情也深着呢。"

萧耨斤说："哦，原来如此。回见。"

— 05 —

萧耨斤再没强逼，转身走了。目送她渐去渐远，耶律宗允如释重负。而他脑门儿上，早已渗出密密一层冷汗。能不怕吗？在辽圣宗病危之时，萧耨斤越发猖狂，连皇后萧菩萨哥都不惯着，张口就骂。

《辽史·后妃》记载："帝大渐，耨斤詈后曰：'老物宠亦有既耶！'左右扶后出。"意思就是：老东西，以后没人宠你了吧？看你还怎么嘚瑟！

辽圣宗驾崩，兴宗继位，萧耨斤匿诏自立为皇太后。随即使阴招，构陷萧菩萨哥伙同北府宰相萧浞卜、国舅萧匹敌谋逆造反。不只逼杀萧菩萨哥，还将四十多名贵族大臣及百余名护卫一并屠戮。

鲜血淋漓未干，惨象历历在目。耶律宗允岂能不肝儿颤？万一惹怒萧耨斤，脑袋一定会落地。

然而，令耶律宗允万没料到的是，自己的脑袋保住了，妻子却突遭毒手，死于非命。明摆着，这是萧耨斤干的。耶律宗允恨得牙痒，气冲冲地去质问萧耨斤。

两人一照面，萧耨斤便咯咯笑道："现在没老婆了吧？寡妇配鳏夫，还真是天造地设的一对呢！"

— 06 —

不得不承认，历史总是将冷血无情的一面，包括人性，撕裂给后人看。

如果你认为，爱妻丧命，耶律宗允会和萧耨斤火拼，那就错了，大错特错。接下来，在萧耨斤的撮合下，至少相差二十五岁的秦国夫人与耶律宗允喜结连理，秦国夫人如愿抱得帅哥归。

再回到开篇，按照烧脑的宗亲关系，秦国夫人也该唤耶律宗允一声侄儿，可现在却成了老公。

对了，萧耨斤还有个妹妹，同样迷恋小帅哥，风流无下限。她初嫁上将军耶律元，封晋国夫人。耶律元死，改嫁兵部尚书耶律延宁。耶律延宁死，盯上了户部使耿元吉。

耿元吉有老婆，萧耨斤便故技重施，逼杀人妻，将耿元吉成功转为妹夫。

当然，老妻绝不是白娶的。此后，耶律宗允扶摇直上，先晋封韩王、汧王，后赐保顺功臣，晋封陈王，拜南宰相，又加赐协赞功臣，兼中书令，晋封鲁王，加守司徒。

清宁十年（1064），年值六旬的耶律宗允改判匡义军节度使事，赴任途中，薨于行帐。道宗下诏追封郑王，谥号"恭肃"。

靠颜值上位，风光一生，也算寿终正寝。颇值得玩味的是，在其墓志铭上，刻有这般语句："王娶兰陵萧氏，封长沙郡妃。春兰发艳，凤蔼于柔仪。夕蕣飘英，俄惊于迅暑。"

明明是杀妻夺夫，老牛啃嫩草，怎么看着倒似一段温良贤淑、郎情妾意的佳偶佳话呢？

萧耨斤的狠，远不止这些。

她，娼妓出身，嫁海盗，守寡后称霸太平洋

—— 01 ——

今天说一个女海盗。

如果你看过《加勒比海盗3》，应该记得那里面有一位老太太，她的原型其实就是我今天要说的这位——郑一嫂。

—— 02 ——

郑一嫂是因为嫁给了海盗郑一才被称作郑一嫂的。其实她的原名叫石香姑，在没遇到郑一之前是一名妓女。

当时，珠江口一带已有很多男人在大海上讨饭吃，其实就是海盗。到了清朝嘉庆年间，海盗们已经颇具规模，最出名的就是红、黄、蓝、白、黑、紫六个海盗团伙。

郑一就是红旗帮的扛把子大哥。在一次打家劫舍的活动中，郑一遇到了正在单位无所事事的石香姑。就是那么电光石火的惊鸿一瞥，郑一就在心里认定了这个女人就是意中人。就这样，石香姑摇身一变成了红旗帮所有小弟的大嫂。

虽然海盗这个职业风险很高，但是石香姑还是很满意的。毕竟之前自己的工作虽然很轻松，但还是被很多人轻视，而如今，无论是谁看到自己都要客客气气的。

安安稳稳地当大哥的女人吧，一辈子很快的，想那么多干吗？郑一很快发现，自己的这个老婆不简单，很有做海盗的潜质。很多时候，郑一嫂的一句话对郑一带队出去干活或者团队建设都很有启发。

在她的帮助下，郑一的势力迅速壮大，郑一成功地当选为珠三角海盗协会会长。但是好日子不长，在一次强台风来临时，郑一不小心掉到海里淹死了。对于一般的家庭妇女来说，老公就是家里的顶梁柱，老公死了会哭天抢地地难受好多天。但对于郑一嫂来说，这样的场景不可能会出现。

安排好了老公的后事，郑一嫂擦干了眼泪召开了一次会议，说道："一哥走了，但是咱们的队伍不能散，如果大家伙信得过我，以后就跟着我干吧。"

— 03 —

一个女人要想领导这么一个鱼龙混杂的队伍并不是很简单的事。虽然大家以前很尊重她，但那是因为有郑一。

现在她凭什么呢？必须得再找一个帮手。很快郑一嫂就盯上了自己的养子张保仔。张保仔本来是海边一个渔民的后代，打三天鱼晒两天网，虽不能大富大贵，但是小日子也挺滋润。但是很不幸，在十五岁那年的一次捕鱼活动中，他被郑一绑了肉票。郑一看这小伙子长得眉清目秀，就把他收为义子。现在，郑一死了，养子也该站出来为组织做点什么了。

不管怎么样吧，母子二人在事业上互相关心，生活上互相帮助，齐心携手要将红旗帮做大做强，再创辉煌。

为了团队更可持续地发展，郑一嫂给每个成员都发放了一本《海盗行为规范手册》，并且要求他们熟记会背。

> 不听指挥、擅自行动的扔海里喂鲨鱼；
> 偷盗公共财物以及老百姓财产的扔海里喂鲨鱼；
> 看见漂亮姑娘就高兴地合不拢双腿的扔海里喂鲨鱼；
> 擅自不参加集体活动的割耳朵；
> …………

有了这一整套的核心纲领，红旗帮的凝聚力迅速得到提升，郑一嫂也紧紧地攥住了组织的领导权。

— 04 —

俗话说，出头的鸟先挨枪子。因为红旗帮发展得太好，很快引起了官方的
注意。

嘉庆十四年（1809），红旗帮干了一票大的。这一年郑一嫂劫持了一艘英国
商船，绑了七名海员和一位东印度公司的高管。英国人那时候在中国走路都是横着
的，能受得了这种屈辱？英国直接给嘉庆发了一个公函：这事儿你们管不管？

能不管吗？清政府和英国搞了一个联合行动队，发誓要把红旗帮打残，把郑一
嫂扔到海里喂鲨鱼。

这时郑一嫂已经在海盗队伍里混了七八年了，早已经不是当初那个风尘女子
了。得到消息的郑一嫂亲自坐镇，任凭敌人堵着门叫骂就是不出手，被骂急了就冲
着敌人喊一句："赶紧回家找你妈吃奶去吧。"

郑一嫂一连八天坚守不出，官兵的嗓子都喊哑了也没办法。可是让官兵没想到
的是，张保仔早就带着一队人马去偷袭广州城了。联合行动队一看老窝被包抄了，
只能仓皇撤退。可是郑一嫂早就预测过天气，算好了潮汐时间和风向，追着联合行
动队的屁股后面就是一顿爆揍。结果，联合行动队被打得很惨，二十多艘战舰被击
毁，剩下的人抱着脑袋狼狈地逃回了广州城。

自此一役，郑一嫂更是声名大振，当然也被清政府在黑名单上重重地画了一个
红圈圈。

— 05 —

也就在这时候，郑一嫂的后院起火了。原来，黑旗帮的当家大哥投降了。黑
旗帮的老大叫郭婆带（这名字听着很别扭），这货一直想把郑一嫂搂在怀里亲热一
下。可惜以前郑一活着，郭婆带也只能在心里意淫一下，怎么也不敢招惹大哥。

好容易大哥死了，郭婆带想着总算有机会了吧？没想到又被大侄子张保仔抢先

一步。郭婆带很生气，心想："我想吃口剩饭怎么就这么难呢？干脆，老子不跟你们玩儿了，这种脑袋掖裤腰带上的日子老子也过够了。"郭婆带一生气，后果很严重，早就想分家的黑旗帮干脆向清政府投诚了。

这样一来，人心涣散，原来固若金汤的红、蓝、黄、黑、白、紫的联盟实力大打折扣。人心一乱，队伍就不好带了。怎么办？出路在哪里？郑一嫂不得不开始思考这个问题。继续在海上漂泊还是也像郭婆带那样被招安？

经过和干儿子张保仔一段时间的深入交流之后，郑一嫂决定和官方谈谈。当时的两广总督叫张百龄（前一段时间张保仔偷袭广州城打死了虎门总兵林国良，迫使两广总督频频换人），张百龄很希望这次谈判能成功。毕竟这伙海盗不是一般打家劫舍的土匪，实力真的不容小觑，能和谈最好还是不要动手。

找了个机会，双方领导人在和谐的气氛中展开了深切、友好的会谈。可是刚刚第一轮就谈崩了。红旗帮的谈判代表是张保仔，按照张保仔的要求，政府得答应红旗帮保留五百人的私人武装和八十艘战船。

张百龄也是千年的狐狸，能不知道张保仔心里想什么吗？

局面一下子又僵持下来。这时候，郑一嫂又出现了。

— 06 —

郑一嫂并没有带大队人马，只是领着十七名妇女儿童，以观光交流的形式会见了总督。这一举动，就连张百龄都大吃一惊。要知道，按照《大清律例》凡是土匪头子被捉获的，一律凌迟处死。

郑一嫂明目张胆地来见总督，真够有胆子的。不光有胆子，郑一嫂的口才也很不错。张保仔怎么说张百龄都不同意的条件，经过郑一嫂一说，张百龄居然同意了。当然前提条件是保留的队伍只能用来贩卖食盐补贴家用，不能配备武器用来打仗。

同时，张百龄也提出了一个让郑一嫂和张保仔实在无法拒绝的方案：由皇帝赐婚，准予张保仔和郑一嫂结为合法夫妻。他们能不答应吗？以前两个人混在一起虽然没人敢说什么，但那毕竟是野鸳鸯，现在一招安，张保仔官封三品，郑一嫂也被授为诰命夫人。

坐在空调屋里跟在海上晒太阳哪个更香？张保仔成为公务员之后，就开始帮着朝廷对付自己以前的盟友，很快珠江口一带的海盗就被打得七零八落。很多海盗无奈之下跑到菲律宾、马来西亚、印度尼西亚去当华侨了。

当然，朝廷也没亏待张保仔，他一路顺风顺水地做到了二品大员。

只可惜张保仔福浅命薄，1822年突然暴毙，死因不明。郑一嫂再一次成为寡妇。

不过从良的郑一嫂爆发出了惊人的正能量——在后来爆发的鸦片战争中帮着林则徐抗击英军，做出了一个中国人的贡献。

当然，还有人说郑一嫂晚年到了澳门，开了一家赌场，赚得盆满钵满。不过，按照中国人的传统思维，我还是相信郑一嫂是我们想要看到的样子。